新闻的特点及采写技巧探究

江 弢◎著

敦煌文艺出版社

图书在版编目（CIP）数据

新闻的特点及采写技巧探究 / 江弢著 . -- 兰州：
敦煌文艺出版社，2025. 2. -- ISBN 978-7-5468-2571-7

I. G212

中国国家版本馆 CIP 数据核字第 2024X02Y79 号

新闻的特点及采写技巧探究

江弢　著

责任编辑：张家骊
装帧设计：陈丽维

敦煌文艺出版社出版、发行
地址：（730030）兰州市城关区曹家巷 1 号新闻出版大厦
邮箱：dunhuangwenyi1958@163.com
0931-2131906（编辑部）
0931-2131387（发行部）

廊坊市海涛印刷有限公司印刷
开本 710 毫米 ×1000 毫米　1/16　印张 16.5　插页 1　字数 270 千
2025 年 2 月第 1 版　2025 年 2 月第 1 次印刷
印数：1 ~ 2000

ISBN 978-7-5468-2571-7

定价：68.00 元

前　言

当今媒介融合发展如火如荼，互联网信息攻城略地，"四全媒体"、全媒体记者也已呼唤数年。我们作为新闻工作者，在这样充满挑战的媒体发展环境中追赶着时代的步伐。在全国宣传思想工作会议上，习近平总书记殷切期望宣传思想战线广大干部"增强本领能力"，提出了"四向四做"和增强"脚力、眼力、脑力、笔力"的要求，为媒体发展和新闻单位打造自己的核心竞争力指明了方向。

"脚力、眼力、脑力、笔力"是做好新闻宣传工作的重要基础。新时代的信息传播已经呈现出多媒体、多手段、多角度、大信息的多元化发展趋势，优秀的新闻稿件不仅是一种事实的再现，更是在网络时代的信息爆炸中寻求独立思想性的重要手段。这就需要新闻工作者以践行"四力"为抓手，在对新闻规律系统把握的基础上，开阔视野，深入采访和调查，捕捉社会现象，提供解决问题的方法。

一篇好的新闻稿件，七分靠采访，三分靠写作。新闻工作者要走到基层，走到群众身边，拜群众为老师，才能用群众喜闻乐见的方法展示党的科学理论、方针政策、主流价值，更好地引导和服务群众，创作出更多让群众满意、信服和感动的好作品。

从2003年参加工作至今，我走访过国内不少城市，走遍了六盘水市的工矿企业、社区居委和大多数乡镇，工厂车间、街坊小巷，有我捕捉新闻的足迹，大山深处、田间地头有我忙碌的身影，我与工人、农民、知识分子、社会各界人士分享过他们的喜悦，亲身感受过他们的疾苦，同时也与百姓一同寻味他们的幸福生活。我曾先后参与过党和国家主要领导人到六盘水市视察（回访）、贵州省委主要领导到六盘水视察的采访报道，专访过多位省部级干部，参与中华人民共和国成立 90 周年、建党 100 周年和全国、省、市"两会"的新媒体新闻编审工作，参与了中国深圳（国际）文化产业博览会、中国西部（西安）文化产业博览会、贵州文化产业博览会，参与了脱贫攻坚、六盘水市建设 30 周年、40 周年大型主题采访并推出系列报道，参与了韩国浦项钢铁集团（为全球最大的钢铁制造厂商之一，也是韩国十大财团之一）公司董事长到水钢考察学习的报道，专访过全国教书育人楷模、盘州市响水镇中学校长——左相平、水钢高中第一位考上清华大学的优秀学子——杨鸣、六盘水市四中（原水城县二中）第一位考上北大的优秀学子——黄厚瀚，参与过 2008 年汶川大地震、2019 年水城"7·23"山体滑坡事故、贵州省文化旅游产业发展大会、六盘水文化旅游产业发展大会、六盘水消夏文化节（消夏避暑季）、六盘水夏季国际马拉松大型网络直播报道。所采写、编审、发布的一篇篇新闻稿件得到群众的认可和好评。

在做深、做实新闻采访的基础上，将新闻素材提炼成新闻稿件的过程就是新闻写作。新闻采写不光是素材重组，更是思想高度化的过程。新闻从诞生之日起就是有社会责任的，好的新闻稿件应该是以小见大，由新闻事件本身辐射到新闻思想，从而起到引领社会舆论的作用。"铁肩担道义，妙手著文章"，这句掷地有声的话语，激励着一代代新闻从业者砥砺奋进。

我们所处的时代，是一个信息飞速传播的时代。随着社会的发展，现代化科学技术步伐的加快，新闻传播正在经历一场革命。新闻宣传不仅是信息传递的需要，更是构建社会主义核心价值观的需要。为了给地方经济社会文化发展、给新闻事业发展添砖加瓦，帮助有志于从事新闻宣传工作的新人在进入工作岗位前做好宣传素养的准备，结合我十余年的工作经历和思考，特编写了本书。

本书编写的主要目的是通过直观形象的新闻理论基础知识及实战案例，帮助有志青年、新参加工作的新闻从业者建立新闻宣传意识，掌握新闻宣传基本知识和技能，及时发现身边的新闻线索，采写新闻稿件。

　　本书以新闻的特点、采写技巧及新闻职业探究，加上丰富的实践案例展示贯穿全书，第一章介绍了消息的特点及采写技巧与案例；第二章介绍了通讯的特点及采写技巧与案例；第三章介绍了社会新闻的特点及采写技巧与案例；第四章介绍了新闻故事的特点及采写技巧与案例；第五章介绍了新闻专访的特点及采写技巧与案例；第六章介绍了深度报道的特点及采写技巧与案例；第七章介绍了新闻工作者的社会责任。全书以新闻理论基础知识、采写技巧、实战案例等为基本立足点，有一定的知识性、实践性、模拟性和可读性。

　　本书由本人主编并统稿，共分为七章，借鉴和参考了新闻界新闻采写的最新提法、观点和文献资料。本书的编写得到了敦煌文艺出版社、北京博仲兴业文化传播有限公司的大力帮助，也得到了六盘水市委宣传部、六盘水日报社领导、现在和曾经一同工作过的同事及家人的关心、支持，还有，在编辑的过程中，得到前来六盘水日报社实习的高楚寒（武汉传媒学院新闻传播学院，2019 级网络与新媒体专业）、杨丛蔓（上海杉达学院艺术设计与传媒学院，2018 级网络与新媒体专业）两名大学生的鼎力相助，在此一并感谢。

　　由于本书旨在探索新的应用模式，因此难免有错误或不当之处，敬请广大读者批评指正。

江弢

2021 年春于中国凉都

自 序

时间太瘦，指缝很宽，悄悄从指缝间溜走。一转眼，我在宣传思想文化系统工作已有 17 个春秋，其中在新闻单位也工作十年有余，2019 年从六盘水市文化体制改革和文化产业发展办公室管理岗位调整到新闻单位工作，这似乎成了我的人生宿命："你从哪里来，就得回哪里去……"在这里，我操起了老本行，编新闻、审新闻，除外出采访之外，与以往也有其他不同之处——过去是做传统媒体，而现在主要负责新兴媒体平台的新闻审核、发布工作。对我来说，虽有基础，但也有挑战，毕竟当下新闻宣传工作的业态、形态发生了很大的变化，所以，每天都在不断学习、不断实践、不断总结，每日忙忙碌碌，却也乐在其中。偶有得空之余，我便跑去单位资料室翻阅过去的报纸杂志，算是给自己的业务再"充充电"、再"铆铆劲"，有了编写一本书的念头。

从事新闻事业，是组织的安排，我欣然接受！2003 年大学毕业后，我被选调到首钢水钢集团工作，半年后考入六盘水日报社工作，六年后调入六盘水市委宣传部、《当代六盘水》杂志编辑部工作，2019 年，又回到六盘水日报社工作。其实，我所从事的工作就是自己在大学期间作为学生会主席、班长，"高原风"文学社总编、社长的工作延续，这些，缘于我对管理工作、对新闻事业的热爱。现在所从事的新媒体新闻宣传、策划、制作、审核工作，每天脚踏实地，仰望星空，与时代同呼吸、共命运，更加激发了我的工作热情，内心更加踏实、做事更加有劲、步履更加坚实……

一路走来，我从不懂新闻到会写新闻，从做普通报道到做深度报道，从阅读新闻到品鉴新闻，缘于向书本学，向老记者、老编辑学，更多的是向实际、生活、群众学。在报社和六盘水市委宣传部工作的 17 年，我当过记者、编辑、值班主任，也负责过多种经营和行政管理，担任过六盘水市委宣传部办公室秘书，市文产中心副主任（市委宣传部主管的市直正科级事业单位），市文产办负责人（市委宣传部主管的市直副县级单位），六盘水日报社新媒体值班主任、编审、主任编辑，这些年共采写新闻稿件并公开发表 2000 余篇，400 多万字。

有人说，记者是"无冕之王"，但在这耀眼的光环下，凝聚着更多的是新闻工作者的艰辛与付出、心血与汗水、责任与担当。从刚毕业起就与新闻宣传工作结缘，"苦并快乐着"就成了我的生活常态。每天清晨，当别人还沉睡在梦乡的时候，我们踩着露珠已经走在采访的路上；夜幕降临，当别人休闲娱乐的时候，我们披着星光正赶赴单位，开启加班写稿、剪图（视频）的工作模式；节假日或周末，甚至记者节，当别人尽享天伦之乐的时候，我们仍然坚守在岗，很多时候，团聚对于我们来说是一种奢望。数不清多少次，采访归来深夜赶稿，多少次加班等稿、编辑、审稿，为了一句话、一张图片、一段视频、一个版面、一个创意，我们反复琢磨反复讨论。当看到发布的一篇篇有思想、有温度、有品质的新闻作品，凝聚起正能量，提振干部群众精气神，得到社会的好评时，所经历的一切，虽然辛苦、劳累，却也充实、欣慰！

"脚下沾有多少泥土，心中就沉淀多少真情"。十余年的新闻从业路上，我走访过全国多个城市，走遍了六盘水市的街巷、乡村。在脱贫攻坚主战场，我们勇担使命，见证历史；在重大新闻发生地，我们倾情投入，凝心铸魂；在突发事件第一线，我们主动请缨，冲锋在前。一路走来，我们用所见、所闻、所思、所感，每一篇稿件、每一个镜头，都记录着、书写着六盘水经济社会发展的变迁，都刻画着、录制着六盘水 300 多万干部群众奋进的足音，这些都是我们为六盘水加油鼓劲、提振信心的铿锵鼓声，都将成为我人生永不褪色的缤纷画卷。

真实，是新闻的生命。《新闻的特点及采写技巧探究》一书中的作品案例，质量参差不齐，但这是我对新闻业务的学习和新闻工作的思考，更是当时的采访经历和写作水平的真实反映。

铁肩担道义，妙手著文章。我们深深懂得，社会对新闻工作的尊重和认同来自这份职业的特殊性，更来自于新闻工作者的自律和职业道德操守。为此，我们时刻不忘初心，编校落笔不忘职责，始终保持为六盘水政治经济社会文化发展、决战脱贫攻坚、决胜全面小康，为巩固拓展脱贫攻坚同实施乡村振兴有效衔接及地方改革发展踔厉奋发、鼓劲加油的热情。

记者的一年四季都是收获的季节。社会赋予了我们新闻工作者的职责，让我们用心、用情去见证、去感悟、去记录身边所发生的点点滴滴。我们需要不断地接触新的事物，更需要在工作中不断释放青春的激情，为自己所肩负的神圣使命而努力奋斗！

都说，今天的新闻是明天的历史，因此，书中所收录作品基本原样保留，未做过多修改、润色和包装，敬请读者谅解，并提出修改意见。

是为序。

江 弢

2020 年冬于六盘水日报社

目 录
CONTENTS

第一章　消息的特点及采写技巧

一、消息的特点

（一）什么叫消息

消息，是新闻的一种体裁，是新闻采写中最常用的一种形式。我们常说"报纸是新闻纸"，说的就是报纸主要是用来发布各种消息的媒体。"今天有什么新闻吗？"通常也是指有什么消息。在新闻学概念上，狭义的新闻就是消息。

对消息的定义，《中国新闻学大辞典》的解释是："以最直接、最简练的方式报道新闻事实的一种新闻文体，是最经常、最大量运用的报道体裁……常被称作报纸的主体，'报纸的主角'。"在《中国大百科全书》中，消息是"迅速、简要地报道新近发生的事实的新闻体裁，被广泛、经常采用。又称新闻"。

综合来看，我们可以这样来定义它：消息是对新近已经发生和正在发生，或者早已发生却是新近发现的有价值的事实的及时简要的报道。它是最广泛采用的一种新闻体裁。

消息一般由标题、导语、主体、背景和结语组成，常按照"最重要——重要——次重要"的顺序安排材料。消息只需报道事实，没有必要把事件的根源及相关问题挖得很深很透。消息的写作要求真实、及时、简明。

从报道内容上分，可分为：政治新闻、经济新闻、文教新闻、军事新闻、体育新闻、法制新闻、社会新闻，等等。

从新闻和事件的关系上分，可分为：事件新闻、非事件新闻。

从反映的对象上分，可分为：人物新闻、事件新闻。

从篇幅长短上分，可分为：长消息、短消息、简讯、一句话新闻、标题新闻等等。

当今新闻报道的形式多种多样，消息是最主要的形式。它短小精悍、言简意赅，具有很强的时效性，受到读者的广泛关注。同时，在现代报业竞争相当激烈的情况下，消息能够第一时间发出信息，不但能够使报纸拥有大量的读者群，还可以为报纸在传媒市场占有一席之地起到决定性的作用。因此，我们必须了解消息的特点、分类以及消息在当今新闻报道中具有的优势。

（二）消息的特点

消息是新闻报道的主要体裁，是新闻写作中用得最多、最活跃的一种体裁，在新闻报道中占有重要地位，所以人们又称它为新闻报道的主角。消息具有如下特点：

1.短小精悍

这是消息的主要特点。概要地反映新闻事实是消息有别于其他新闻体裁的本质特点，消息总是用尽可能精确的文字，简明扼要地反映新闻事实，而不是娓娓道来。当今，由于社会竞争的加剧和人们生活节奏的加快，人们要在竞争中取胜，就必须用最短的时间获取最新的信息。这就要求消息写作篇幅要短小精悍，能用言简意赅的文字把价值大的新闻信息报道出去。

2.更加注重用事实说话

新闻本身就讲究真实，真实是新闻报道的生命，是新闻报道必须并且要始终坚持的最基本原则之一。消息写作是新闻报道的一部分，而且要求尽可能减少主观色彩。

3.结构方式特殊

这是消息区别于其他新闻体裁的一个突出特点。消息结构常常是倒叙，也就是我们常说的"倒金字塔"结构。首先它有一个与众不同的导语，通过导语，将新闻事件的结果、新闻事实的摘要呈现给读者，以反映事物最新动态为主的动态消息最为典型。但事实上，我们看到的各种消息都不能完全摆脱"倒金字塔"结构的束缚。而这种"倒金字塔"结构方式起源于美国南北战争时期，一直流传到现在，说明其有很强的生命力。即便进入全媒体时代，"倒金字塔"结构既没有过时，也永远不会过时。

4.具有自身外在标志

正所谓"外行看热闹，内行看门道"。作为普通读者，对一则新闻的阅读是出于好奇心，或是对新闻的向往，而作为专业从事新闻报道的新闻记者，则必须要在心中明确什么是消息，什么是通讯，其本质区别何在。消息的外在标志是"电头"或"本报讯"，有人称其为消息头，其作用在于：可以表明新闻稿的发出单位，借以显示消息的身份；承担发表新闻作品的责任，接受社会监督，注明发稿地点和时间，不但可以说明消息的来源，还可以传递某种信息，从一开始就给读者带来真实感。但是目前资料显示，不同国家、不同媒体对消息头的要求不一。美国报纸的消息头标志并不明显，日本报纸不采用消息头，我国的消息报道则比较传统，因此我们在撰写消息时，消息头必不可少。

（三）消息的分类

消息的种类很多，其中常用的有以下四种：

1.事件性消息。从人类自由传播活动起，尤其是自从商业性报纸诞生后，事件始终是传播者获取的目标。为了报道新闻事件，无数记者赴汤蹈火，有些人甚至献出了生命，总之，轻视或无视事件，对于新闻传播活动来说是不可想象的。报道事件是消息的基本使命，事件本身具有明显的"变"的特点，容易引起读者的关注，受众接触新闻媒体，关心新闻信息，其本能是为了了解生存环境的安危及其自身周围的变化、世事的变化。可以说事件性新闻报道的"事"是环境变化的一部分，所以事件性消息具有广泛的读者群，事件越大，读者面越广，关注度就越高。如瘟疫、火山、地震、山洪、暴动、战争等。事件性报道主要在事件的选择上突出新鲜事、重大事，或有争议的事，这样的选材才能受到读者的欢迎，从而更好地完成消息的写作。要强调的一点是，在描述任何消息，包括事件性消息时，必须要公正。

2. 非事件性消息。事件性消息关注的是"事"，而非事件性消息关注的则是社会问题、社会现象，或者是某些可供参考的信息。它们与事件不同，往往没有明确的主体，没有事件所具备的明晰的时间和空间限制，缺少具体的发生和发展过程。近些年非事件性消息的报道日益增多，主要与传播技术的进步、媒体竞争的激烈、报纸以及其他媒体的杂志化倾向有关，但主要是由于非事件性消息其独特的魅力所致。非事件性消息具有如下一些特点：

一是用消息体裁报道非事件性事物，可进一步拓宽新闻的报道面。由于受教育程度的影响，人们对"大世界"更为关心，了解多方面的信息的欲望更为强烈，事件性消息已不能完全满足读者的需要，受众需要的是更加丰富多彩的信息。可以说，非事件性报道能使媒体更好地广泛深入地反映现实。

二是一些非事件性新闻是"读物"性质，有欣赏价值和"抚慰"作用。所谓读物就是报纸、杂志中刊发的富有趣味性的报道和文章，趣味性是其特色。当今社会，随着生活水平的提高，生活节奏的加快，人们的生活、工作压力也随之增加，刊发一些趣味性、知识性强的非事件性新闻，可适时地起到减压作用，给读者带来精神的愉悦，为读者奉上良好的精神食粮。

三是非事件性消息可以为媒体获取独家新闻创造条件。现在获取独家新闻的机会太少，要想出奇，也只能在"独到"上下功夫了。对于非事件性消息，《人民日报》上曾刊登的《我国吸烟人口呈低龄化，二十五种疾病与吸烟有关》这篇报道较为典型。文中列举很多数据，来表示事件的真实性、可信性，从而从侧面给吸烟的人敲响了警钟，使读者在看到报道的同时，也获取了一个重要的数据信息，详细地了解了常识性问题。

3. 描写性消息。此类消息即以描写为基本手段写作的消息，其特点是"再现"，以文字重现新闻事件的现场情景。写好描写性消息可以灵活地、有声有色地记录历史，充分发挥形象的感染力和震撼力，尽可能地满足读者的视觉要求。那么怎样才能写好描写性消息呢？

一是简笔描述。同样作为消息的一种，描写性消息也应力求简洁，概括地勾勒现场情况、人物活动。

二是描中有叙，叙描结合。描写性消息不仅不排斥叙述，还需要叙述来补充、说明、串联所要描述的场景或人物活动。很多情况下只有加入适当的叙述，事实得到清晰完整的反映，记者的意见、思想观点，才会得到明确的体现。描写性消息的叙述靠背景材料来完成。巧用背景，是描写性消息写作的重要工序。

4.**分析性消息**。其特点主要表现在以下两个方面：

首先，它与报道"事"的新闻不同，以传播观点、意见为主，基本上以传播他人观点的形式出现，同时清楚地反映了记者的价值取向。可以说它是带有传播者主观色彩的新闻。

其次，分析性消息是一种有深度的新闻，简单来讲，分析性消息是典型的深度报道。分析性消息可以为读者提供多元的深层次的信息服务。直接亮出观点，表达意见，有助于强化新闻和大众传播的言论功能，让受众直接听到记者的声音，实现直接交流。分析性消息的成败，首先取决于它的观点、见解，好的分析性消息应该有鲜明的观点、新颖独到的见解，能够透过现象看本质，看后给读者很大启发，引人深思。同时，分析性消息使消息更带新闻性与客观性，这同样是吸引和说服读者的重要条件。

二、消息的采写技巧

（一）关于采访

1.**善于发现新闻线索**。作为新闻工作者，要对新闻具有敏感的捕捉能力，善于发现新闻线索，善于挖掘潜在的新闻。可在与群众的交流、政策法规以及各种会议材料中提取新闻素材、发现新闻线索。来自群众的新闻丰富多彩，多与群众进行沟通，有利于新闻素材的挖掘。

2.**采访现场善于观察**。现场采访是记者进行新闻撰写的基础，只有善于观察的记者，才能写出好的新闻。报纸新闻若枯燥乏味，多数原因在于记者对现场的观察不细致，资料收集不全。粗略的现场观察会导致素材的粗糙，甚至真伪得不到保证。该情况下的新闻呈现在读者面前的是一个模糊、真实性有待考究的事件。形象化、立体化、真实的新闻才能引起读者的阅读兴趣，因此，在现场采访中要对现场进行仔细观察，做出详细的观察、记录。同时现场采访是进行新闻写作的基础，保证新闻的真实性。

3. 确定最佳观察角度。在采访的时候，确定最佳的观察角度有利于记者较快地进入采访状态，同时也能有针对性地进行采访工作。在采访中，根据报道的主题确定采访的最佳角度，通过最恰当的角度观察，为新闻的写作提供翔实的素材。

（二）消息的格式及采写

消息，一般由以下六部分构成：标题、消息来源、导语、主体和结尾。标题、导语、主体是最基本的部分。

1. 标题。标题是新闻的眼睛，是对新闻内容的一种揭示、评价的文字形式。如新华社北京 11 月 10 日电，或标明"本报讯"。从新闻要素来看，消息的基本构成要素为 5 个"W"加 1 个"H"，5 个"W"即何时、何地、何人、何事、何故（为什么），1 个"H"即怎样、如何。由于受众的需要和传播技术的发展，后面两个要素，即"为什么"和"怎样"，越来越受到重视。在行文结构上，完整的消息由导语、主体（新闻事实的展开）、背景、结尾构成。导语是整条消息最精彩、最吸引人的内容或最重要的新闻事实、读者最想知道的东西。标题的成功制作还有美化版面的作用。

引题、正题、副题、提要题是构成消息标题的基本构件。根据新闻内容的实际需要，消息的标题大致分为两种：单行标题和多行标题。消息来源消息头是消息的标志，报纸上刊登的消息，其开头部分往往冠以"本报讯"或"某某社某某地某月某日电"的字样，这就是"消息头"。消息头的主要形式有讯和电两种。

2. 导语。消息的开头部分，它紧挨着消息头的后面，一般由最新鲜、最主要的事实或依托新闻事实的精辟议论组成。它是消息特有的概念，是区别其他文体的又一重要特征。新闻界公认：导语是记者展示其杰作的橱窗。甚至认为"写好了导语就等于写好了消息"。记者必须要从纷纭复杂的新闻素材中，挑选最有新闻价值的材料，运用别具匠心的文字表达功夫，精心撰写出精彩的新闻导语。

新闻导语写作的基本要求：要出语不凡，巧于开篇，突出最有价值的新闻要素；要抓住事件的核心与精华，突出新闻本身所具有的特点；要简要地交代新闻来源和新闻依据，力求做到言之有据；要突出最新的内容和时间概念，吸引和诱导读者阅读新闻的其余部分。

3. 主体。 我们把导语之后、结尾之前的这一部分内容称为新闻主体，又称为新闻躯干。新闻主体在通常情况下是由几个自然段组成的，基本上一个自然段一层意思，前几段是解释和深化导语所涉及的内容，随后几段是提供同一主题的新的事实，包括补充新的新闻要素与提供新闻背景。

如何写新闻主体？一是围绕一个主题取材。新闻主体所涉及的内容比较多，有些材料虽然很生动，很感人，但若与我们所要表达的主题无关，或关系不大，那就得割舍，以"少"胜多。叙事要尽量具体、充实，使读者对报道有较完整的了解；二是叙述生动，行文有变化，保持读者的兴趣。在新闻主体中，要尽量提供与主要新闻事实有关的各种生动细节，运用各种表现手法加以报道，以达到"抓住读者——波澜起伏——尽释疑团"的语言效果；三是层次段落要分明，起承转合要自然。在表述时，一定要注意安排先后顺序，力求条分缕析、环环相扣，要力求做到句子短、段落短、节奏感强，有时还加上小标题显示层次关系。

4. 结尾。 消息的结尾就是消息的尾巴，标志着一篇新闻报道的结束，应该尽可能用一两句话自然地进行总结，力求简练、不重复。

三、常见的消息类型及采写范例

（一）常见的消息类型

消息的类型多种多样，研究者们常从不同角度来对它进行分类，出现了多种分类法：

第一，按新闻所反映事件的不同性质分，有事件性新闻和非事件性新闻两种。事件性新闻是新近发生的一个事件的报道，时间性极强，常见的类型有动态消息、特写性消息等。非事件性新闻是与事件性新闻相对的新闻，报道的是一个阶段持续发展的事物，常见的类型有综合性消息、经验性消息、述评性消息等。

第二，按新闻媒体分，有文字消息（报纸）、广播消息、电视消息。

第三，按篇幅长短分，有长消息（1000字左右）、短消息（500字以内）、简讯（200字以内）等。

第四，按写作特点分，有动态消息（包括会议消息）、综合消息、经验性消息（典型性消息）、述评性消息、人物消息、特写性消息、新闻公报等。

目前，国内外对消息的分类并不统一，仍在探索中。在实际写作中，各种消息类型有相互交叉或相通的情况，无须把消息的类型看得太绝对。为了更好地介绍消息的写作类型，提供相应的范例供大家参考，这里介绍最常见的两种类型——动态消息、综合消息。

（二）消息采写范例

贫困女孩"金榜题名"犯愁　好心民警资助圆梦大学

近日，有读者通过本报热线反映：六盘水市交警直属大队大湾中队民警慷慨解囊为水城矿业（集团）贫困职工王鸿福的女儿捐助4000元学费，帮助王鸿福的女儿如愿走进梦寐以求的大学校园。

4日前，记者就此事采访了市交警直属大队大湾中队指导员陈瑞。陈瑞说："一方有难、八方支援，作为人民警察，我们不能眼睁睁看着一个需要帮助的孩子不管。"陈瑞是捐助活动的发起组织者。他表示，大湾中队的民警会尽全力办好这件事。

同一天，记者通过电话与王鸿福的妻子赵云飞联系上。赵云飞称，她没有工作，丈夫王鸿福在水城矿业（集团）开电车，一家四口仅靠丈夫每月500多元钱的工资维持生活。王家儿子于2004年考入贵州商业高等专科学校，去年儿子读书所借的债至今还没有还清。今年女儿又考入重庆一所高校。"望子成龙、望女成凤"是每个当父母的心愿，儿子、女儿能考上大学，作为父母他们很高兴。但看着女儿录取通知书上的费用，对他们家来说是个天文数字，他们不知该怎么办。王鸿福从女儿收到录取通知书那天起，每天走亲串戚、东找西借，直到女儿快报到的那天才找到100余元，全家人都十分苦恼。这时，六盘水市交警直属大队大湾中队指导员陈瑞及全队民警、协勤员得知王家情况后，大家慷慨解囊，将他们捐助的4000元钱送到了王家。（原载于2005年9月5日《六盘水晚报》）

一家8口人　4人有残疾

1月19日，记者走进了水城县双戛乡中等村陈广盛的家采访，这个家庭共有8口人，却有4个残疾人……

一个不幸的家庭

陈广盛的大儿子陈乐康今年47岁，1.4米左右的个子，话很少。陈广盛说："陈乐康小的时候没有什么异常，到十多岁的时候，突然一跤摔倒，中风了。那时家里穷，没钱医治，就这样成了残疾人。"36岁的二儿子陈乐诚和31岁的小女儿李秀妍也是一样的状态，但病情更严重些，现在只能依靠一只小板凳移动。

陈广盛一共有四个孩子，只有已经出嫁的大女儿是健康的。他将孩子们遭受的不幸归咎于住宅"风水不好"，因此他连续搬了两次家。"现在顺利多了！"陈广盛说。而记者在采访中得知，陈广盛夫妻是亲老表，属近亲结婚。陈广盛没有文化，因此导致他的三个孩子残疾的真正原因，他一直都不知道。在几十年的时间里，陈广盛一家的生活一度没有"阳光"。

不幸中的希望

这种阴霾笼罩的日子，可追溯到16年前。那年，经人介绍，只有右腿残疾的陈乐康和钟山区汪家寨镇的刘雅兰结了婚，刘雅兰也是一名小儿麻痹症患者，左腿残疾。

刘雅兰给陈家生了两个健康的儿子，带来了新的希望。现在两个儿子都有十多岁了，在读初一和五年级。

"只要他们争气，再穷也要供他们读书，书读多了少吃亏。"没有文化的刘雅兰说。

陈乐诚会编织篾器，一年可以挣上 1000 多元；陈乐康懂篾工和木工，三天两头也有人找他去干活，多多少少也可以挣点钱，再加上刘雅兰勤俭持家，日子明显比以前好了。今年，他们还宰了一头 300 来斤的猪。

陈乐诚告诉记者，他将力所能及地多编点篾器去卖，多挣点钱来养他的妹妹和父母。如果有可能的话，他希望政府能帮助他在公路边修一间小房子，卖点小东西，能生活就行了。（原载于 2006 年 1 月 21 日《六盘水晚报》）

禁毒警示碑矗立于毒巢之上

随着贵州省首次采用爆破执行财产刑的一声巨响，盘县马依镇毒犯余泽宁耗资数十万元修建的别墅已于 2005 年 6 月 25 日轰然倒塌（本报曾报道）。四个月后，一座 8.5 米高的"禁毒警示碑"在城中赫然矗立。2006 年 2 月 18 日中午，记者跟随在盘县召开的"全省毒情重点整治工作会暨盘县现场会"与会人员前往参观了这座警示碑。

2005 年 4 月 15 日，盘县公安机关抓获以余泽宁为首的贩毒成员 13 名，缴获毒品海洛因 330 克及毒资 81 万余元。以余泽宁为首的亲戚、朋友组成的贩毒集团宣告覆灭。

有关部门依法没收了余泽宁通过毒品交易得来的钱财修建的一幢三层楼"小洋房"，并于 6 月 25 日 13:10 进行了爆破。当天，附近村民近三万人目睹了对毒贩的惩治，在一片惊叹声中，余泽宁的豪宅随着一声巨响变成了一堆废墟。此举显然粉碎了毒贩们"坐牢一阵子，享受一辈子；杀了我一个，幸福几代人"的贩毒致富梦，并由此告诫村民：等待毒贩的将是法律的严惩！

马依镇党委副书记杜玉花告诉记者，建在余泽宁别墅废墟上的警示碑高达 8.5 米，系盘县政府及县禁毒委斥资 5 万元修建的，于去年 10 月下旬竣工。

塔身呈四方形，蓝边、黄底、红字，"禁毒警示碑"五个大字朝北昭然而示，东侧文字则介绍了余泽宁犯罪、落网的事实梗概，西侧和南侧文字则显示了当地政府禁毒的决心和力度。

设立该警示碑后，全县各部门经常定期组织单位干部职工、在校学生及村民到现场参观。目前，"禁毒警示碑"已成为当地禁毒警示教育基地。

8 名桐梓学生集体 "闯江湖"
幸被六枝铁路民警及时制止

15 日，记者从六枝火车站铁路派出所获悉，桐梓县的 8 名中学生因厌学而集体离家出走，准备"闯荡江湖"，幸被铁路民警及时发现并制止。3 月 14 日傍晚，这些学生的家长匆匆从桐梓县城赶到六枝火车站，将离家出走的孩子接走。

据六枝火车站铁路派出所指导员程君介绍，3 月 14 日凌晨 1 点左右，该所值班民警王强与重庆至昆明的 K167 次列车乘警交接工作时，接到一项特殊任务，为 8 名离家出走的少年联系家人。经观察，王强发现这 8 名学生均是 10 多岁的未成年人，除两人拿着行李包外，其余 6 人两手空空。经询问得知，这些少年都是在桐梓车站上车的。了解该情况后，王强立即将案情上报该所领导。随后，该所迅速联系桐梓车站得知，3 月 13 日下午，确实有家长向桐梓车站派出所报警，称其小孩失踪。核实这些少年的身份后，桐梓车站于凌晨 2 点左右把消息告诉孩子家长。

据介绍，8 名学生中，除 1 人在桐梓五中就读外，其余均是桐梓县达兴私立中学的寄宿制学生，家境都比较好。据其中一名叫罗瀚程的学生告诉记者，他们出走的原因，是受不了学校老师的体罚。于是，他们约定不读书了，到外面的世界闯一闯。3 月 13 日下午，8 名学生乘返校之际，离开家后径直来到火车站，随意上了一列即将出发的列车。晚上，乘务员查票时，发现他们形迹可疑，在六枝火车站将他们移交给六枝火车站铁路派出所。

14 日上午，8 名学生的家长从桐梓出发，经过 10 多个小时的辗转奔波，于当晚 6 点 45 分抵达，在六枝车站见到自己的孩子。感激之余，8 名学生的家长联名向铁路警方送上一面锦旗。据其中一名学生家长罗志明介绍，这些孩子大的有 15 岁、小的有 12 岁。离家时，没有任何征兆，失踪后，家人为此心急如焚。罗志明表示，回家后，一定和自己的孩子好好沟通，避免这样的事情再次发生。

当晚 8 点 40 分，离家出走的少年和他们的父母搭乘昆明至重庆的列车，踏上回家的路。（原载于 2006 年 3 月 17 日《凉都晚报》）

7 路公交车开始实行无人售票

继六盘水市 1 路、2 路、5 路公交车实行无人售票以后，在市委、市政府以及有关职能部门的关心支持下，经过近两个月的酝酿和筹备，4 月 10 日，7 路公交车开始实行无人售票。

10 日，记者对 7 路公交车进行了随车采访。记者发现，所有的 7 路公交车都在车上张贴了"无人售票"四个醒目的大字，每辆公交车在起点站都要进行登记，并对车厢进行清扫。记者在车厢内看到，车上除了有"无人售票"标识外，还设有严禁在车上吸烟，老、弱、病、残、孕专用座位等标志，在监票员的介绍和监督下，大多数乘客都主动将零钱投到了投币箱里。为了方便市民乘车，有关单位还特意安排工作人员，在人流密集的站点给乘客兑换零钱，在 7 路公交车运行线路上，市客管办稽查科还专门派出 3 台车和 9 名工作人员进行监督。

记者一路上看到，各台公交车均能遵守排、发班时间，改变了过去市民常常投诉滞留乘客、长时间待客的现象。但记者当天也发现 7 路公交车运行线路上共有近 30 个停靠点，约有一半的停靠点被一些公车和私家车占了位置，公交车无法停靠在停靠点上，公交车司机下车劝导时，一些人还辱骂他们，公交车司机为了不延误旅客的乘车时间，只好开车离开。

市客管办稽查科的工作人员邹宏在接受记者采访时说，从 7 路公交车实行无人售票的情况来看，总体比较好，大多数市民非常配合。对于一些公车和私家车占道停靠现象。邹宏表示，为了使六盘水市的公交车无人售票制度能顺利推行和实施，希望这些司机朋友给予理解和支持。

据介绍，7路公交车运行线路全程13.6千米，计划单行时间为45分钟，现共有101辆中巴，共分为两组，46辆在市人大，45辆在水钢。（原载于2006年4月16日《六盘水晚报》）

贫困学子查出先心病　爱心师生演绎人间真情

在高考体检时被查出患有心脏病的水城县二中高三（1）理科班学生张浩军，在全校师生爱心捐款的帮助下治好病后回到了校园，回到充满爱的老师和同学中间。家住黄土坡街道办事处钟山村3组的张浩军，今年17岁，是水城县二中高三（1）理科班学生，家境贫寒，但学习十分勤奋刻苦，从小学到高中学习成绩一直名列前茅，他的梦想是考上一所名牌大学，改变贫困的家境。

4月2日，是贵州省高考体检的时间，一大早，张浩军和其他同学一样高高兴兴来到水城县中医院排队体检。结果他被检查出患有先天性心脏病。消息一出，他顿时觉得晴天霹雳。张浩军在咨询了一些医生和专家后得知，要医治该病，至少需要4万元的医药手术费用，手术成功后他便可以参加高考。4万元对于来自农村贫困家庭的学生来说，无疑是笔沉重的负担。

就在张浩军及其家人为医药费着急万分之时，高三（1）理科班的同学们提出倡议，水城县二中的全体师生纷纷向他伸出援助之手，仅几天时间就捐款28000元。在家人的陪同下，张浩军到贵州省人民医院进行手术，因得到及时治疗，病情很快得到控制。4月19日，张浩军又回到了校园，回到充满爱心的老师和同学中间。张浩军说他是不幸的，但是因为生活在这个被爱所包围的环境中，生活在爱心校园——水城县二中，他又是幸运的。

据张浩军的班主任付老师介绍，张浩军是一个学习成绩十分优秀的学生，每学期都被评为"三好学生"并且年年获得学校奖学金。在张浩军很小的时候，母亲就离开了家庭，是父亲带着他和年幼的妹妹清苦生活。因为家庭贫穷，今年3月，年仅16岁的妹妹选择退学打工挣钱供哥哥上学。

面对妹妹对他的无私付出，面对学校的帮助，张浩军含着眼泪对记者说，距离高考的时间越来越近，他一定加倍努力学习，考上一所名牌大学，绝不辜负学校所有老师、同学和家人对他的关心。（原载于 2006 年 4 月 26 日《六盘水晚报》）

煤炭采选企业环境污染将限期整治
647 家企业"首当其冲"

9 月 23 日，记者从六盘水市有关部门了解到，在六盘水市对煤炭采选企业环境污染限期整治工作中，六枝特区金锋选煤厂等 647 家不能稳定达标排放污染物的煤炭采选企业被列入限期整治范围，在规定时间内若不能达到整治要求，地方政府将按管理权限责令停产治理或依法关闭。

三岔河、北盘江流域是长江、珠江两大流域在贵州境内的重要源头，煤炭采选企业排放的污染物是造成三岔河、北盘江流域水污染的主要因素之一。做好三岔河、北盘江流域水污染的防治工作，是维护人民群众切身利益，也是六盘水市经济社会全面、协调、可持续发展的迫切需要。为此，六盘水市于今年 8 月 15 日下发了市人民政府办公室《关于下达三岔河北盘江流域煤炭采选企业环境污染限期治理项目的通知》，对六枝特区金锋选煤厂等 647 家不能稳定达标排放污染物的煤炭采选企业下达限期治理任务。同时，市环保部门也提出了具体要求。

与此同时，市政府要求各特区县、区人民政府组织力量深入三岔河、北盘江流域排放污染物的企业，要求其尽快制订治理方案，落实治理资金，确保按期完成治理任务，对未按期完成治理项目的企业，地方政府要按照管理权限责令其停产治理或依法关闭。

据记者了解，目前已有不少企业在制订治理方案，治理方案将报各级环保部门审核。

据悉，此次限期治理的不能稳定达标排放污染物的 647 家煤炭采选企业分布较广，六枝、盘县、水城、钟山都有，相关部门对每家企业的限期治理项目类别、治理内容、治理目标、完成时限等都做了具体规定，这是目前六盘水市乃至全省下达限期治理项目最多的一次。（原载于 2005 年 9 月 24 日《六盘水晚报》）

六盘水市首个学校心理咨询中心成立

近日，六盘水市首个学校心理咨询中心在水城县二中成立。

据市教育局有关负责人介绍，当前，社会各界已经注意到青少年心理健康问题的严重性，维护青少年心理健康的工作已逐步被重视，水城县二中针对学生在成长过程中存在的各种心理问题，开通了心理热线 8239168，时间为每周日，上午 8:30—11:30，下午 2:30—5:30，由贵州师范大学六盘水学院的 4 位专业心理学老师和水城县二中的两位对心理学有一定研究的老师为学生及其家长进行免费咨询。咨询辅导的范围有：青春期心理、亲子教育、人际关系、学习压力等。据贵州师范大学六盘水学院一位心理学教授介绍，近年来，由于社会、经济发展带来的种种变化，我国学校教育和儿童健康成长受到冲击和挑战。

调查显示，在我国中小学当中，约有 1/5 的青少年儿童有着不同程度的心理行为问题，如厌学、逃学、焦虑、抑郁、耐挫折力差、学习障碍、成长烦恼等外显或内隐的心理行为问题。开通心理咨询热线，可以帮助社会、个人及其家庭正确认识青少年心理健康。（原载于 2005 年 11 月 25 日《六盘水晚报》）

别让垃圾箱成为城市的"一道疤"

垃圾箱是城市保持环境卫生不可缺少的"功臣"，但是屡屡遭到破坏。6 月 7 日，记者在采访中发现，六盘水市中心城区几条主干道边上的垃圾箱被人为破坏严重，成了几条主干道上刺眼的"一道疤"。

钟山大道边上的垃圾箱是街道新建后才安装的。这些垃圾箱全都是新的，而且一体两箱的垃圾箱比传统的更环保、更先进、更科学。这些垃圾箱外形美观，为凉都市容增色不少。但是，总有一小部分缺乏社会公德和良知的人对垃圾箱进行无故"摧残"。除了垃圾箱满身脚印、箱体变形之外，记者在清河街建材巷路口还看到一个被烧得面目全非的垃圾箱。记者随机采访了正在打扫街道的清洁工张大姐，张大姐说："估计是有人把未熄灭的烟头扔到垃圾箱里，引燃了一些易燃烧的垃圾所致。"

据了解，六盘水市环卫部门对垃圾箱几乎年年更换整修，但是修复补添的速度远远跟不上被破坏的速度，为加强对垃圾箱的管理，六盘水市环卫部门在搞好路面的打扫、保洁工作的同时，又承担起保护垃圾箱的工作。按有关规定，垃圾箱内严禁倾倒生活垃圾、污水、焚烧杂物，擅自拆除、损坏垃圾箱的行为应该处以罚款。然而，凭借环卫工人的监督力量是远远不够的，垃圾箱遭破坏的现象依然存在。

据环卫人员介绍：除有人损坏、偷盗垃圾箱外，少数市民社会公德意识淡薄，发现有人破坏垃圾箱，却默不作声，更不会出面制止。个别单位和店主认为垃圾箱碍事，影响出入，影响他们做生意，随意加以破坏，有的市民在垃圾箱里焚烧废纸等，这些都是造成垃圾箱毁坏的直接原因。路边的垃圾箱作为公共设施，主要目的就是为了市容的美观整洁，方便行人养成不随地扔垃圾的良好习惯。但是由于某些人的恶意破坏，却使原本造型美观的垃圾箱成为"都市面容上的一道疤"。同时，也折射出一些人的低素质和道德缺失。（原载于 2006 年 6 月 8 日《凉都晚报》）

IC 卡电话亭惨遭"毒手"

6 月 16 日，记者在六盘水市中心城区发现，六盘水市电信公司在城区街巷安装的部分 IC 卡电话亭有不同程度的受损，有的显示屏被硬物戳烂、被塑料纸覆盖，什么也看不清。有的插卡处被报纸或折断的卡塞住、被吃过的口香糖堵住，IC 卡怎么都插不进去。有的电话听筒已经不翼而飞，还有的电话亭面罩也被人砸得面目全非，而大部分电话已被各类广告张贴得花里胡哨。

记者粗略计算了一下，钟山大道人行道上共有 100 多部电话亭遭到不同程度的破坏，有的电话亭里根本没有电话。

是什么人在不停地破坏电话亭？记者采访得知，除了一部分电话亭是被不法分子盗走卖钱之外，不少是因为一些失恋、喝醉酒，或者遇到不顺心事情的人，将电话亭作为"出气筒"，打砸电话亭发泄心中的怒气。

人民广场附近一家小店的老板告诉记者，他曾多次目睹电话亭被砸：今年正月十五深夜，一名 30 多岁的男子在喝完酒后，来到电话亭前，大哭大笑，一会儿用手猛砸电话亭玻璃，一会儿用脚踹电话亭的支柱，电话亭的玻璃就被他打烂多处；今年 3 月的一个晚上，一名 20 多岁的小伙子在电话亭里聊了 2 个多小时，也许是由于被女友拒绝，心情一时烦躁起来，小伙子随即将手中的话筒在电话亭玻璃上一阵敲击拍打，电话亭的有机玻璃碎片散落一地。

日前，记者采访了六盘水市电信局信息电缆维护工作负责人刘先生，他介绍说，目前市中心城区已安装 IC 卡电话亭 1000 多部，由于每天都有电话亭被破坏，破坏了又重新安装，所以根本没法计算其数量。以前多数电话亭的外衣都是有机玻璃的，经常有人在夜半时分，拿着铁棍、铁锤等工具，把电话亭的外衣（有机玻璃）砸碎后捡走。这种玻璃一斤可卖 1.5 元、2 元钱不等。正是在利益的驱动下，他们才做出了这样的事情。单位的保安人员曾经抓到一些破坏电话亭的嫌疑人，经询问得知，破坏电话亭的人多数是捡垃圾的。

为了防止电话亭有机玻璃继续被盗，电信部门决定改用铁制外壳代替有机玻璃，他们去年仅电话亭的外板就换了数百块，还有维修费用等，总价值数十万元。

此外，刘先生还说："IC 卡电话亭安装之初，十分普及，极大地满足了市民打电话的需求，可是随着手机的日渐盛行，IC 卡电话亭逐渐被市民冷落，成了一种城市装饰。然而，由于部分市民的素质不高，对其进行恶意破坏，玷污了凉都的城市形象。"（原载于 2006 年 6 月 19 日《六盘水晚报》）

肇事司机违约　死者家属求助
法律援助为家属讨回公道

丈夫出车祸死亡，交警协调由肇事者赔偿死者家属 36.7 万元，然而肇事者却违约，无奈之下她只得求助于六盘水市中心法律事务所，法律援助为其讨回了公道。10 月 11 日上午 10 时许，六盘水市司法局法律援助中心门口鞭炮声连绵不绝，一位年近七旬的农村妇女握着司法局领导的手激动地流下了泪水。据了解，该农村妇女名叫顾宝珍，家住水城县滥坝镇以朵村白马洞组。

2004 年 8 月 7 日，驾驶员陈安驾一辆车牌号为贵 B23383 的解放牌 CA6350J 微型普通客车由水城开往贵阳方向。当日 19 时 45 分，当车行至水黄路 118 千米＋490 米处时，撞倒了顾宝珍的丈夫吴文华，吴文华随后被送往医院进行抢救。事故发生后，肇事者陈安没有积极支付医疗费，造成吴文华住院 9 天后死亡。吴文华的死亡并没有让陈安认识到事情的严重性，他百般推卸责任，不与死者家属商谈赔偿事宜。后在多方要求下，陈安才于 2004 年 8 月 27 日委托其哥哥与死者吴文华的女儿吴永墨在水城县交警大队民警的组织下进行调解。经双方协商，陈安答应赔偿死者家属医疗费、丧葬费、抚养费、生活费等共计 36.7 万元。协议签订后，陈安除了支付吴文华治疗期间的 0.6 万元医疗费外，一直没支付其余费用。

2005 年 7 月 13 日，顾宝珍到六盘水市中心法律事务所请求援助，法律工作者刘远富在了解情况后，为其提供了无偿援助。2005 年 9 月 28 日，顾宝珍将本案诉至水城县人民法院。2006 年 7 月 2 日，案件终于有了结果，死者家属得到了他们应有的赔偿，案件受理费和其他诉讼费用由被告人陈安负担。

为感谢市中心法律事务所的帮助，11 日上午，顾宝珍老人和她的亲人特意制作了两面锦旗来到市司法局致谢。（原载于 2006 年 10 月 13 日《凉都晚报》）

六盘水市县级以上城市全部实现机械化屠宰
居民均可吃上放心肉

日前，记者从六盘水市商务局获悉，随着盘县红果机械化屠宰场的建成使用，加上水城、钟山区和市区共用的市中心城区机械化屠宰以及六枝食品公司机械化屠宰场，六盘水市县级以上城市居民均可吃上机械化屠宰场生产的放心肉。

据了解，六盘水市中心城区机械化屠宰场占地 68.43 亩，已投资 2100 万余元，是目前贵州省规模最大、机械化程度最高、管理较规范的屠宰场，今年投资 1200 万余元已建成 PIC 种猪厂，现正在申报中央活畜储备基地。六枝食品公司机械化屠宰场占地 10 亩，自筹资金投入 65 万元，经技改扶持，先后投入技改资金 105 万元。盘县红果机械化屠场现已投资 300 万余元，今年 8 月投入使用，使六盘水市县级以上城市全部实现机械化屠宰的目标，居民均可吃上机械化屠宰场生产的放心肉。

至此，六盘水市县级以上城市全部实现机械化屠宰的目标，居民均可吃上机械化屠宰场生产的放心肉。（原载于 2006 年 12 月 4 日《凉都晚报》）

煤源紧张　煤价上涨　燃气供应不足
取暖电器备受市民青睐

每年冬天，取暖都是广大市民普遍关心的问题，特别是今年煤源紧张、煤价不断上涨和燃气供应不足的情况下，做好御寒取暖成了市民关注的焦点。12 月 9 日，在六盘水市中心城区某商场，记者看到，前来购买取暖器和空调的人还真不少，他们认真挑选着自己中意的取暖家电，询问着各种取暖电器的价格和性能。据该商场一位负责人介绍，最近一段时间以来，由于天气变冷，空调、取暖器销售很好，每天能卖出 10 多台取暖器，与前段时间相比，销售量翻了番，取暖器和空调销售达到了小高峰，取暖器销售量同比去年增长了近 18%，尤其是小型取暖器很受市民欢迎。

正在购买空调的张女士用燃煤、空调和电暖器做了个比较："如果装上空调就可以省去很多麻烦，既划算也很干净。现在蜂窝煤价格高涨，以每个 0.25 元的价格来算，每天取暖至少要 8 个，也就是每天要 2 元，如果使用空调，虽然现在的成本很高，但是可以随时控制室内的温度和用电量，每天也就是 5 至 6 度电，大概 3 元左右，两者取暖的消费成本都差不多，但是使用空调更干净，对于经济条件宽裕的家庭来说，用空调还是比较好的选择。

与空调市场相比，今年的燃炉市场相对比较平静。在一家专卖燃炉的店铺里，店主正和几个朋友悠闲地打牌，某销售燃炉的店主告诉记者，去年这段时间，他店里每天都有很多顾客光顾，平均每天能销售 8 个至 9 个炉子，今年的销售量相对要少些，每天只能卖出去 2 个至 3 个。他说，他的炉子主要销售给工人、农民和一些城乡居民，随着人民生活水平的不断提高，市中心城区很多居民在取暖上将会朝着电器方面转变。

看来，在今年的御寒取暖准备上，取暖电器越来越受市民的青睐。某商场负责人告诉记者，今年以来，由于煤价不断上涨，使用燃煤和电器取暖所需要的成本差别不大，人们更愿意使用干净、简洁、方便的电器来取代燃炉，导致取暖家电销售市场出现冬季销售热潮。而且，随着近年来六盘水市生产总值的上升，人们的购买能力增强，人民生活水平不断提高，对生活的舒适度有了更高的要求，尤其是部分工薪阶层，在生活水平提高后，成了取暖电器消费市场上的一股重要力量。

除此之外，房地产升温、今年冬天结婚的青年较多等因素也在一定程度上刺激了家用取暖电器的畅销。他认为，六盘水市的空调市场将逐步从原来的高薪阶层转向平民化，渐渐成为市民消费的常规商品。

业内人士认为，今冬空调市场被看好还有深层次的原因，今年空调厂家重视品牌形象和服务质量，产品性能的市场诉求以"节能、环保、健康"为主，市场的深度开挖满足了不少中高档消费者的需求，随着空调市场售后服务体系的进一步完善和市民生活水平的进一步提高，取暖电器将越来越多地走进人们的生活。（原载于 2006 年 12 月 13 日《凉都晚报》）

4.9万千克补贴菜让市民受惠

近日，记者在中心城区走访了解到，春节将至，为了平抑春节蔬菜价格，六盘水市政府特地拨出资金，用于节前蔬菜价格补贴。六盘水市商务局、财政局、物价局组织蔬菜水产公司等从云南省建水县购进了慈姑、黄瓜、茄子、牛心甘蓝、佛手瓜等31个品种、4.9万千克政府补贴菜，这些补贴菜上市就受到市民的普遍欢迎。"政府补贴菜比市场上的蔬菜每斤便宜了几角钱，真是太好了，老百姓买得起、吃得好，市政府真为我们老百姓办了一件实实在在的大好事！"家住在六盘水市三中黄土坡校区的张大娘提着刚买到的政府补贴菜，喜悦之情溢于言表。

多个销售点覆盖市中心

为了方便市民购买，六盘水市蔬菜水产公司在市中心城区人流量较大的黄土坡康乐菜场附近、松坪菜场以及百信菜场等地设立了多个销售点，基本覆盖了市中心。这些补贴菜销售点都有塑料大棚，外面挂着醒目的"六盘水市蔬菜水产公司以及2008春节蔬菜供应"条幅和价格表。

记者在黄土坡康乐菜场附近的政府补贴菜销售点看到，购买政府平价菜的市民在销售点前排起了长队，销售人员穿着整洁的服装为前来买菜的市民热情服务。正在排队买菜的杨女士高兴地对记者说："这里的菜要比其他市场的菜每斤便宜0.52元钱不等，政府补贴菜这件事让咱老百姓真正得到了实惠。"同时，杨女士也希望政府能够把这项活动坚持搞下去。正在排队买菜的离退休职工黄先生开心地告诉记者："政府真是想着我们这些老百姓，过年买菜难、价格高，今年能花这么低的价格买到这么好的菜，这年过得心里高兴！"

保证质量最优价格最低

六盘水市蔬菜水产公司的相关负责人对记者说："六盘水市蔬菜水产公司向广大市民保证，在政府补贴菜销售期间，我们所经营的蔬菜质量最优、价格全市最低，政府补贴菜零售价格比市场零售价格要低20%到25%。这是一项民心工程，可以说为老百姓实实在在地办了件实事，我们有决心把这件事落实好、落实到位。"六盘水市商务局相关科室负责人告诉记者：补贴菜供应从1月23日至2月4日，共计13天。期间，他们将组织工作人员加强监督管理，保证所销售的蔬菜价格低于市场价格。所损耗的补贴待供应结束以后，由六盘水市商务局、财政局和物价局按照实际情况共同对费用进行清算，补贴资金从市级副食品风险基金中支付。

市中心城区持续低温
蔬菜价格飙升

近日，受凝冻影响，菜农采摘蔬菜难度加大，加上连日来的雪雨天气造成一定程度上交通瘫痪，外地菜上市量减少，导致六盘水市中心城区的蔬菜（尤其是新鲜蔬菜）价格涨了不少。目前，各类蔬菜价格比以往平均每斤上涨了0.5元。

1月29日上午，记者在明湖菜场、松坪菜场以及黄土坡康乐菜场看到，蔬菜的品种依然比较多，只有少部分蔬菜受凝冻天气影响而货源不足。记者走访几个菜场得知，各类品种的蔬菜价格均比平时每斤上涨了0.5元，大白菜由上周的每斤0.7元至0.8元涨到了1.5元。菜场上各品种蔬菜价格如下：花菜每斤2.5元、大豆每斤2元、菠菜每斤2元、豌豆每斤4元、西红柿每斤1.5元、小葱每斤3.5元、大葱每斤2元，这些品种的蔬菜每斤均比平时上涨0.5元至1元。其中香菇的涨幅最高，由以前的每斤4元涨到每斤6元。

在采访中，很多市民对各类蔬菜价格上涨很是不满。"猪肉价格上涨，我不吃肉也能忍受，但各类蔬菜价格上涨，就没有办法了，希望凝冻天气早点结束，否则我连蔬菜都吃不起了。"正在买菜的金先生无奈地告诉记者。

据明湖菜场内一蔬菜摊主彭女士介绍，由于天气的影响，现在茶叶蔬菜批发市场的蔬菜数量较平时少得太多，他们每天得很早就在该菜场等候批发，如果晚点的话还批发不到。随着批发商提高价格，零售蔬菜价格也相应上涨。

据彭女士分析，蔬菜价格普遍上涨这一现象也许会持续到凝冻结束。（原载于 2008 年 1 月 31 日《凉都晚报》）

抗击凝灾，各部门全面部署——煤、油充足，水、电、气正常

2 月 2 日上午，记者走访了数十家大型餐馆、浴池、郊区的社区居民以及煤炭销售点得知，目前，六盘水市煤、电、气、水供应正常稳定。

煤油供应充足

昨日上午，记者在上班的路上，看到不少蜂窝煤商贩推着蜂窝煤沿街叫卖。一名商贩告诉记者，近期蜂窝煤销量不错，一天的销售量是淡季当日的 23 倍，批发煤炭也没有受到天气的影响，基本上一到蜂窝煤生产地就可以拿到，货源是比较充裕的。在明湖路零售煤炭的一名老板告诉记者，近期，虽然煤炭的进价和售价相对较高，但销售量很不错，一天至少能销售出五六十吨。

据悉，春节前盘南电厂和野马寨电厂这两个大电厂的电煤存量，将分别达到 25 万吨和 6 万吨。

昨日，在凉都大道凤凰加油站，记者观察了近半个小时，所有到加油站加油的大小车辆，一进站便可加到油，而且没有限量，价格也一样。另外。记者从六盘水市委、市政府办获悉，截至 1 月 30 日，全市成品油库存量 11459 吨，其中柴油 7495.7 吨，汽油 3663.3 吨，可满足生产生活需要。

燃气、供水、供电正常

记者在一些用气、用水较多的大型餐馆、浴池了解到，六盘水市中心城区的燃气、水供应比较稳定，近郊的水受到一定影响，少部分居民的水龙头被冰雪冻结，但是都不影响他们正常生活。

据悉，目前水钢燃气系统的气煤日进量已达 8000 吨，能够确保春节期间供电、供气不中断。另外，在供电方面，供电部门设置了三道防线，电网负荷在 23 万至 46 万之间，完全能够实现自给自足。在供水和供气方面，实行了全天候调度协调，完善了抢修方案，能够保证居民用水、用气的稳定和安全。（原载于 2008 年 2 月 3 日《凉都晚报》）

农村劳动力转移培训工作进展顺利
"阳光工程"转移就业 1468 人

日前，记者从六盘水市发展和改革委获悉，六盘水市农村劳动力转移培训"阳光工程"工作进展顺利，截至目前，今年已开展引导性培训 8430 人，开展职业技能培训 2297 人，转移就业 1468 人。

六盘水市委、市政府高度重视农村劳动力转移培训"阳光工程"工作，2008 年，这项工程被列入为民办理的"十件实事"之一，全市的农村劳动力转移培训、职业技能培训的任务为 1 万人。为了确保任务保质保量地完成，市阳光办按照阳光工程项目实施的精神要求，做到任务早安排、资金早落实，积极探索转移培训的有效形式。为了使该工程有更多的群众参与，六盘水市农业局、教育局等成员单位加大了宣传。市阳光办组织各县区阳光办及培训基地，利用春节期间、赶场天进校园、三下乡等形式，通过发放宣传资料，粘贴宣传画、招生简章等形式向广大农民和农村学生宣传"阳光工程"，共发放了 2300 余册《农民工务工读本》、宣传画、招生简章等，使更多的农民和农村学生参与到"阳光工程"中来。

另外，市阳光办还根据贵州省农业农村厅有关文件精神，要求各县（特区、区）阳光办对已经开展培训的基地进行了一次全面检查。督查组通过走访、抽查，对培训基地存在的问题，要求限期整改，确保了培训质量和项目的顺利实施。

据统计，截至目前，今年已引导培训 8430 人（其中，六枝 4000 人、盘县 573 人、水城 3057 人、钟山区 800 人），开展职业技能培训 2297 人，转移就业 1468 人。转移就业人员主要从事电子电器、餐饮、商场营销、驾驶与维修、美容美发等。（原载于 2008 年 8 月 13 日《凉都晚报》）

255 套廉租房交付使用
六盘水市住房保障工作稳步推进

最低收入家庭人均住房面积 8 平方米以下的困难户住房保障、补贴以及廉租房建设，今年被纳入政府责任目标考核内容之中。日前，记者从有关部门获悉，截至目前，这项工作正有序进行。

六盘水市明确要求，从 2008 年起，将解决低收入家庭住房困难工作纳入各县（特区、区）人民政府目标责任考核内容，解决低收入家庭住房困难年度计划的完成情况纳入《政府工作报告》，接受人民监督。2008 年，对全市人均住房面积 8 平方米以下的城市低收入家庭申请廉租房租赁补贴的，年底前基本做到应保尽保；对市中心城区人均住房面积不足 10 平方米的城市低收入住房困难家庭，纳入保障范围。

在"实物配租"廉租住房建设方面，今年全市规划廉租住房建设 4 个，总建筑面积为 34954.4 平方米，可供住房 705 套。由水钢集团公司建设的水钢阳光（廉租住房）小区一期工程 255 套（13052 平方米）已经交付使用；二期工程已经下达计划，正在进行前期准备工作。六枝特区前进路经济适用房小区配建廉租房 50 套（2500 平方米，现已经动工建设），盘县惠民廉租房小区 200 套（10000 平方米）建设正在稳步推进。

廉租住房租赁补贴发放方面，根据贵州省财政厅、贵州省建设厅的通知，下达到六盘水市的中央廉租房保障补助专项资金 812 万元。目前，已对 1663 户城市低收入家庭申请廉租房补贴资料进行审核登记，现在严格按照有关程序进行公示。其中盘县已经对 395 户符合条件的城市最低收入家庭发放上半年廉租房补贴 18.96 万元，六枝已经发放了 837 户，六盘水市中心城区发放了 192 户。

经济适用房建设方面，今年六盘水全市经济适用房计划开工面积 10 万平方米。目前，六枝特区前进路经济适用房小区等 6 个项目已经实际开工建设。

（原载于 2008 年 8 月 19 日《凉都晚报》）

楼上水管爆裂　楼下住户遭殃
有关部门表示将派人维修

8月26日中午，家住六盘水市府南路华丰楼三楼的黄女士打通本报热线反映，四楼住户家里主水管破裂，导致她家和二楼住户厨房不断漏水，无法居住。

接到电话后，记者立即赶到现场。记者在黄女士家厨房里面看到，其楼顶不断有水往下滴，黄女士用一个油桶来接楼上不断往下滴的水滴。黄家楼下一住户的厨房里也不断滴水，根本不能在厨房里活动。

据黄女士介绍，前段时间他们一家都外出了，一直没有人在家，8月20日，当他们回到家时，发现厨房不断地滴水。"刚开始的时候不是很严重，但情况一天比一天恶劣，以至于到8月25日，墙壁里开始流水，整个厨房后来全被淹了，现在得不断地扫，否则水会越积越多，我真担心水流大了之后将整个房间都淹没了，希望相关部门出面给予及时处理。"黄女士说。据悉，黄女士将这个情况向维修部门反映后，8月26日上午，对方派人来查看情况，称需要1000多元维修费，因水管是在四楼住户家里发生爆裂的，所有维修费及损失费得由四楼住户承担。四楼住户王女士认为，水管虽然是在自己楼层破裂，但不是人为行为，况且是主水管破裂而不是自己家的分水管，为了查看漏水原因她还不惜打烂自己家的墙壁，为此，她认为自己不可能承担维修费用。

据自来水公司"一户一表"办理处的一位姓肖的副主任介绍，因为住户的水管是安在墙壁里的，如果是因为水管质量问题而发生爆裂，自来水公司可以和住户一道找房管所进行协调处理；如果住户坚持将主水管道改装在外，重新安装水管的费用应由该楼的住户共同协商。在得知王女士已将墙壁破开找到水管漏水的地方后，肖表示将安排员工到王女士家进行维修。（原载于2008年8月27日《凉都晚报》）

2010年"多彩贵州"小品大赛总决赛揭晓

六盘水市选送作品《春哥与秋妹》《旱井》获"铜鼓奖"

8月30日,"中天城投杯"2010年"多彩贵州"小品大赛总决赛5个组别的成绩全部出炉,六盘水市共选送了10件作品参加全省半决赛。其中,布依盘歌小品《春哥与秋妹》和黔剧小品《旱井》晋级总决赛,最终,两件作品分别获得原生态组、戏曲类非职业组"铜鼓奖"。

2008年,盘县羊场乡布依族口传叙事史诗布依族盘歌(民间文学)被列入第二批国家级非物质文化遗产名录,是六盘水市首批入选国家级非物质文化遗产名录的项目之一。六盘水市参赛小品《春哥与秋妹》就是布依盘歌(民间文学)力作之一。它以布依族歌剧的形式,展现春哥与秋妹纯洁朴实而富有布依族特色的爱情故事,作品以歌唱的形式,呈献给观众的是最真实的原生态表演。演员罗奇福说,《春哥与秋妹》是本次大赛唯一一个布依盘歌参赛小品,它独树一帜,将布依族浓郁的民族风情和地方特色文化展现得淋漓尽致。荣誉当然重要,但更重要的是能在舞台上展示布依族盘歌,传承和弘扬布依族的非物质文化。

在"多彩贵州"小品大赛戏曲类非职业组的比赛中,六盘水市代表队选送的黔剧小品《旱井》反映的是一部两代人克服观念冲突,共同找井,在大灾面前人们共克时艰的抗旱题材的感人作品。导演杨果说,尽管他们的作品最终只获得"铜鼓奖",但能为弘扬黔剧文化,传承民间艺术,展现凉都人民的精神力量而感到自豪、欣慰。

六盘水市选送了《看到银子化成水》《哭坟》《钉子户》《野钟鸡蛋》等10件作品参加全省半决赛。这些参赛小品题材广泛、内容丰富多彩(有歌舞、黔剧、话剧以及原生态小品表现形式),内容为宣传社会主义核心价值体系和新时期贵州精神、六盘水精神;反映改革开放以来六盘水市各行业的发展变化和干部群众的精神风貌;弘扬贵州、六盘水优秀地域文化和民族文化;颂扬真善美,讽刺假丑恶。这些作品为本次大赛添彩不少,展示了凉都

人民的精神力量和原生态民族戏曲文化的艺术魅力。（原载于 2010 年 8 月 31 日《凉都晚报》）

凉都推出两名网络警察

为预防和打击网上违法犯罪行为，让互联网的虚拟世界有序可控，日前，六盘水市公安局推出一男一女的虚拟警察卡通形象，他们的名字分别叫"嘟嘟"和"靓靓"。

据六盘水市公安局网监支队负责人介绍，目前，在六盘水地区有 300 多个网站，提供上网服务的运营企业有 5 家，网吧 160 家，网民 30 万人以上。随着互联网不断深入生活，网络犯罪的发案率也逐渐增多。

据了解，当前网络犯罪的花样不断翻新，手段相当隐蔽，大体分为三种类型。一是技术性破坏，如黑客侵入、计算机病毒破坏等；二是利用计算机违法犯罪，如利用计算机诈骗，挪用公款或窃取国家机密和企业商业机密等；三是不法分子在网上制作、复制和传播有害信息，如传播黄色淫秽图像等。针对以上犯罪事实，六盘水市公安局在互联网上推出虚拟警察形象，并制作成浮动图案，悬挂在六盘水各大门户网站和热门网站的首页。从 6 月 20 日起，网民只要点击任一浮动图案，即可进入六盘水市网络警察的网站。在该网站，网民不仅可以查阅有关互联网的各项法律法规，就网络安全问题还可以得到网监民警的耐心解答，从而增强法治意识和防范能力。

这位负责人表示，推出网络警察虚拟形象，除了宣传网络法律法规，震慑网络犯罪之外，还为便利网络报警，提高网络虚拟世界中"网警"的见警率和管事率，让网民明白虚拟空间并非法外之地。（原载于 2006 年 6 月 22 日《六盘水晚报》）

英雄事迹感人肺腑

——贵州省抗雪凝灾害先进事迹报告会在六盘水市举行

3月29日上午，贵州省抗雪凝灾害先进事迹报告团来到六盘水，为全市各界干部群众真实地再现全省各条战线在抗击今年特大冰冻雪凝，"保供电、保交通、保民生"工作中一幕幕感人肺腑的先进事迹。

贵州电网公司职工王亚玲的宣讲再现了广大干部职工踏冰破雪、纵横千里，战天斗地保供电、保民生壮举的一幕一幕。

都匀市公安局巡警大队民警宣毅通过讲述民警营救群众的惊心动魄的故事，真切地告诉人们：人民警察始终牢记人民。贵州省高等级公路管理局彭茜云讲述了全局职工用热血忠诚保障千里高速平安畅通的壮举。贵阳市开阳县纪委书记杨梅含泪回忆了人民的好公仆、群众的好儿子永温乡纪委书记李彬超负荷工作26天劳累过度而牺牲，真情为民的感人事迹。

台江县公安局王强讲述了战友欧光权坚守岗位九昼夜直至倒下，诠释了他如何用生命实践一个共产党员为党和人民事业奋斗终身的铮铮誓言。

铜仁地区松桃自治县民政局郭礼发真切地阐释了民政工作者"以民为本，为民解困，为民服务"的职责，织金县人武部周祖华讲述了危难时刻广大民兵用行动诠释"听党指挥、服务人民、英勇善战"的深刻内涵。贵州电视台记者刘胜用通过报告展示了新闻记者对于职业责任的忠诚与坚守。他们是新时期的英雄，是抵御灾害的中坚和脊梁！

六盘水市直各部门、机关干部、企事业单位、解放军、武警驻六盘水官兵；六盘水师专、六盘水电大、六盘水市一中等学校的师生代表及各界人士聆听了报告。（原载于2008年3月30日《凉都晚报》）

市级下达第一批补助资金
六盘水市农村茅草屋改造工程全面实施

5月5日，记者从六盘水市扶贫办获悉，全市农村茅草屋改造工程正有序进行，目前市级第一批补助资金2400万元已经下达到各县（特区、区），工程已进入全面实施阶段。

2008年，全市改造农村茅草屋8000户被列入市委、市政府"十件实事"，各县（特区、区）扶贫开发领导小组对改造任务进行了积极申报，经市委、市政府同意后，对改造任务进行了分解，其中六枝特区1200户，盘县1800户，水城县4346户，钟山区654户。在8000户农村茅草屋改造任务中，改造对象主要是2004年已建档立卡的贫困户和2008年初因雪凝灾害造成住房倒塌的农户，其中因雪凝灾害造成住房倒损的农户2117户，计生"两户"和计生贫困户730户；补助资金为5200万元，其中市级补助资金2800万元，县级配套补助资金2400万元。预计灾后重建房屋的农户将在6月底全面完成改造，其他农户的茅草屋改造也将于11月完工。

市级第一批补助资金2400万元已于3月13日下达到各县（区、特区），其中六枝特区360万元，盘县540万元，水城县1303.8万元，钟山区196.2万元，第二批资金400万元将根据实施进度下达。目前，全市农村茅草屋改造工程已进入全面实施阶段，基础施工3534户，开始砌墙1269户，完成四面墙966户，主体完工695户，竣工122户，平整地基1414户。（原载于2008年5月8日《凉都晚报》）

将小土豆做成大产业 促进农民增收致富

10月15日，六盘水市马铃薯产业发展座谈会召开，会议强调，要高举"发展、团结、奋斗"的旗帜，抓好农业发展；要集中精力、资金和技术，做大做强马铃薯产业，提高马铃薯的商品率和市场占有率，使马铃薯产业成为促进农民增收致富的主导产业。通过五年努力，让城乡居民的可支配收入和农民人均纯收入在"十二五"末达到或接近全国的平均水平。

近年来，六盘水按照"扩大规模、增加总量、依靠科技、提升层次、开拓市场、扩大外销、强化措施、促进加工"的指导方针，把马铃薯产业作为六盘水市农业发展的重点支柱产业来抓，组建了乌蒙山马铃薯发展有限公司。经过几年的努力，六盘水市马铃薯产业总体发展态势良好，种植面积从 2006 年的 93 万亩发展到 2010 年的 208 万亩，单产从 2006 年的 1019 千克增加到 2009 年的 1252 千克。总产量从 2006 年的 74.7 万吨增加到 2009 年的 229 万吨。

在认真听取大家的发言后，会议主持人指出，马铃薯种植是六盘水市的传统产业，把马铃薯产业作为农业重点支柱产业来抓，六盘水比较适合种植马铃薯，有地质条件好、气候适宜、海拔适中等得天独厚的条件，而且马铃薯种植历史悠久，种植技术较为成熟，马铃薯品质好。目前，马铃薯已经成为六盘水市农民收入的重要组成部分。马铃薯是强有力的市场竞争品种，必须集中精力、资金、技术发展马铃薯产业；要转变观念，拓宽思路，围绕把马铃薯变成商品来做文章，使马铃薯成为农民增收致富的主导产业；要加大科技投入，各地农科所要做好品种选择、育种栽培、科技普及，提高良种普及率和种植水平；要对马铃薯的储备、运输以及销售进行科学研究；要做好马铃薯发展规划，选好示范基地，在资金、机构、人员、科研等各方面给予支持，要实现统一规划，统一育种发展，统一销售；要加大对马铃薯加工业的扶持和服务力度，帮扶龙头企业解决原料购买、生产加工、市场销售等问题；各县（特区、区）要结合实际，在农业项目、农业生产、农业加工上制定鼓励政策，要敢于在这个方面有突破，奖罚分明，对有贡献的有奖励，对不做事的要有处罚。大力支持农副产品加工企业，在发展农业产业、促进农民增收等方面做出成绩，取得新的突破。

近年来，六盘水市经济社会发展很快，各级党委、政府、广大干部和社会各界高度关注农业、农村和农民的问题，企业和有识之士把资金、技术、人才、项目向农村转移，工业反哺农业的力度进一步加大，使农村面貌得到改变，农民收入不断增多，生活条件得到改善，这些成绩的取得得益于党中央、国务院的一系列惠农政策，得益于贵州省委、省政府的坚强领导，也得益于广大的基层干部将执政为民的理念转化为工作的实效。但我们应该清醒地看到，六盘水市的城乡二元结构依然突出。小城市、大农村，农村生产力落后，农民收入水平低，农村发展相对滞后，城乡居民收入差距仍在拉大，这些问题一直制约着社会经济的整体推进。最近，贵州省委、省政府主要领导提出要实现经济社会又好又快、更好更快发展。结合六盘水的实际来说，"三农"问题是六盘水市社会经济发展的一个最重要的问题。没有农村的发展，就没有全市经济社会的发展；没有农业的现代化，就没有全市的现代化；没有农民的小康，就没有全市的小康。可以说，只有解决好230万农民的发展问题，才能实现六盘水社会经济整体发展。

建市三十多年以来，经过全市广大干部群众的共同努力，六盘水市工业经济实力大幅上升，城市加速发展，具备了工业反哺农业、城市支持农村，统筹城乡发展，有能力加大对"三农"的支持力度，有条件加快改变农村的面貌。各级领导干部要充分认识做好"三农"工作的重要性和必要性，进一步统一思想，加大工业反哺农业、城市支持农村的力度，把更多的财力投向农村，把更多的要素引向农村，把更多的精力放在农村，加快推进城乡统筹发展。通过大家的努力工作，让农民弟兄的生活过得更好，让全市农业部门以及基层的党员干部更加扬眉吐气、更有作为、更有成就。

会议强调，各级干部要端正工作作风，进一步调动工作的积极性、主动性、创新性、创造性地开展工作，把"三农"问题解决好。把"忠实践行宗旨、勤政廉政为民"在工作中体现出来，实现"统筹城乡、跨越发展"，让老百姓得到实惠；要高举"发展、团结、奋斗"的旗帜，通过共同努力，使六盘水市的农村发生根本性变化，让城乡居民的可支配收入和农民人均纯收入在"十二五"末达到或接近全国的平均水平，推动全市经济社会又好又快、更好更快发展。（原载于2010年10月《当代六盘水》第七期）

六盘水市将实现县县通高速公路目标——
杭瑞高速公路六盘水境段水城至六枝高速公路破土动工

12月21日，杭瑞高速公路六盘水境段开工典礼、水城至六枝高速公路开工动员会在水城县滥坝镇法都村贵烟公路鱼塘垭口山脚举行。

杭瑞高速公路设计标准为双向四车道，设计时速为80千米/小时，工程总投资685400万元，预计于2014年建成通车。水城至六枝高速公路是贵州高速公路网规划中"第七联"的重要组成部分，线路起于水城县东侧滥坝镇法都村，经观音山，在老街跨贵昆铁路与省道S102，经陡署乡向南进入六枝特区境内，止于那玉村接六枝至镇宁高速公路。其技术标准为双向四车道，设计时速为80千米/小时，全长60.067千米，工程总投资为558408.3万元，预计于2013年建成通车。

杭瑞高速公路六盘水境内段是《国家高速公路网规划》中的第十二横的重要路段，是六盘水市北上入川、西接昆明的重要通道。水城至六枝高速公路是《贵州省高速公路网规划》中的第七联，也是列入国家高速公路网的加密项目，是六盘水市连接六枝通往贵阳的重要过道。两个项目也是六盘水市"两横两纵一环线"高速公路主骨架的重要组成部分。项目建成后，将实现六盘水市县县通高速公路，对于改善该市路网结构，提升交通运力，加快沿线资源开发，打通进出境通道、更好地融入全省、全国发展大循环具有十分重要的战略意义。（原载于2010年12月23日《贵州日报》、人民网"贵州频道"）

六盘水市正式启动创建省级创业型城市工作

2010年12月23日，六盘水市召开创建省级创业型城市动员大会。会议要求，各级各部门要提高认识，充分认识创建省级创业型城市的重大意义，抓住机遇，以创建省级创业型城市为契机，增强责任感和紧迫感，立足本职，大力促进全民创业，以创业带动整个就业格局的变化，推动六盘水市经济社会又好又快、更好更快发展。

近年来，六盘水市围绕"加速发展、加快转型、推动跨越"的主基调，树立"政府创造环境、人民创造财富"的理念，解放思想，立足创新，通过完善创业政策、优化创业环境、降低创业门槛、放宽创业领域、保护创业成果等措施，大力开展以创业带动就业工作，努力构建充满活力、涌动创业激情的最宜创业城市。

六盘水市力争用两年时间，组织实施好"4122"工程。筹集 4000 万元创业基金，收集 100 个创业项目，培育两个创业孵化基地，培训 2000 名创办微型企业或小企业的创业者。到 2012 年，力争全市私营企业和个体工商户的数量比 2010 年增长 25%；新创办企业存货 1 年以上的比例达到 60%；创业对新增就业的贡献率达 30% 以上；创业环境满意度、创业活力、创业效率、动态保持城市"零就业家庭"为零。未来 5 年，全市力争实现城乡就业 48.5 万人，年均新增城乡创业人员 800 人以上，带动就业 3000 人以上。就业困难群体再就业比例保持在 80% 以上。30% 的社区建成充分就业社区，城镇登记失业率控制在 4.5% 以内。

会议指出，如何破解就业难题，是党中央、国务院对六盘水的要求，是市委、市政府的重要责任，也是人民群众的热切期望。争创省级创业型城市是推动六盘水市经济社会更好更快发展的客观需要，也是六盘水市坚持落实科学发展观的又一实践。创业不仅是个人的成功之道、家庭的致富之源，更是六盘水市加快发展、实现崛起的必由之路。发达地区经济腾飞的实践证明，越是创业活跃的地方，经济增长动力就越强，发展的基础越扎实，经济社会发展也就越快。六盘水市建市 32 年以来，经济社会能够快速发展，也得益于全市人民的辛勤劳动和创业者的不懈努力。在当前形势下，只要具备更好的政策环境和制度条件，自主创业就会有更大的发展。各部门要以创建省级创业型城市为契机，立足本职，大力促进全民创业，以创业带动整个就业格局的变化，让劳动、知识、技术、管理和资本活力竞相迸发，让一切创造社会财富的源泉竞相涌流，为经济社会又好又快、更好更快发展提供持续的内在动力，为社会进步创造更多的物质精神财富。

会议要求，各级各部门要提高认识，充分认识创建省级创业型城市的重大意义，加大全民创业的政策扶持和服务力度，最大限度地激发全社会的创造活力和全民创业热情。强化工作措施，在全市掀起创业热潮，大力扶持初始创业；鼓励更多高校毕业生自主创业，要针对劳动者创业过程中普遍存在的资金难、场地难、办事难等重点问题，强化措施，认真解决。特别是在就业小额担保贷款上要进一步加大工作力度。

会议指出，各部门要积极扶持复员退役军人和各类失业人员创业，引导返乡农民工创业，要将返乡农民工创业作为解决农民工就业和城镇化问题的重点工作来抓。重点落实和完善扶持政策，为返乡农民工创造宽松的创业环境；积极鼓励二次创业，把企业作为全民创业的龙头，坚持一手抓规模企业壮大，全力服务支持骨干企业发展，一手抓中小企业发展，形成大力发展民营经济的局面；充分吸引外来人员创业，要突出重点产业、重点领域，提供便利条件，着力招大引强，对所有真诚到凉都投资兴业的客商都公平对待，努力为他们创造良好环境，让他们获得丰厚回报。

会议要求，要在加强创业扶持上下功夫，进一步降低创业门槛，为创业者减少创业成本，切实解决其创业难题；要在优化创业环境上下功夫，营造良好的政务环境和创业舆论环境，加大宣传力度，多报道一些创业典型（集体或者个人）；要在工作创新方面下功夫，勇于探索、突出特色、超前创新；加强组织领导，确保创建工作取得实效。（原载于 2011 年 1 月《当代六盘水》第一期）

以酒为媒｜六盘水市在国际酒博会签约项目资金 157 亿元

8 月 18 日至 22 日，中国（贵州）国际酒类博览会暨 2011 中国·贵阳投资贸易洽谈会在金阳新区的贵阳国际会展中心举行。来自世界各国和全国各地的嘉宾欢聚一堂，在国酒茅台的家乡品佳酿、叙友情、话商机、谋发展。

本次酒博会由商务部和贵州省人民政府共同举办，是中国举办的首个国际性酒类博览会，也是贵州省首次举办的大型国际展会。

六盘水市组织了以贵州省"老八大"白酒——"九龙液"以及"雾峰"

苦荞系列产品、东明思矿泉水为主要代表的特色商品参展。

占地 392 平方米的六盘水综合展示馆像一列飞驰的列车冲出工业隧道，充分展示了市委、市政府深入贯彻实施省委、省政府"加速发展、加速转型、推动跨越"主基调，大力实施工业化、城镇化两大战略，推动经济社会更好更快发展的信心和决心。并以能源资源、县区介绍、城镇建设、工业产业、旅游资源、交通枢纽、园区建设、特色商品、民俗风情、农业资源十大主题板块对中国"凉都"六盘水进行全方位的展示。

其间，本着政府为主导、企业为主体、市场来运作的方式，六盘水市精心准备一批具有可持续发展能力、优化工业产业结构的项目，在本次投资贸易洽谈会上进行集中签约。最后，成功签约项目 10 个，涉及金额 157.6 亿元，签约金额位列全省第三。

同时，为进一步增强全市各级干部的开发意识，学习参展商的先进理念，增进与参展商的合作与交流，六盘水市还组织了 200 人的参观团，集中参观中国（贵州）国际酒类博览会暨 2011 中国·贵阳投资贸易洽谈会。（原载于 2011 年 9 月《当代六盘水》第九期）

把"文化＋""互联网＋"作为人文技术要素
推动六盘水市文化与产业的深度融合发展

8 月 26 日，为期 3 天（24—26 日）的 2015 首届"多彩贵州"文化创意产业博览交易会（后简称"文博会"）在"多彩贵州"文化创意园胜利闭幕。文博会期间，市委有关领导×××到六盘水市各展点巡展时强调，要把"互联网＋"作为技术要素、把"文化＋"作为人文要素，把文化做成产业、把产业做成文化，推动全市文化与产业的深度融合发展。

7 大区域，6 大主题活动。本届"多彩贵州"文化创意产业博览交易会以"文化促发展，创意赢未来"为主题。三天的会期里，文博会重点展示了包含"非遗馆""文创馆""美术馆""民族文化数字体验馆""文创与相关产业融合发展馆""文创集市""特色非遗餐饮"在内的 7 大区域，举办了包括"多彩贵州"文创大赛颁奖活动、文创与相关产业融合发展论坛、文创产业金融服务论坛、省内外文创产业交流活动、"非遗"文艺展演以及签约仪式等6大主题活动。

"6+1+2+3"展示"文化凉都"。近年来，六盘水充分利用自身的文化资源，积极探索发展文化产业，文化与旅游融合发展成效初显，非物质文化遗产得到较好传承与发展，文化核心竞争力不断提升。通过精心组织，好中选优，六盘水市结合文化特色和地域特点，组织六枝特区"梭嘎"长角苗服饰、六枝特区"夜郎红"天然鸡血石、盘县"天刺梨"系列产品、水城县"夜郎风"农民画及衍生产品、"丽萍"竹制品、"可布卢梅"工艺品等6家具有较高创意设计水平的文化企业，以及1家省外文化企业——大连市大连通宝玻璃工艺品组团参展。三天时间里，7家企业共实现销售收入30万元。在"非遗"歌舞表演方面，六盘水市选送了长角苗歌舞、水城县芦笙舞等两个节目登台轮流展演。同时，积极组织推荐市内比较大的文化旅游融合项目和在建项目，选了乌蒙大草原景区、盘县妥乐古银杏景区、梅花山滑雪场等3个景区、景点集中亮相本届展会品牌展示区。

成功签约引资1.5亿元。加大对外招商推荐力度，邀请了大连市大青文化产业集团有限公司、大连大艺俊源管理有限公司、大连海之都文化发展中心、深圳点维文化传播公司、深圳欢乐动漫有限公司等省外投资商、采购商参加展会，共同关注、支持和推动六盘水市文化产业发展。本届文博会上，六盘水市（钟山区人民政府）与深圳欢乐动漫有限公司成功签约一个项目，即"元回创想"国际儿童动漫文化体验中心项目，签约资金为1.5亿元。展会上，贵州省委宣传部文产办领导给予高度评价："六盘水市组织得力，成效显著！"

×××在六盘水各展点巡馆时强调，要把"互联网＋"作为技术要素、把"文化＋"作为人文要素，把文化做成产业、把产业做成文化，推动六盘水文化与产业的深度融合发展。

每到一处展点，×××都详细了解展品生产、经营、开发、设计和展出效果等情况。在水城县"夜郎风"农民画及衍生产品展台，市领导与该产品开发有限公司负责人徐源亲切交谈，鼓励他将水城农民画与现代技术、现代艺术、现代生活方式相结合，进一步开阔视野、传承创新，努力将企业做大做强。在长角苗民族服饰、丽萍竹艺编织等展示台前，精美的少数民族服饰、竹艺制品等各种展品彰显着六盘水独特的民族文化，市领导仔细观看，不时询问有关情况，他要求各展商要对各种文化资源进行挖掘、整理、创意、提升，将资源优势转化为文化产业优势，有效传播六盘水的文化魅力，提升六盘水的知名度和美誉度。

×××强调，文化是一个地方的核心竞争力，全市各级文化产业从业者要不断增强文化自觉，做传统文化的继承者、先进文化的传播者、不良文化的抵制者，让文化走进生活、走进群众、走进社会。

×××指出，文化产品要面向市场，产品才有生命力，文化才有影响力。他要求，要把"互联网＋"作为技术要素、把"文化＋"作为人文要素，依托成熟的企业来开拓文化产品市场，找准文化保护与开发的平衡点，推动文化与产业深度融合，把产业做成文化、提高产业的附加值，把文化做成产业、提高文化的增加值。要加强文化交流，让六盘水的优秀文化"走出去"，把外面的优秀文化"请进来"，在建设文化园区、开发文化项目、培育文化企业、创新文化产品等方面融合交流、互惠互补。

巡展中，×××现场牵线搭桥，协调了水城农民画创意企业同大连市大连通宝工艺品公司合作事宜，观看了水城县芦笙舞和六枝特区长角苗歌舞表演，并亲切慰问了演职人员。（原载于2015年8月《中国凉都文化产业》第四期）

一次特殊的组织生活
六盘水市委宣传部开展丰富多彩活动庆"七一"

"'一方有难，八方支援'。这是中华民族的传统美德……今天是党的生日，支部倡议大家，崇德向善，奉献爱心，传递正能量，为李启鹏同学早日康复伸出援手……"7月1日下午，在市委宣传部党支部开展的庆祝建党93周年纪念活动现场，支委会宣读倡议书，倡议全体党员积极为获救后无力交付医疗费用的贫困学生李启鹏捐款献爱心，并举行捐赠仪式。当天，贵州省中共六盘水市委宣传部党支部以丰富多彩的内容与形式开展"七一"庆典活动，让支部全体党员过了一次特殊的组织生活。

在党的93岁华诞到来之际，为了激励全体党员干部继承和发扬党的优良传统和作风，大力弘扬社会主义核心价值观，积极践行党的群众路线，传递正能量，干好本职工作，当天，六盘水市委宣传部党支部组织开展了丰富多彩的节日庆典活动，组织党员干部重温入党誓词、踊跃捐款献爱心、开展座谈交流、举行党的知识抢答赛等，使支部全体党员过了一次特殊的组织生活。

活动现场，六盘水市委宣传部党支部首先组织全体党员重温入党誓词，面对鲜红的党旗，大家高举右手庄严宣誓，重温自己对党忠诚的誓言，表达了为党的事业奋斗终身的决心。

随即举行了捐赠仪式，广大干部职工纷纷慷慨解囊，积极踊跃捐款，不能到现场捐款的同志也表达了对李启鹏同学的爱心。当日，共为贫困学生李启鹏捐赠善款11150元。

"灾难无情，人间有爱"。捐款并不是最重要的，最重要的是能让李启鹏知道身边有这么多人在关心着他，希望他能在困境中仍然坚强，激发出强烈的求生欲望、战胜病痛的信心和力量，让我们一起体验真情和力量，一起传递希望和正能量。

李启鹏，现年16岁，家住水城县化乐镇夺坭村上吹笙组，在当地学校读初二。他家共5口人，其中，奶奶失明，母亲听障，父亲带病，小他两岁的妹妹在读书，家庭条件极为困难。李启鹏在校是个品学兼优的学生，在家是个勤奋听话的孩子。6月17日下午，李启鹏放学回家后，在屋后喂猪的过程中，被山上掉下的巨石压住双腿，在家人、邻居、镇政府等多方人士的施救下，终于用吊车把巨石吊开，李启鹏被急送水矿集团总医院救治。其伤情初步诊断为腹腔脏器损伤、骨盆多发骨折、双股骨骨折。目前，李启鹏已脱离生命危险，院方近期将对其进行骨科手术，估计需10万元以上费用。因家无分文，现已欠医疗费3万多元无力交付，下一步进行骨科手术需要的10万多元更是让他和家人焦心。

7月1日，六盘水市委常委×××从当天的《乌蒙新报》上看到关于李启鹏遭遇不测及其家庭困难的情况报道后，当即批示："请日报、电视台联合报道一下，呼吁全社会来关注此事，传递正能量。"×××作出批示当天，六盘水市委宣传部党支部决定倡议全体党员向李启鹏捐款献爱心，并将捐款仪式纳入当天支部开展"七一"纪念活动的内容之一，为全体党员过一次特殊的组织生活。

在举行座谈交流时，广大党员干部纷纷畅谈中国共产党成立93周年以来，我们党从小到大、从弱到强，带领全国各族人民开展武装斗争，解放全中国，建设社会主义，不断使中华民族走向繁荣、民主、富强道路的光辉历程。座谈中，广大党员干部结合党的群众路线教育实践活动的开展，以"正衣冠""照镜子"等方式，畅谈了自己对党的认识，对照入党誓词、对照焦裕禄和文朝荣的精神，剖析了自己日常工作中存在的不足，表示在今后的人生旅途中，要一如既往地坚持理想信念，敢于担当，坚定不移地拥护党的领导，继承和发扬党的光荣传统和优良作风，大力弘扬社会主义核心价值观，保持党的先进性和纯洁性，充分发挥党员的先锋模范作用，学习先进典型，积极乐观向上，满怀信心干好本职工作，传播好声音、传递正能量，努力为党的事业贡献力量。

在党的知识抢答赛现场，全体党员干部争先抢答，现场气氛活跃，高潮迭起，抢答过程精彩纷呈，不仅加深了党员干部对党史知识和党的政治理论的回顾与理解，同时也增进了干部职工之间的感情。六盘水市委常委×××以一名普通党员的身份参加了当天的活动，并带头捐赠，积极参与知识抢答。

活动结束后，六盘水市委宣传部党支部书记×××率领支部全体成员将当天募捐的善款如数送到水矿总医院李启鹏的病房，对李启鹏进行慰问，鼓励他坚定信心，积极配合治疗，争取早日康复出院，返回校园。（原载于2014年7月7日《新华网》）

第二章　通讯的特点及采写技巧

一、通讯的特点

（一）什么叫通讯？

通讯，是一种比消息详细、生动而深入地报道新闻事实的新闻体裁，是运用叙述、描写、抒情、议论等手法，具体、生动、形象、详细地报道新闻事件或典型人物的一种报道形式，是记叙文的一种，是报纸、广播电台、通讯社常用的文体。通讯与消息的共同点是都要求具有严格的真实性和时效性。

在西方传媒中，没有通讯这样的说法，他们称这类体裁为"新闻专稿"，即"比消息更详尽的新闻"。

（二）通讯的特点

通讯作为一种常见的新闻报道文体，就必须符合新闻作品的内在要求：第一，要真实；第二，要有时效性；第三，报道的事实必须具有新闻价值。

通讯作为报刊、广播电视等媒体最主要的体裁之一，新闻性显然是基本的特征。而新闻性中，真实、时效、思想性及典型意义构成了它的不同层面。就报道对象而言，或是人物、事件，或是经验、成果、工作情况、社会概貌等，都必须是真实的，不允许虚构或"合理想象"，而且报道对象应该具有必须的思想性和典型意义。就报道时效而言，通讯虽不及消息这般快速敏捷，有时为将人物、事件报道细致完整需时较长，但也必须及时，有很强的时效概念。除去真实、时效的新闻性特征，通讯的主要特点有：

1. 通讯报道的内容详细深入，可以满足读者欲知详情的需求。通讯是一种详细、深入的报道。一件事情发生了，消息往往是将时间的几个新闻要素报道出去：何事、何时、何人、何地、状况、原因等，使受众尽快了解到最重要的概括信息，而通讯往往在消息之后，将整件事情的来龙去脉、前因后果等读者渴望知道的详细信息加以整合，然后完整地报道出去。它满足了受众在知晓新闻事件大致结果后探求深层次原因和获知详细过程的衍生兴趣，也利于人们较完整、较深入地了解事件和新闻人物，可以满足读者欲知详情的需求。因此，详细、深入、完整是通讯文体的突出特色。

2. 通讯报道的事实更生动形象，可以更多地触动读者的感官。通讯尤其是人物通讯，具有一定的文学色彩。消息在表达上主要是平面的叙述，语言追求简洁、明快、准确。通讯则较多借用文学手段，可以描写、抒情、对话，可以用比喻、象征、拟人等修辞。它以感性的素材还原生活的原生态，使这种文体更具感染力、更具吸引力的秘密，就是通讯充满了生活的"原汁原味"。它把人们熟悉的生活和不熟悉的新闻现场推到读者面前，使读者去认识、去感知，并在感知中形成自己的体验。一句话，通讯能更多地触动读者的感官。

3. 通讯的文体比较自由，给记者一个可以纵横恣肆、飞转腾挪的创作舞台。通讯的文体没有类似于消息文体的固定格式，文体比较自由，有些类似于散文，在表现形式上给予作者很大的创作空间。各种笔法，各种结构，各种风格，都可以容纳到通讯中。可以从头到尾顺叙事实，也可以从尾到头倒叙事件；可以用白描手法再现人物、再现现场，也可以触景生情，叙事议论，可以用序数将报道分为几大段来写，也可以用小标题来分隔段落；可以写对话体，也可以用日记体。可以用第三人称，也可以用第一人称。甚至利用"蒙太奇"的手法设置悬念。总之，通讯文体在表现形式上相当洒脱自由，它给记者构建了一个可以纵横恣肆、飞转腾挪的创作舞台。

4. 通讯报道具有评论性，它的特点是以情感人，理在情中。通讯可运用夹叙夹议的方法对人或事做出直接的评论。消息是以事实说话，除述评消息一般不允许作者直接发表议论，通讯则在报道人物或事件的同时，表露记者的感情与倾向。然而通讯的评论不同于议论性文体的论证，它须时时紧扣人物或事件，依据事实做适时的、恰到好处的评价点拨。因此这是一种通过描写、叙述、抒情等表达手段进行的议论，它的特点是以情感人，理在情中。

主题对通讯来说是必不可少的。因为通讯就是作者有意组织起来的文体。将各种各样的、大大小小的、有粗有细的事实材料组织在一起，没有一根主线把材料串联起来是不可想象的，而主题的残缺、含混，也正是许多通讯失败的通病。从主题的角度来讲，通讯一旦完成，其结构是完整、严密、不容任意拆散的；有头有尾，环环相扣，其功能是以"整篇"为单位发挥作用的。

5. 通讯体现出作者较强的主体意识和个人风格。采写一篇通讯时，记者往往面对的是复杂的、多层次的事实，如一个人坎坷的一生，一件事件的大情小节，一种社会现象层层叠叠的因果链条。记者向大众传播这些复杂的事实，必须通过一番周密的调查研究，达到对事物较深层次的认知之后，就要考虑到如何表达的问题——根据大众兴趣和媒体报道的方针确立自己的主题，然后紧紧围绕主题来结构文章。因此，一篇通讯的主题、选材和结构方式，都不是简单"搬运事实"的工作，都需要作者的想象观念。

6. 通讯语言风格独特，能再现特定形象，反映现实生活。新闻必须属实，不能含糊其词、不能模棱两可、不能夸大其词、不能言不及义。所以，新闻通讯语言应该准确、鲜明、生动，有自己的独特风格，这种独特性应该体现在：形象化、简练化、具体化、口语化。第一，通讯语言的形象化。新闻通讯的基本特征是再现特定形象，反映现实生活，因此，新闻通讯的语言首先应该"形象化"。第二，通讯语言的简练化。新闻要快，要求迅速及时，这就决定新闻语言要简明扼要、开门见山、直截了当。契夫告诉人们：文章要写得简练，就不能凭着直觉去写，在构思时要有明确的形象和看法。写作中应少用各种关联词、关联句，要恰当应用歇后语、谚语。第三，通讯语言的具体化。新闻用事实说话，而事实不是抽象的，事实由时间、地点、人物、事件经过、事件原因、结果等因素构成，因而新闻语言必须具体，应当少用抽象的概念。第四，通讯语言的口语化。新闻是人们普遍关心的事实，有群众性。要尽可能地少用或不用只有少数人才能看得懂的字眼或词句。

生活是新闻精品的源泉，深入是记者的成功之路。要写出好的新闻作品，不仅要靠深入的采访，还要靠良好的新闻敏感性，靠我们写作过程中对第一手材料进行分析、筛选、提炼、剪裁和加工全方位的能力。

（三）通讯的结构

以上所叙述的结构形态，主要是就通讯的主体部分而言，换句话说，是关于通讯主体结构的论述。通讯还有标题、开头、结尾，这些结构要件当然也是不可忽视的。

1. 通讯的标题。通讯的标题不同于消息的标题。消息的标题要直接揭示新闻事实，写法比较固定，形式有单标题、引题式双标题、正副式双标题、引题、正题、副题俱全的三标题等模式，只需套用其中一个模式即可。通讯的标题跟一般记叙文的标题比较接近，它可以直接揭示新闻事实，也可以曲笔达意。在写法上，通讯的标题可实可虚、可直可曲、可长可短、可庄可谐，没有定规，作者可以充分发挥自己的创造性。在形式上，通讯一般只有一个标题，也可以用破折号引出一个副标题来，副标题大多是实述的写法，主要是交代报道的对象和新闻的来源。

2. 通讯的开头。通讯的开头也是多姿多彩、不拘一格的。记叙文的开头有直起式和侧起式两大类型。直起式包括开门见山直述其事其人，直接抒发感情或者直接发表见解等等。侧起式是利用铺垫弄引的方法，远远说起，娓娓道来，到适当的时候才进入正题，如先讲故事、传说，先引诗词、谚语、名人名言等等。我们将其再做归纳后，阐释下列几种基本类型。第一，开端进入情节。在一些事件通讯和人物通讯中，常常有开端就叙述事件的写法。第二，起笔刻画人物。一开始就展开对人物形象的刻画，在人物通讯中很常见。先让笔下的人物给读者一个清晰的印象，有利于下文的展开。第三，场景描写在先。人物、情节、环境，是记叙文的基本内容。通讯当然也可以从环境切入，然后铺展开事件和人物。第四，先做抒情议论。入篇先做一番抒情或议论，给读者以情绪的感染或理性的启迪，为下文叙述的新闻事实定好一个基调。第五，落笔先用比兴。比是比喻，兴是由一物引出另一物。比兴是《诗经》的基本表现手法，对后世的文学技巧影响很大。在通讯的开头使用比兴，可以大大强化作品的文学性。第六，引经据典开篇。引用典故、诗词、谚语、名人名言来做开头的通讯，有较强的文化意味。

3.通讯的结尾。通讯的结尾大致有三种基本类型：自然收束、卒章显志、锦上添花。第一，自然收束。这是一种客观化的结尾。新闻事实说完了，通讯就自然地结束了，严格地说起来，并没有一个专门的结尾。但仍不失为一种很好的结尾方式，特点是干净利落。第二，卒章显志。在文章的最后揭示主题思想或写作目的，使整篇文章有一个思想的落脚点，这种写法在其他类型的文章中也是经常见到的，符合从无知到认识、从现象到思想的认知规律。第三，锦上添花。有意将一些新闻事实留到最后再做补充交代，当事实似乎已经说尽的时候补上一笔，可以使文章"清音有余"，韵味无穷。

二、通讯的采写技巧

通讯，实际上是一种记叙文，无非是记事状态、表情达意。其表现方法和记叙文一样，主要是叙述、描写，兼有议论、抒情。叙述，可以分为顺序、倒叙、插叙。描写又可以分为人物描写、场景描写等等。因此采访必须深入、仔细，围绕主题收集到详尽的新闻素材，在此基础上才能创作出优秀的佳作。

通讯与一般记叙文不同之处在于：通讯属于新闻作品，要迅速而真实地反映现实，因此在表现手法上，又具有直接和实在的个性特点。

（一）叙述的直接性。通讯都是用来写人记事的，因此叙述就成为最重要的表现手法。通讯写的人、记的事都具有新闻性，这就要快速传播，所以通讯写作的叙述，就具有直接性的特征。它需要直书其事，朴实无华，实事求是，畅晓明白，而不拐弯抹角，松散拖沓。通讯写作中，叙述的直接性表现在以下几个方面：第一，开门见山，直奔主要新闻事实；第二，上下连接，过渡照应；第三，简要穿插，对比衬托。

（二）描写的直观性。通讯是记者直接采访的详细材料的记录，特别是许多现场采访的材料，更具有新闻感、现场感。人们读通讯报道，就是为了从通讯报道所反映的一个个真实的侧面去比较直接地了解新闻现场的实况。因此，通讯报道中，常常强调要有目击式的采访、目击式的描写。通讯的描写不靠虚构想象，不靠花哨的修饰和夸大的形容，而常常靠记者深入现场，亲眼目睹，直接写出事物的本来面貌。

（三）**议论抒情的实在性**。在通讯写作中，议论和抒情常常是紧密地结合在一起的。有不少文字，既是议论，又是抒情。这种议论并不是做很多逻辑的推论，而是在叙述事实的基础上，紧密结合事实，作画龙点睛的发挥。这种抒情，也不同于文学作品中的抒情。文学作品中的抒情往往是缘情而发的；通讯写作中的抒情则是缘事而发，紧密结合事实，要言不烦地抒发作者个人的情感。

（四）**对话的实录性**。在通讯写作中，各种对话极为常见，使用得相当广泛。许多访问记、记事、小故事都是用对话作为主要形式的。

在其他一些通讯作品中，常常也少不了用对话穿插其中。这说明，对话是通讯写作手法中不可缺少的一个组成部分。

通讯写作的步骤一般分为如下几步：首先是立意，确立主题。立意就是确定思想，提炼主题，立意的过程也就是找角度的过程。其次是确定结构。可以运用按时间顺序来写的纵式结构，按逻辑顺序来写的横式结构，也可用纵横结合的写法。然后选取材料。要选择最能再现人物，或者一件事件本质的材料，事件在人的工作中有代表性，这样的事例就是典型事例。接着是明确语言表达方式和表现手法。通讯的语言要具体，不要抽象，尽量少用形容词和数字，可以多用动词和群众语言。最后是动笔写作，要注重创新写法。多作细节描写，多作环境的描写，把人物放进环境中去。写作时可以先分好几个小层次，做好小题目，分块去写。

通讯的写法灵活多样。可描写，对人物事件进行细致入微的刻画。可抒情，抒发作者的爱憎之情。可议论，对写的人物事件，可发表看法、评价，增强作品的思辨色彩。议论时注意精辟，切忌冗长。可叙述，顺叙、倒叙、插叙、详述、略叙（粗线条、概述）等等。

通讯由标题、开头、主体和结尾组成。消息标题往往"一语中的"，且是结构完整的句子；通讯标题语义不足，常不能构成一个完整的句子。消息常用多行标题；通讯一般是单行标题，如果用双行标题，采用附加破折号的形式。消息标题中不采用破折号，是两者的一大形式区别。通讯的开头，就叫开头，不叫导语。导语是消息专有的，但通讯的开头同样有着它的重要性、多样性。通讯的主体就是主要内容。通讯结尾常用三种写法：第一，总结全篇，深化主题；第二，蕴含哲理、发人深省；第三，含蓄委婉、回味无穷。

三、常见的通讯类型及案例

（一）常见的通讯类型

通讯的分类也比较繁多，通常按照内容和形式来进行划分。按内容分，可分为人物通讯、事件通讯、工作通讯、概貌通讯和问题通讯。按形式分，可分为记事通讯、访问记（人物专访）、综述、小故事、集纳、巡礼、纪实、见闻、特写、速写、侧记、散记、采访札记等。一般情况下，我们采用按照内容来分，本章也是按照内容来介绍通讯写作类型与范例。下面重点介绍人物通讯、事件通讯、工作通讯、概貌通讯和问题通讯的写法及案例。

1. **人物通讯**。人物通讯就是以人物为中心报道对象，通过一个人物或一组人物新近的行动来反映时代特点和社会面貌的一种通讯形式。它以人物的新近行动为新闻，重在表现人物的品质、性格和精神面貌，通过个别显示一般，达到揭示时代特征、感染教育读者的目的。

人物通讯中的人物要具有新闻性。从实际报道的情况看，这些能够进入通讯中充当主角的人，大致有以下几种：第一种，各行各业的英雄模范人物。如焦裕禄、李素丽以及我们身边的"贵州凉都好司机"——李财等都是由人物通讯向全社会推出的楷模。这样的人物通讯，社会影响最为广泛、深远。第二种，人们普遍关心的社会名流。第三种，在平凡的生活和工作中体现了某种人生价值的普通人，如西部教育工作者——左相平。第四种，某些对社会有警示作用的反面人物。

2. **事件通讯**。事件通讯是以具有典型意义的事件为报道对象的通讯。事件通讯时效性较强，它围绕中心事件选材，虽不着力刻画人物，但往往通过典型事件表现一群人或一个集体。所以它通过较为详尽地展示事件的完整过程，挖掘其意义，揭示其本质，进而反映社会风尚，弘扬时代精神。

事件通讯的写作特点，一是以事件为中心，有较强的情节性。二要写好事件高潮。三要写事的同时写好关键人物。四要在记事的基础上，恰到好处地点出事件的意义，或者寓情于事、寓理于事。

3. 工作通讯。 工作通讯指那些报道实际工作中出现的新事物、新变化、新成就，及其经验、教训或问题的通讯。它是较为直接地反映和指导实际工作的新闻体裁，可以说是直接干预生活，对工作予以指导，有很强的政策性和针对性。但它也不是政策性文件，不具有指令性，它是通过总结经验、探讨问题，从思想认识上给人以启发和诱导。

工作通讯的特点，一是从写作的表现方法出发，工作通讯与其他几种通讯相比有较强的研究性、评述性和解释性，因此有浓厚的理性色彩，在文学色彩、抒情色彩方面要求较低。二是从写作内容角度出发，工作通讯与工作总结或经验性消息比较接近。但工作总结更多地面向本系统和本部门的领导群众，较为详尽，专业性技术色彩浓厚，而工作通讯的读者面宽得多，内容也相对更为通俗，形式也更为灵活：与经验性消息比，工作通讯信息量大，内容更加翔实，对经验的介绍也更加具体。工作通讯的作用，主要是报道工作中的先进经验、树立某一方面工作的典型，对当前工作中的新情况、新问题进行提示和探讨，以事实报道、推广先进经验、调研、探讨和评述等方式，宣传党的路线和方针政策，从而指导各方面的工作。

4. 概貌通讯。 概貌通讯是以反映一个地方的社会面貌和风土人情，特别是新成就、新变化为主要内容的一种通讯体裁。与其他体裁的通讯相比较，它的内容更加广泛，表现形式更加灵活。常见的概貌通讯有见闻、纪行、巡礼、实录、抒怀、散记、侧记、访问记等等。

概貌通讯的作用，是通过反映一个地方、一个系统、一个单位、一个点、一个面的概貌变化，展现时代前进的步伐，展现人们思想境界的变化发展，通过一幅幅或壮丽、或奇巧的风景画、风俗画、风土画，开拓读者的视野，增加其知识，提高其情趣，有利于读者多方面素养的提高。概貌通讯的特点，是以舒展的笔触、纵横交错的结构、广阔灵活的视角、多种表现手法，将人、事、景、物熔于一炉。它取材广泛，大到全球，小到一村一户，形式灵活多样。

5. 问题通讯。所谓问题通讯，就是将社会上的焦点、矛盾或者亟待解决的问题加以详尽地报道的一种通讯体裁。问题通讯的产生乃是社会的一种需要。问题通讯是新的通讯体裁，在以前的新闻写作方法中应用较少。近年来，由于社会快速发展，社会中部分矛盾有所突出，如弱势群体的利益被忽视等，问题通讯才开始脱离其他通讯的范围，逐渐成为一种独立的通讯模式。

问题通讯的特点，第一，针对一种社会问题而进行的访问报道。第二，问题通讯的写作集中于描写问题本身所包含的事件和人物，问题可能有着较为广泛的社会背景和人际联系，因此也不可能是新闻特写那样的片段剪辑，并不强调对问题本质的调查研究与解决方案，因而也不是新闻调查和深度报道，它的侧重点在于对事件和人物的描写。第三，问题通讯的报道目的是解决问题，但在问题通讯中，作者往往难以迅速总结出问题的根源及解决方案，具体克服问题的办法仍然需要社会的共同努力。

提到问题通讯的内容与作用，可以说，问题报道主要是报道不愉快的人和事，生活中的弱势群体、发展中的落后地区、社会上的不公平现象、各种纠纷中的矛盾与冲突，都是问题通讯的报道内容。但是，问题通讯不一定是负面新闻，展示社会问题也不能简单地等同于揭露黑暗面，很多社会问题中矛盾的双方都是需要照顾和帮助的。

伴随着社会的发展和读者素质水平的提高，受众对于新闻的要求也越来越高，然而文体的优美终究有其极限，加之新闻也是受到多种条件制约的写作方式。因此，问题通讯首先是满足新的条件下读者的新需求。其次，一定数量的问题通讯，与占主体地位的正面通讯相结合，能够起到最佳的传播效果。根据研究，单面报道（只有正面或负面）对于素质水平较高的读者来说，往往数量越大，越容易引发他们的怀疑。在群众文化素质不断提高的今天，一味强调正面报道只会降低媒体的公信力，揭露社会的丑恶现象正是读者们希望看到的。

再者，报道社会问题，也是政府的需求。政府是社会的管理者，但却不能每时每刻都看得清每一个问题。新闻应当担起监督社会的责任，为政府和群众服务，先知先觉地发现并及时提出问题。

问题通讯的写作要求，一是要选择好大众现时所关注的话题，或者是应该关注而未关注的话题；二是写作时要从独到角度出发，写活文章。要寻找恰当的切入点，避免指手画脚，乱下结论。

（二）常见的通讯案例

1. 人物通讯

浓墨重彩绘就人生
——记水钢焦化分公司二炼焦车间焦炉长胡亮学

胡亮学，一个普通而熟悉的名字。在十里钢城 2 万多名职工中，他的名字家喻户晓。2005 年荣获"省劳动模范"称号，被喻为水城钢铁（集团）煤焦化分公司"获奖专业户"。一堆堆荣誉背后的他工作又是怎样的呢？记者 4 月 19 日对胡亮学进行了采访。

在二炼焦车间，在布满了焦炉眼的铁板上，一位个头中等，头戴安全帽，身着水钢厂服，满脸流汗的职工正在一口炉眼前不停地工作着，工人们说那就是胡亮学。记者了解到，炉台上面安放 1630 个燃烧的焦炉眼，点炉台边上的温度在 30℃以上，尤其在火辣辣的太阳的照射下更觉热浪灼人，这就是胡亮学的工作环境。

据该车间一位正在工作的职工告诉记者，炉眼周围的气温高达 1000 多摄氏度，作为炉长的胡亮学每个月要对 1630 个炉眼进行两次测温，把焦炉的温度调整到正常状态，这是个普通人难以承受的工种，而胡亮学在这个岗位一干就快 20 年了。

2001 年至今，胡亮学多次被派往技术较先进的钢铁公司学习，回到工作岗位的他将学到的知识和观察到的实际操作运用到工作中，单位业绩更加突出了。作为技术能手的胡亮学代表水钢及煤焦化分公司，参加了 2004 年 6

050

月在昆钢举办的第二届全国冶金行业技术比武，胡亮学在技术比武中，以第一名的优异成绩被中国钢铁行业协会授予"全国钢铁行业技术能手"称号。2004 年 8 月，水钢 4 号焦炉开工投产，胡亮学被推选为 4 号焦炉首任炉长。由于 4 号焦炉利用高炉煤气加热，他带领调火组职工对高炉煤气在焦炉上的应用进行探索，使水钢 4 号焦炉高效稳定地生产，实现了 4 号焦炉投产 1 周年达到"国家特级红旗焦炉"的标准。

　　2004 年 8 月至 9 月，水钢 1 号焦炉生产出现异常，推焦电流居高不下，针对这一情况，胡亮学采取了煤气与空气配合的较好方法，改善了焦炉的高向加热。经过一周的反复调试，焦炉的生产得以稳定进行，焦炭的质量得到了提高，最重要的是延长了焦炉的使用寿命，以延长 2 年计算，每年增加焦炭产量 17 万吨，两年可创经济效益 535 万元。对此，水钢煤焦化公司于 2004 年 8 月授予胡亮学"焦化工人专家"称号；9 月他被贵州省总工会授予"全省职工创新能手"称号；11 月研发的"煤气与空气配合法"获得水钢职工创新创效一等奖；2008 年，他又荣获"省劳动模范"称号；今年，他又被评为水钢劳动标兵。

　　"我作为一名焦炉炉长，不光要在工作中懂得技术，也要懂得管理，为了做好今后的工作，我必须不停地学习，不断提高工作效率，高质量做好自己的本职工作，带好队伍，做好传帮带，提高单位效益，这样人生才会更精彩。"胡学亮称，作为一名调温工，能够在技能上取得这么好的成绩，在别人看来应该感到欣慰了。（原载于 2006 年 4 月 22 日《凉都晚报》）

38 年，用坚守点亮灵魂的灯
——记"全国教书育人楷模"左相平

　　看完《美丽心灵——献给老师的歌》大型主题晚会，盘县响水中学的广大师生们沸腾了。他们的好老师、好校长——左相平获得了 2011 年度"全国教书育人楷模"荣誉称号，并受到了中共中央有关领导的亲切接见。

　　颁奖晚会结束后，中共中央有关领导向获奖教师表示热烈祝贺，勉励广大教师以先进楷模为榜样,忠诚党的教育事业,恪守教师职业道德和学术道德,以学识魅力和人格魅力感染学生、教育学生,在敬业奉献中使"人类灵魂工程师"的光荣称号绽放出时代风采。

这一晚,响水中学的教室里挤满了人,老师和学生们的脸上,流淌着幸福的泪水……

随即,左相平恪尽职守,爱岗敬业,爱护学生,为人师表,无私奉献的感人事迹,被中国新闻网、人民网、新浪网、中国教育台、贵州电视台、《贵州日报》等40多家新闻媒体广泛报道。

从教的执着和艰辛

左相平的从教生涯是从1973年开始的,当时他才14岁,刚初中毕业,义务教村里的100多位文盲读书识字。无论天气怎样差,每天晚上左相平都要走一千米的田埂路,去夜校给学员上课。

20世纪70年代初的乡村,黑灯瞎火,左相平常常不慎踩在烂泥田里,弄得一鞋一腿的泥。时间一长,脚底板磨得都是血泡,钻心地痛,左相平的母亲看了心疼得直掉泪,赶紧弄点儿白酒给他消毒,而左相平却安慰母亲说:"妈,没事的,过几天就好了!"

一天晚上,和往常一样,左相平到夜校给学员上课,夜校所用的教室是村民石栋昌家的破木楼,上下两层,上面用来作教室,下面是他家的牛圈。当时,左相平正教学员们唱歌,大家唱得十分投入,一边唱一边打着拍子。突然,支撑木楼的木柱折断,100多名学员和他全部滑落到牛圈里,左相平受伤被送到医院包扎。

第二天回来后,父亲瞪着血红的眼睛骂他:"你这个没出息的东西,一天去白干活不说,还滚了一身的牛屎回来,昨晚要是摔断了手脚,以后谁来养你?往后再也不要去了,否则,我就打断你的腿!"

母亲也心疼地摸着他的伤口说:"孩子,咱们生来是吃农家饭的,以后就别去了,在家好好帮你爹干农活吧!"

晚上,躺在床上,左相平辗转反侧:记得童年的时候,左相平才念了三年书,因家里没人放牛,就被一字不识的父亲揪回家当起了放牛娃。辍学放牛期间，左相平常常带着书本，一边放牛一边读书。一次，读书入了神，牛跑到别人家的庄稼地里糟蹋了庄稼，回来后，父亲拿起一根棍子狠狠抽他，他一边哭，一边喊："我不要放牛，我要读书，我要读书……"那时，左相平最大的梦想就是有一天能再次走进课堂。

后来，左相平先后得到刘应明、易胜金、邹德伟等老师的帮助，才顺利地念完了初中。俗话说："吃水不忘掘井人"。从此，左相平立志长大后当一名普通的人民教师，接过老师交给他的爱心接力棒，继续在大山深处传递，让更多的孩子能够读书识字，走出大山，奔向远方。

如今，这么多的乡亲目不识丁，饱受了没有知识的痛苦，他怎么能因为碰到了一点儿困难，就选择退缩呢？

没过几天，夜校复课，左相平又回到了学校。在整整两年的700多个夜晚，他不仅尽心尽力教学员们识字，同时还教他们唱歌跳舞。他自编的舞蹈《大寨亚克西》、小品《不识字的悲剧》，在忠义区的文艺比赛中分别获得一、二等奖。两年过后，这个村的103名青壮年农民学员，摘掉了文盲的帽子，增强了农业生产技能，提高了生活质量。

1975年，16岁的左相平被聘为村里的民办教师，从此，他成了一个真正的"教书匠"。这所民办学校非常简陋，由一座破庙改建而成，屋顶的瓦片稀稀疏疏，柱子东倒西歪，墙体斑驳脱落。晴天，风一刮，黄灰四起，眯得人眼睛睁也睁不开；雨天，到处漏雨，被孩子们一踩，教室里宛如一片烂泥塘。没有黑板，他就用木板拼做了一块，上面刷一层油漆，用钉子挂在柱子上，写字的时候，左手扶着黑板，右手写字；没有桌凳，他就用木方搭在石墩上当课桌凳；没有办公的地方，他就在膝盖上备课、批改作业。当时的报酬也非常低，每月10元钱的民办教师补助费，只能勉强维持粉笔、备课本等教学用具的开支。俗话说，要给学生一碗水，老师就要有一桶水。知识不够用，白天上课，晚上他就去找村里的黄世聪老师辅导自己，当起了名副其实的"二传手"。

就是在这样艰难的环境下，左相平在家乡鹅毛寨这个贫穷而又落后的小村庄扎下了根，他常常激励自己，一个人要做到"站着是山，躺下是河"，无论受多大的苦，遇到多大的困难，也要把村里的民办学校办下去，让孩子们有书读。

育人的爱心与责任

左相平一边教书一边学习，1979 年，他参加中考，考上了盘县特区师范学校，1981 年毕业后，他被分配到忠义区的高山乡小学教书。

高山乡地处云贵两省的交界处，十分贫瘠荒凉，老百姓广种薄收，农活繁重。大家都认为知识当不得饭吃，因此，家长不让子女进学校，特别是农忙季节学生更少，甚至有的来到教室上着课，还被家长喊去放牛！自己幼时遭遇的一幕，竟又一次在面前重现，左相平感到心里一阵阵刺痛。

为了能让更多的孩子接受教育，他便利用周末和假期，翻山越岭，到犀牛塘、四棵树、段家台子、大坑等村寨去家访。由于各村寨之间距离较远，每次家访只能到一个寨子，来回要走上好几个小时。

家访不但路途艰险，家长的工作也特别难做。左相平至今还记得，他第一次到适龄女孩张蕾家中，当提到孩子上学的事时，张蕾的父母二话没说，就把他轰了出来。第二次，左相平带着孩子用的铅笔和本子又到他们家。但是家长还是不答应让孩子上学，理由是村里历来没有一个能读成书的女娃娃。再说，女娃娃读书，学不会干家务活，长大就嫁不出去了。

村民们落后的观念，更坚定了左相平动员适龄儿童入学的信念，左相平说："不论阻力多大，我也绝不能让一个适龄儿童失学。因为我知道，读书和种庄稼不一样，庄稼没种好，只耽误一季的收成；一个人不读书，影响的就是人的一生！"

过了一段时间，左相平带着一瓶多少年都舍不得喝的老酒第三次来到小张蕾家里。一进门，左相平就先打开酒，和小张蕾的爸爸喝了起来。小张蕾的爸爸边喝边说："左老师，你这酒藏了很多年了吧，口感真不错！"左相平半开玩笑半认真地说："张蕾读了书，有本事了，就可以经常买酒给你喝了，是不是？"一席话，终于打动了他们全家人的心。小张蕾终于走出家门，迈进了学堂……

在左相平苦口婆心的劝说下，有 56 名农忙季节流失的学生终于回到了课堂，13 名长期辍学的学生重返了校园。这 13 名学生因此而改变了命运，走出了大山：有的做了教师，有的当了医生，有的成了政府工作人员……

同时，作为学校的负责人，更让左相平发愁的是办公费用紧缺，有时连买一盒粉笔的钱也拿不出来。多年来，教学正常的开支只有靠学生交的一点儿学杂费维持，可每次开学的时候，大部分孩子不要说交学杂费，就连书本费也凑不够。为了让每一位上学的孩子都能有课本，他找熟悉的人借书、要书，还到县城里低价收购城里孩子用过的旧书。为了少花钱，学校需要什么，他就把家里的东西拿到学校去。没有钱买煤做饭，他就常常带着住校的学生上山去打柴。学校经常缺水，年纪小的学生没水洗衣服，他就给他们拿到离学校三千米远的地方去洗。这段时间，左相平既是老师，又是保姆。

即使生活如此艰难，左相平还是尽最大的努力帮助那些特别贫穷的孩子。在大山中学教书期间，一个叫李泽文的学生，因父亲得了风湿性心脏病，家里背了上万元的高利贷，母亲又得了急性肾病，生活难以为继而面临辍学。当时，左相平每月的工资虽只有 200 元，但每学期仍拿出 400 元钱，资助李泽文从初中读到高中，最终这个孩子考上了大学，毕业后在盘县二中当了一名化学教师。李泽文给左相平写信时说："左老师，您还记得吗？在我卷起背包准备出去打工时，是您拉住了我，把我叫回了学校。您不但鼓励我，而且每个学期都给我几百元生活费，从初中、高中到大学，您一直资助我。而您的家境也不好，您那时每月工资才几百块，家中还有老人和妻儿。如果没有您的鼓励和帮助，就没有我的今天……"读到这，左相平的眼睛湿了，这一刻，他感到自己是世界上最幸福的人！

由于年迈的父母需要赡养，孩子读书需要用钱，贫困学生需要资助，左相平在司寨中学、民主中学、大山中学教书的十多年间，一共向银行贷了五次款，真可谓是贷了还，还了接着贷。

有人问他，你这样做到底为了什么？左相平说，我啥也不图，正如《愿你幸福》这首歌的歌词所写的那样：我是你过河的桥，是你乘凉的树，是你风尘仆仆那间歇脚的屋。只要你快乐，只要你幸福，只要你圆上好梦，我就不辛苦。只要你开心，只要你如意，只要你回头一笑，我就很知足……其实，能尽力改变山村孩子的命运，就是我一生的追求和梦想！

守望的付出和信念

在贫困山区做一名老师真的很不容易。在高山小学教书期间，初三毕业班只有左相平和一个姓方的老师，方老师上数学、物理课，左相平上语文、化学、政治、音乐、美术等8门课程。有一次，方老师家里有事，耽误了一个多月的课，这个时期所有的课全由左相平一人承担，一天下来，左相平感到身子骨就像散了架似的。

由于教学繁忙，尽管从学校所在地回家只有二十多里山路，但左相平却很少回家。通常是星期六回家住上一晚，星期天就匆匆赶回学校，或者是当天回去，当天就赶回来。在二十多年的时间里，他与妻子梁成花过着"牛郎织女"定期相会的分居生活。

1982年，经过媒人介绍，左相平和妻子认识并结婚。婚后的第二天，他就到学校上课去了。从此，家里七十多岁的父母亲、一大堆农活全扔给了妻子一个人，妻子不但要挑水做饭，还要砍柴割草、犁田耙地。记得一年的秋天，由于农忙，家里没有劳力，梁成花挺着大肚子去地里掰苞谷，当她背着一袋苞谷回家时，在下坎子的时候不慎摔了一跤，造成流产并引起大出血……当左相平从学校赶回来的时候，妻子已经被送到了医院。但梁成花见到左相平的第一句话却是："你课程那么多，回来了谁给你代课？我没事，休息两天就好了，你还是赶紧回学校去吧！"听完妻子的话，左相平的眼泪就哗哗流了下来。

繁忙的教学生活，使左相平很少有时间陪伴老人、亲近爱人、照顾孩子。儿子贞帮读四年级时，曾给他写过一封信，读来让他既愧疚，又心酸：

爸爸，你在外面当老师，学生过生日，你给他们买生日礼物；我都快十岁了，你连一块糖都没给我买过！

学生因高烧引起肺炎，你背起学生去看医生，陪学生打吊针，当护理；听妈妈说，我两岁时出痧子，你却不在身边，不是妈妈半夜三更背我到二十多里外的医院就医，怕我早已经死掉了！

老师维护教学秩序时被歹徒刺伤了，住院的二十多天里，你给他喂药喂饭，端屎倒尿；爷爷奶奶八十多岁了，你照顾得却很少！

爸爸，人家都说你是好人，我却觉得你是那样狠心，你是不是根本就不爱我们？

读着孩子的信，左相平的心久久不能平静，其实，他何尝不爱家人，何尝不想安享天伦之乐，厮守在家人身边？可不行啊，还有那么多工作，等着他去做；还有那么多孩子，等着他去教呢！

在那些年月里，虽然教书多年，但左相平的家里却几乎没什么值钱的家当，一家人挤在不到40平方米的石棉瓦房里，碗筷就摆在灶台上。左相平冬天只穿一双胶鞋，没有袜子。他穿的衣服，一共只有三套，而且自己换洗，其中最贵的一套花了两百多块钱。

就这样，左相平在大山深处默默地坚守了38个春秋！38年来，左相平和他所在学校的老师一共培养了12800多名学生，他们中很多人走出大山，成为各条战线的技术骨干、业务能手！

治校的担当与情怀

38年来，左相平一边从事教学管理，一边给学生上课。除了英语，中学几乎所有的课程他都上过。俗话说，教师上一堂课不难，但上一堂有质量的课就不容易，经常上高质量的课就更不容易。课时虽多，但他还是尽力去上好每一节课，不让一个学生成为"惰性元素"。学生们也非常喜欢听他的课，特别是化学，他的班，化学平均分、及格率、高分人数等，均名列全县前列，而左相平也由此成了盘县化学学科的带头人。

在教学的同时，左相平还积极探索山区教育的发展路子。由于山村教育跟不上教育教学改革的步伐，长时间以来，很多乡镇学校办学质量一直无法有效提高，响水中学也不例外。2000年，左相平刚调到响水中学时，两万多人口的响水镇，连续六年没有一个初中毕业生考出去，人心涣散，生源纷纷外流。在当地政府的关心和帮助下，左相平一边抓教学，一边抓改革。

"问渠那得清如许，为有源头活水来。"为了引入竞争机制，左相平把老师和学生分成纵向三个教学组，在三个教学组设立相对应的年级、层次班，让三个教学组的实力达到基本均衡。然后学校选定教学组长，实行教学组长负责制，组长就相当于一个小校长，教学组的事务由教学组长这个"小校长"来抓，左相平则从繁忙的事务中解脱出来，给班级上课，把主要精力用于教学改革，指导青年教师上示范课，从而让老师当"校长"，校长当老师。同时，狠抓教风、学风和师生的行为习惯。通过创新教学管理理念，从 2003 年起，响水中学教育教学质量开始直线上升，连续 8 年中考录取人数为盘县第一，这所中学同时也成为六盘水市 100 多所乡镇中学的佼佼者。目前，在这所学校读书的学生来自全县的 31 个乡镇。甚至连县城里一些领导家的子女，也纷纷被送到了偏僻的响水中学就读。

在抓教学改革的同时，左相平还积极为每个老师的成长搭建平台。多年来，响水中学培养了很多盘县教育的"领头羊"，为县中学培养了 28 名把关教师；为 15 所乡镇中学培养了 23 名教学带头人及 3 名优秀校长。有人曾问他："你把优秀老师推举出去，就不担心你的教学质量会下降？"左相平说："不怕，一所好学校不仅能培养出好学生，也能培养出好老师。优秀老师出去了，我们还能培养更多的优秀老师，这就叫'流水不腐'嘛。"

近年来，左相平被六盘水市政府授予"五好职工"称号，荣获"大山的脊梁——感动贵州的教师"特别奖、"贵州省五一劳动奖章"劳动模范、盘县十佳校长等荣誉称号。特别是今年，他获得"2011 年度全国教书育人楷模"荣誉称号，并受到了中央领导人的亲切接见。领导人在接见他时，对他的光辉事迹做了高度评价："我们的左老师 38 年来，一直在 2300 米海拔高度上的学校勤勤恳恳，教书育人。他指导的老师中，有 100 多人成为优秀教师；他教的学生中，有 100 多人成为校长。很了不起！"

六盘水市委主要领导希望全市广大教育工作者要向左相平同志学习，默默耕耘，无私奉献，努力工作，为六盘水经济社会发展培养更多合格的建设者和优秀接班人。

"为什么我的眼里常含泪水，因为我对这片土地爱得深沉。"多年来的教学生活，左相平已离不开学校，离不开学生，离不开讲台，虽然有三次改行的机会，他都一一放弃了。因为只有三寸讲台，才是他自由驰骋的天地；只有孩子们那一双双渴盼知识的眼睛，才是他要点亮灵魂的灯盏；只有贫瘠荒凉的大山，才是他要坚守的那片麦田。

当学生喜欢的老师，做群众好评的校长，办人民满意的学校！

一个人，一面旗；38 年在深山，做知识的摆渡人；他默默坚守，引领几代人；用教育的杠杆，为一方百姓点亮了希望的灯……（原载于 2011 年11 月《当代六盘水》第十一期）

2.事件通讯

校方调换老师引起轩然大波

近日，水城汽车运输公司（以下简称水运司）子弟学校初二年级学生及其家长联名向六盘水市教育局和校方请愿，要求学校在互换初一、初二年级老师授课时，不要调换初二年级的语文老师毛巧。此前，毛老师为了不影响初二年级学生的学习，继续把初二年级的课上到期中考试结束后，才按校方的安排接上初一年级的课。对此，校方以初一年级的课时数算毛老师旷课21节，处以罚款620元，并已从她4月的工资里扣除420元，剩下的200元将从她下个月的工资里补扣。

27 名学生及其家长联名要求留下老师

4 月 12 日上午，记者在六盘水市教育局看到一份水城汽车运输公司子弟学校初二年级 27 名学生及其家长联名向该局反映问题的材料。这 27 名学生在材料中表述："毛巧老师从小学四年级就一直带我们这个班到现在，这五年中，她不仅教会了我们怎样学习课本知识，而且还时常教育我们应怎样做人。在她的教育下，我们班的语文成绩曾多次在钟山区统考中名列前茅。而今，学校突然要将毛老师调换到其他班级。可我们只有几个月就要升入初三了，换其他老师来接着上我们的课，需要很长时间才能适应，因此，我们全体同学真诚希望学校不要调换毛老师。"

27 名学生家长则在材料中表述："毛老师工作认真负责，教学经验丰富，孩子们都非常喜欢她。但不知什么原因，自从今年 3 月以来，学校一直在研究要将毛老师调换去上初一年级的课，这使得孩子们的情绪波动较大，我们担心这样下去会影响孩子的学习。我们去找校方了解调换原因，他们说是因为这个班收不齐补课费，可我们将补课费交了以后，校方仍然坚持要调换毛老师。而当我们全体家长要求校方退学费让孩子转学时，学校却不予以退还学费。现在，我们全体家长希望学校不要调换毛老师。"

毛老师：校方的做法不合理

学校调换老师本是正常的教学管理行为，为何会引起学生及其家长的强烈反应呢？记者带着这个问题采访了毛老师。"今年3月份，学校领导安排我收学生的补课费，我说，学生才开学，刚交了学杂费，学生家长反映暂时经济比较困难，请求缓交。校长便对我说，你收不齐补课费，影响教学工作，要把你调换到其他班级，免去班主任职务。我问及原因，校长却说不出什么理由。在学生及其家长的强烈要求下，我考虑中途换老师可能会影响学生的学习，便坚持将初二年级的课上到4月底，等学校期中考试结束后，才去接初一年级的语文课。"毛老师在接受记者采访时表示。

毛老师补充说："5月10日，校方以我没按照学校的安排去上初一年级语文课为由，按初一年级的课时计算，说我旷课21节，并处以620元的罚款，现已从我4月的工资里扣除了420元，余下的200元罚款将从我5月的工资里补扣。这期间，我每天均按学校的教学秩序正常上课、批改作业，从来没有迟到早退，就连病、事假都没有请过，还时常给学生无偿补课。校方的这种做法，我觉得非常不合理。"

校方：调换老师是根据教学实际进行的

为什么毛老师上了课还要被罚款呢？记者采访了水运司子校校长。该校张校长告诉记者，这次调整老师，是从学校的大局出发、根据教学实际情况进行的，也是经过学校领导讨论决定的，不是以某个人的主观意愿为转移的，学生家长不应干涉。可是，校方做出这一决定后，学生家长却突然来到学校质问此事。对于20多位学生家长的心情，校方可以理解，同时希望家长对学校的工作给予理解和支持。至于学校对毛老师进行罚款，主要是根据该校考勤制度有关条款执行的。

教育部门：校方应维护正常的教学秩序

针对水运司子弟学校及家长反映的情况，六盘水市教育局有关负责人称，虽然市教育局对企业办的学校没有直接的处理权，但可以监督企业，建议学校从教育发展的大局出发，妥善解决好此事。为了维护教师的合法权益及学校的正常教学秩序，他们已经通知水运司，并将督促公司妥善处理好此事。

这位负责人还表示，学校按照自己内部制定的合法管理制度，对违反规定的教师处以罚款是合理的，但特殊情况可以特殊处理，如校方安排给毛老师的课没有老师去上或学校请其他老师代课的话，校方罚毛老师的款用于给其他代课老师当代课费，这做法是合理的。但是，如果毛老师在继续上初二年级的课程时，初一年级的课仍正常进行，在没有影响到学校和班级正常教学的情况下，毛老师付出的劳动，就应该得到相应报酬。（原载于 2004 年 5 月 14 日《六盘水晚报》）

砸车背后有"隐情"

近日，位于德坞的一消毒公司遭遇客人投诉，称其供应的餐具没洗干净，餐具上要么有头发，要么有油……9 月 6 日晚，该公司的供应车在停车场被砸。通过对以上事件的调查，该公司认为是有人故意在他们供应的餐具上做"手脚"，使用不正当竞争手段破坏同行生意。

消毒公司供应车夜间被砸

9 月 7 日，记者接到六盘水市内一消毒公司电话，称该公司的餐具供应车在 9 月 6 日夜间被砸，请记者前去了解情况。接到电话后，记者随即赶到位于德坞老职院内的该公司。据了解，该消毒公司是两年前才成立的一家招商引资企业。

记者在现场看到，被砸的是一辆双排座小货车，挡风玻璃全部被砸碎，有碗口那么大的几块石头，有的在车里，有的在车旁。据该公司负责人刘经理介绍，石头是从停车场的围墙外扔进来的。他初步怀疑，砸车人应该是另外一家消毒公司的，是一种不正当竞争的恶劣行为。

刘经理说，近日来发生的一连串"怪事"，让他很想不通。"同行是存在竞争，但竞争也要正当嘛，用这种卑劣行径，真的让人很不齿。"刘气愤地说。

餐具内有头发，客人索赔

9月4日晚，有客人在六盘水市中心区凉都大道一酒家吃饭时，称餐具没洗干净，碗里有头发。该酒家使用的消毒餐具是由刘经理的消毒公司供应的。接到酒家老板的电话后，该消毒公司随即派客服部经理前去处理。

据刘经理介绍，客服部经理到后，首先给客人道歉解释，并称核实情况后，会给他们一个合理的交代。但客人却说，他今天特意请几个朋友吃饭，吃完饭准备去唱歌，唱完歌后就去洗桑拿。现在刚开始吃饭就吃出一根头发来，搞得他们一点儿兴致都没有了，让客服部经理看着办。

"在我仔细检查了餐具后，发现头发是人为粘上去的，根本就抠不动，所以当时就认为是有人故意要毁坏我们公司的形象，特意粘了一根头发在碗里。因为我们的操作间全是女工，都是长头发。而餐具里的那根头发是短发，而且看上去就是剪下来的头发。"该公司客服部经理说。

刘经理告诉记者，据他们调查，那几个客人属于社会上的"三无"人员，他们纯粹是故意找事，借机敲诈。后来该伙人还要求消毒公司负担当晚其消费的所有费用，给他们安排"一条龙"服务。刘说："这种要求很不合理，所以被我们拒绝了。"

随后，六盘水市卫生监督所工作人员将消费者所反映的餐具带走进行检验，目前还没公布检验结果。

9月6日晚，在六盘水市中心区一酒家，又发生了类似的事情。该酒家的餐具也是由刘经理的消毒公司供应。当晚4个客人在该酒家吃饭时，发现餐具上有头发和油污。得知情况后，该公司同样随即派人前往调查，调查结果属人为造成，餐具上的头发同样是短发，油污是新鲜的，而且一抹就掉。

据刘经理介绍，他们供应的消毒餐具经过多道工序，并经过380摄氏度红外线高温消毒，即使真的出现意外有油污的话，那也是干的，不可能一抹就掉。而且，消毒餐具的真空膜上还有一个小针孔，所以他们认为油污是有人用注射器注射进去的。从以上现象来看，刘认为是有人故意破坏他们公司的形象。

事情发生后，消毒公司的客服代表向客人解释消毒餐具的整道工序，并澄清不是他们的责任，而4人却要求消毒公司赔偿他们每人1200元。对于客人的无理要求，该公司准备报警。但该酒家老板说报警会影响他们酒家的形象，要求私了。因此，该酒家协调为每人发500元的"红包"。

相关部门正在调查取证

9日中午，记者与六盘水市卫生监督所业务科负责人取得联系，他告诉记者，目前他们正在对消费者所投诉的案件进行调查取证，消毒公司提供的碗筷是否有质量问题，目前正在鉴定之中。

钟山派出所接到消毒公司的报案后称，以后如果遇到这样的情况，必须在第一时间报警，民警可以立即到现场查看。目前，警方已经对此事展开调查。

（原载于2007年9月10日《凉都晚报》）

3. 工作通讯

省城大舞台　演绎凉都真善美
——2010多彩贵州小品大赛六盘水参赛作品综述

为丰富百姓的精神生活，满足人们对小品这种具有趣味性、艺术性的艺术形式的文化需求，在2010"中天城投杯"多彩贵州小品大赛中，六盘水市委宣传部组织选送了《看见银子变成水》《哭坟》《工农情深》《牵挂》《钉子户》等10件作品参加全省半决赛。这些参赛作品题材广泛、内容丰富多彩（有歌舞、黔剧、话剧以及原生态等表现形式）。其中，《春哥与秋妹》《旱井》两件作品进入总决赛，并在全省总决赛中分别获得原生态组、戏曲类非职业组"铜鼓奖"；小品《旱井》《哭坟》分别获得本次大赛"优秀创作奖"；另外，六盘水代表队还获得"团体三等奖"。

与灾难抗争　展凉都精神力量

六盘水市选送的作品主要以重大事件、事实为背景，以一个个细小的典型故事为核心，以戏曲（职业组、非职业组）、非戏曲（职业组、非职业组）

等形式展开，无论是职业演员还是非职业演员，他们在舞台上精细的表演，形象的人物刻画，让评委身临其境，让现场的观众为之感动、呐喊。一件件经典之作生动地刻画了六盘水人在灾难面前迎难而上、永不屈服的形象，展现了新时期凉都各级干部群众的精神面貌。

在多彩贵州小品大赛戏曲类非职业组的比赛中，六盘水代表队选送的黔剧小品《旱井》，采用的是两代人克服观念冲突，共同找井，在大灾面前人们共克时艰的抗旱题材。小品讲述的是 2010 年春天，西南地区遭遇大旱，庄稼禾苗枯萎，有的地方寸草不生，人畜饮水困难，村民生命安全因缺水受到威胁，百姓生活处在危难之中。地勘钻井队一位 20 多岁的队员刘小武，在贵州西南部一个山坳处给村民找水打井，因所打井口占用到女友杨桃花父亲的花椒地，遭到杨父的反对和阻挠，刘小武面对严峻的困难和重重压力，誓言一定要将水打出来。经过女友杨桃花多次劝说父亲，最终，刘小武给杨父做通了思想工作，得到杨父及其全村人民的大力支持。水打出来了，手捧久违的甘甜的水，全村人民露出了笑脸……

导演角红说：小品《旱井》虽然是黔剧，但创作者在黔剧的基础上汲取了昆曲优点，结合黔剧的音乐、唱腔，形成了一套独特的黔剧表演形式。剧本创作、行当表演、音乐唱腔、舞美背景设计，乃至声腔念白等进行了大胆的探索创新和广泛的舞台实践，既符合中国戏曲艺术的传统美学要求，又有贵州地方艺术的地域风格和民族特点。尽管我们的作品仅仅获得铜鼓奖，但能弘扬黔剧文化，传承民间艺术，展现凉都人民的精神力量，我们已经深感荣幸、自豪和欣慰。

话剧小品《野钟鸡蛋》因作品题材新颖、关注民生而备受媒体追捧。半决赛演出结束后，贵州人民广播电台、金黔在线等媒体记者争相采访正在现场观看节目的水城县野钟乡党委书记李显平。记者问：一个小故事能够搬上大舞台感动观众的原因在哪里？李书记说："一个鸡蛋一份爱，大旱无情人有情。"《野钟鸡蛋》呈现给观众这样一个故事：群众在旱灾面前永不退缩、敢于面对现实，村民举微薄之力踊跃奉献爱心（捐鸡蛋），然而，乡政府又将村民所捐的鸡蛋以每个 200 元的价格进行拍卖，拍卖所得现金全部用于群众开展生产、生活自救，将百姓爱心进一步扩大，弘扬一种"一方有难八方支援"的大爱精神。展现出的这种大爱精神与观众之间产生共鸣，因而受到观众喜欢。

"双创双建"题材作品搬上大舞台

当前，六盘水全市上下都在抓"双创双建"工作，话剧小品《钉子户》就是这一题材的佳作之一。演员们紧紧围绕比赛主题，赞扬真善美，以独特的六盘水方言，泼辣的话语对抗，夸张的表演、精湛的演技，赢得观众的阵阵掌声。小品从社区工作人员劝说何大妈搬迁"废品收购点"开始，接着下发拆迁通知让她自行搬迁。在这里干了这么多年的废品收购生意，一下子就要被拆了，何大妈心里实在接受不了，她在工作人员面前大哭大闹拒绝拆迁，而且还将社区工作人员下发的拆迁通知撕毁，使社区的这项工作无法继续推进。后来，社区受执法部门的委托，工作人员采取下达建议拆迁、责令搬迁书等措施，但何大妈还是无动于衷，坚持反抗，拒绝搬迁，她成了社区"双创双建"工作中的典型"钉子户"。工作人员不断改良工作方法，经过多部门的劝说开导之后，何大妈终于明白，拆迁"废品收购点"是为了搞好全市的"双创双建"工作，建设亮丽的城市。于是，她从一个"钉子户"转变成了一个积极配合工作、主动搬迁的好市民。小品反映了当前六盘水市委、市政府开展"双创双建"工作中遇到的困难和文明执法工作中所遇到的障碍，通过社区工作人员的不懈努力，问题最终得到解决，促进了社区工作的顺利开展、和谐社区的构建。

小品《钉子户》由母女俩及三名社区工作人员的扮演者出演。导演、演员黄远丽说，这个剧本贴近生活，钉子户在现实生活中并不少见，希望通过自己的表演，能让更多的人学会换位思考，让广大干部群众树立一种在困难面前牺牲小家顾大家的精神品格。

布依盘歌凸显原生态艺术魅力

布依盘歌原生态小品《春哥与秋妹》取材于民间生活。小品以布依族歌剧的形式为载体，展现了春哥与秋妹纯洁朴实而富有布依族特色的爱情故事，情节看似通俗简单，但内涵丰富。同时，这些演员不是歌剧、话剧团的专业演员，他们是实实在在生活在盘县羊场乡布依族村寨的布依族村民，正是这些因素，呈献给观众的是最真实的原生态表演。春哥与秋妹朴实的表白以及其他演员的精湛表演，博得了评委和观众的阵阵掌声。

盘歌是以唱歌形式盘问对方一些事物的歌，青、老年人都适宜表演，但场合不同。青年男女社交初识时，便唱盘歌问对方的姓名，所住村寨和是否有恋人等，借以互相了解。中、老年人在喜庆的场合中，唱述古人古事的时候，便用盘歌的形式互相问答，歌手们在对答时表现机灵应变的才能。问得不准确或答复不对题时，就要引起观众的议论和欢笑。盘歌所问的范围很宽广，诸如天地的形成、日月星辰的变化、山川草木的起源、动植物的种类及其特性与作用、庄稼生长过程及种植的季节等等。从内容上看，类似科学答辩，但它却是艺人们用夸张的手法虚构了许多优美动人的内容来表达人们智慧的一种手段。另外，唱歌猜谜语，也属盘歌的形式。

演员罗奇福说：盘县羊场乡布依族口传叙事史诗布依族盘歌（民间文学），被列入 2008 年第二批国家级非物质文化遗产名录，成为六盘水市首批非物质文化遗产入选国家级非物质文化遗产名录之一。

同时，《春哥与秋妹》是本次大赛唯一一个布依盘歌参赛小品，它独树一帜，演员们将布依族浓郁的民族风情和地方特色文化展现得淋漓尽致，从而获得了全省总决赛原生态组"铜鼓奖"。（原载于 2010 年 9 月《当代六盘水》第六期）

文化改革发展道路越走越宽阔
——六盘水市文化体制改革发展工作综述

从 2015 年初至今，六盘水日报社的每一位成员经历了一次较大的人事改革，包括贵州磅礴传媒集团以及所属乌蒙新报社等单位，均全面完成了新一轮不同岗位的竞聘上岗，涉及员工达 200 人。在近一年来的时间里，"改革"二字是大家始终热议的话题，而且其产生的冲击波至今还在持续，"变化不仅仅体现在我们新的工作位置上，更体现在全新的体制机制上，这种深层次的变革让我们提振精神，信心百倍"。一位工作人员向笔者感慨道。

像这样牵动人心的改革，只是近年来六盘水市文化体制改革发展的缩影之一。从 2003 年全国文化体制改革试点工作启动，特别是 2006 年六盘水市被确定为贵州省省文化体制改革试点市州以来，市委、市政府高度重视文化体制改革工作，成立了市、县文化体制改革工作领导小组及办公室，建立文化体制改革工作制度。按照中央和贵州省委关于加大力度、加快速度、务求实效的要求和既定的"路线图"和"时间表"，在先行试点的基础上，认真总结改革经验，不断加大指导协调力度，创新工作思路，大力推进文化领域的各项改革工作。目前，全市文化体制改革呈现出全面铺开、积极推进的良好局面，并在重点领域和关键环节取得了突破性进展，主要改革任务稳步推进，为推动全市文化大发展大繁荣奠定了坚实的基础。翻开全市文化体制改革发展工作的成绩单，一项项令人振奋的改革发展成果映入眼帘：

——经营性文化单位改革全面完成。市、县（特区、区）两级所属经营性文化事业单位，已于 2011 年全面完成改革工作；全市县（特区、区）两级新华书店和两家影院放映体制改革任务全面完成。

——文化行政管理体制改革稳步推进。组建了六盘水市文体广电新闻出版局和六盘水市文化市场综合执法支队，文化行政管理逐步实现由"办文化"向"管文化"、由管理直属单位向社会管理转变。

——新闻媒体改革迈出重大步伐。组建了六盘水广播电视台、六盘水日报传媒集团，实现了深度资源整合，现有资源得到进一步打造和提升，2014 年组建了贵州磅礴传媒集团，目前，公司的管理和运营框架初步确立；打破地域观念，实行跨区域合作，将《凉都晚报》更名为《乌蒙新报》。

——文化产业发展生机勃勃。截至 2014 年底，全市有省级文化产业示范基地 1 家，全市文化产业单位共有 652 个（包括行政事业单位、社团和企业），共有从事文化及相关产业的人员 20088 人。近年来，尽管全市生产总值增速均在 14% 左右，但文化产业的发展速度连续多年超过全市生产总值增长幅度，2013 年、2014 年平均增速为 35.22%。文化产业已成为六盘水市经济发展新的增长点和重要组成部分……

积极稳妥推动改革：六盘水勇立改革潮头

改革开放以来，特别是党的十八大以来，我国文化建设适应社会主义市场经济的要求，遵循精神文明建设的规律，取得了举世瞩目的成就，我国文化发展正处于一个新的历史起点上。但同时我们也清醒地认识到，一段时间以来，文化发展水平与全面建设小康社会的目标和要求还有一定差距，文化体制机制与完善社会主义市场经济体制、进一步扩大对外开放的形势还没有完全相适应。中共中央多次强调，要提高国家文化软实力，努力夯实国家文化软实力的根基。要坚持走中国特色社会主义文化发展道路，深化文化体制改革，深入开展社会主义核心价值体系学习教育，广泛开展理想信念教育，大力弘扬民族精神和时代精神，推动文化事业全面繁荣、文化产业快速发展。今年 7 月 24 日，贵州省委书记在多彩贵州文化创意园调研时强调，要充分利用贵州文化创意产业发展的好资源、好平台、好品牌，注重内容建设，强化价值导向，推动融合发展，做深做足"文化创意＋"的文章，加快把文化创意产业打造成为重要的新兴产业、支柱产业；2015 年 7 月，六盘水市领导在听取全市文化体制改革和文化产业发展专题汇报时强调，要"将文化做成产业，将产业做成文化"，到 2020 年，力争全市文化产业增加值实现 150 亿元和占 GDP 比重 6% ~ 7% 的目标；刚刚闭幕的六盘水市委六届九次全会把文化等领域的改革作为全市重点工作之一，强调要加快推进文化繁荣发展。

回眸六盘水市的文化体制改革之路，可以追溯到 2003 年，当年全国文化体制改革试点工作全面启动，六盘水虽不在试点城市之列，却走出了一条"自学成才"的发展之路，其突破口便是经营性文化事业单位的转企改革，建立现代企业制度，塑造和培育真正的市场主体。

2010 年，有着多年历史的六盘水市电影公司和钟山影剧院乘着新一轮改革的东风，联合组建了"六盘水新视界影业有限公司"，完成了六盘水市电影业的一次重大体制改革，又一次迈出了六盘水新一轮文化体制改革的步伐。新的体制激发新的活力，电影公司以市场为导向，以全新运营方式面对市场挑战，在"大市场"上做文章，实现了跨越式发展。公司成立后，建成了总投资 900 多万元，共 5 个放映厅，近 1500 个席位的六盘水"凉都影城"。影城自2010年4月投入运营以来，累计实现经营收入6000万元以上。由贵州省星空影业有限公司控股，六盘水市新视界影业公司、恒维房地产开发公司等多家国有、民营公司参股投资540万元的股份制电影放映企业"凉都宫星空影院"，也于2010年6月投入运营，结束了六盘水市中心城区长期无现代化影院、不能看大片的历史。近年来，随着六盘水全市经济社会的快速发展，人民群众对文化的需求日益增长，为满足人民群众日益增长的文化需求，政府加大招商力度，通过各级各部门的共同努力，市中心城区又新添一丁——"六盘水大地数字影院"，红果国际影城、红果鸿福影城等相继登陆盘县县城。目前，五个影院的发展势头强劲，效益良好。

本着"创新体制、转换机制、面向市场、壮大实力"的方针，目前，六盘水市经营性文化事业单位有计划、有步骤地完成了改革，越来越多的自主经营、自负盈亏、自我发展、自我约束的独立法人成为文化市场的主体。六盘水市快速而稳健的改革步子，引起贵州全省乃至其他部分省市的关注。2006年，六盘水市被贵州省委确定为文化体制改革试点城市，从此，全市改革的步子迈得更大了。

整合优势资源，让先进文化生产力得到更大程度的释放，是六盘水市文化体制改革中的一大亮点——市文工团员工严重老化，长期无演出能力，通过多次召开座谈会，在演职人员中广泛征求意见后，按照中央和省的改革文件精神，市编办于2010年6月13日下文注销了市文工团事业单位建制，并进行了清产核资，原有人员连人带编划入六盘水市文化馆，开展群众文化辅导等工作。2011年3月，六盘水市文化市场综合执法支队正式挂牌；2011年12月13日，六盘水广播电视台组建成功并正式挂牌；2011年末，六盘水日报传媒集团则在"物理拼接"后悄然发生着"化学反应"，2014年，借省委将"六盘水传媒集团改革"作为全省全面深化文化体制改革试点的东风，按照中央"宣传经营"两分开的原则，在六盘水日报传媒集团的基础上，将六盘水日报社、六盘水广播电视台的所有经营业务全部剥离出来，组建了贵州磅礴传媒集团……

过去，六盘水市文化市场管理因职责不清、职能交叉、多头执法、重复执法、效率不高、管理不到位等问题，形成了滞后于文化飞速发展需要与不适应日益繁重的市场监管要求的状况。2011年，市广播电影电视局和市文化体育（新闻出版〈版权〉）局合并组建了市文化体育广播电影电视局，完成文化市场行政执法主体的合并。同年，又对文化（文物）、广播影视、新闻出版（版权）等有关行政执法队伍进行调整归并，组建了市文化市场综合执法支队。文化市场综合执法队的成立，推进了文化市场管理体制创新，逐步建立起权责明确、运转协调、行为规范、监督有效、保障有力的执法体制，文化市场建设和文化市场管理工作得到进一步的加强。自支队组建以来，共受理各类举报193件，均已查处办结。执法支队对各县区督促检查220余次，抽查文化市场经营单位4500家（次），立案查处46件，已全部办结。罚款9.8万元，没收光盘6.5万盘，非法图书1.7万本（册），查处非法经营网吧31家。通过几年的不断实践和探索，支队的执法能力和规范化水平明显提高，树立了文化市场综合执法的新形象。

而最能体现集聚效应的则是在六盘水市新闻传媒领域的改革。从2012年12月13日起，凉都市民欣喜地发现，六盘水广播电视台《六盘水新闻联播》全新改版，不仅增加了年轻主持人的新面孔，内容更是囊括了新闻报道、评论、现场连线等多种形式。从六盘水广播电视台倾力打造的这一档节目中可以深刻地感受到，广电传媒的改革正在迅速地推进。新组建的六盘水广播电视台是集广播、电视、网络、多媒体等于一身的综合性传媒之一，辐射覆盖六盘水市中心城区及周边地区逾数百万人口。通过重组整合、强强联手、优势互补、资源渠道共享，将纵深推进体制机制改革，以广播电视为主体，以媒介融合为基调，以新闻宣传和产业运营为平台，加快形成内容传播的集成效应，加快形成经营宣传良性互动助推产业潜能释放，加快促成多媒体集群传播和新的传媒经济业态，积极推动由传统媒体向现代全媒体转型。

不仅仅是广电系统，有着传统优势地位的六盘水日报传媒集团在文化体制改革中更是绽放了新的生机与活力。随着市场经济的快速发展，一方面报刊的传播效果和影响力受到新媒体的不断挑战，另一方面固有的体制机制及部分资源配置的重复制约着生产力的提高，如何化挑战为机遇？如何推动报业的高效运行？六盘水日报传媒集团启动两个"轮子"：一是着眼于资源整合；二是加大体制机制创新。明确一个方向：进一步巩固壮大主流舆论阵地，全力打造区域强势媒体——《乌蒙新报》。目前，新升级的贵州磅礴传媒集团及所属各媒体的体制机构框架和管理运行机制已经确立。集团的各项工作已经在全新的体制机制下运行，改革所带来的活力正在逐步显现出来——在办报网刊方面，《乌蒙晚报》、中国六盘水网、《凉都印象》等集团所属媒体正在重新确立各报网刊的读者市场和内容定位，实行差异化办报网刊，努力突出各自特色，报纸的阅读率和报纸的社会影响力将会大大提升；在经营方面，按照宣传与经营"两分开"的要求，集团发行和印务的整合也正在加快推进，整合后的集团发行公司、印务公司不仅实力大大增强，而且将会通过优化组合，发挥"1+1＞2"的效应，成为集团新的经济增长点。在广告经营方面，整合后的集团在广告经营上，发挥集团优势，实行新的经营策略，加大策划力度，全集团的广告经营有了大幅度的增长。

做大做强文化产业：启动新的增长点

文化产业是市场经济条件下繁荣发展社会主义文化的重要载体，是满足人民群众多样化、多层次、多方面精神文化需求的重要途径，也是推动经济结构调整、加快经济发展方式转变的重要抓手。2009 年，国务院常务会议审议通过的《文化产业振兴规划》的发布，标志着文化产业上升为国家战略性产业；2011 年 10 月 18 日中国共产党第十七届中央委员会第六次全体会议通过的《中共中央关于深化文化体制改革推动社会主义文化大发展大繁荣若干重大问题的决定》，明确了文化改革发展的指导思想、重要方针、目标任务、政策举措，是新形势下推进文化改革发展的纲领性文件。2012 年 3 月，六盘水市委、市政府《关于推动全市文化大发展大繁荣的实施意见》正式出台。

一手抓文化事业繁荣，一手抓文化产业发展，坚持"双轮驱动""两翼齐飞"，在积极稳妥推进文化体制改革的同时，六盘水市文化产业呈现出健康快速稳健的发展势头。

产业主体培育快速，文化产值大幅提升。加大对文化产业主体的培育力度，积极支持省级文化产业示范基地"六盘水会展中心"建设，将磅礴传媒、旅文投公司等纳入市级龙头文化企业重点支持，从县区来看，各县区普遍采取政府引导和市场运作相结合的方式，对文化资源进行开发利用。盘县立足实际"种"文化，初步构建起以"旅游、民俗、休闲、饮食、工艺品"为主的文化产业发展格局；在龙头文化企业方面，贵州磅礴传媒集团、市旅游文化投资公司成功组建并步入运营正轨；在"专、精、特、新"小微文化企业方面，新窑乡竹编工艺加工基地、平关"灵巧女"手工编织协会、猴儿关农民画创作基地、马坝苗族刺绣、蜡画（染）基地、大爱文化影视、威视传媒、夜郎风、红桥科技文化企业孵化器等如雨后春笋般涌现；陶正学、邓少芬等一批本地矿业老板成功转型文化旅游产业，全市文化产业发展浪潮正在兴起。有了一批批新建的产业主体，文化产业增加值逐年实现渐进式大幅提升。据统计，2014 年，全市实现文化产业增加值 28.25 亿元，比上年增加近 5 亿元，占全市生产总值的 2.71%，文化产业增加值全省排名连续三年保持第三名，进入全省"第一方阵"。

文旅融合发展势头强劲，大健康旅游目的地开始显现。近年来，全市立足于"贵州屋脊·中国凉都"品牌，打造六盘水市特色文化旅游项目，加快构建现代服务业发展体系，以建设"国际标准旅游休闲度假城市"为目标，实施"顶层设计、产业联动、内强功能、外拓市场"发展战略，大力推进景区基础设施和配套服务设施建设，加快构建现代服务业发展体系，打造中国首选消夏避暑、休闲度假、康体养生胜地，逐步实现了从"江南煤都"到"中国凉都"的华丽转身，初步闯出了一条资源型城市转型文化旅游融合发展的路子。2015 年，六盘水市纳入全省 100 个旅游景区建设工程的牂牁江、野玉海、百车河、妥乐古银杏——乌蒙大草原、韭菜坪、哒啦仙谷 6 个景区建设步伐加快，资金投入有序落实，年度计划投资 13.32 亿元，截至 11 月底完成投资142047.22 万元。

文旅融合发展业已日渐成为全市国民经济新的增长点，是城市转型的重要接续产业，初步形成生态休闲旅游目的地。2015 年，全市接待游客达到1032.15 万人次，同比增长 47.45%。据贵州省旅游局评估数据，实现文化旅游综合收入 57.27 亿元，同比增长 29.1%，收入增幅列全省第一。

非遗保护传承成效明显，广播电视产业蓬勃发展。加大保护和传承非物质文化遗产力度，成功申报国家级非遗名录 5 项、省级非遗名录 27 项，公布 84 项市级非遗名录，1 名传承人被评为国家级代表性传承人、18 名传承人入选省级非遗传承人名单、公布市级传承人名单 69 名。六盘水市文化体制改革将出发点和着力点放在了"文化惠民"上，不断满足着人民群众的精神文化需求，也创造着更多更好的精神文化产品。

广播电视产业发展迅猛。以精品创作为重点，以六盘水经济社会文化发展以及六盘水历史等题材的电视剧始终坚持面向市场，走产业化之路，建立了市场主导、政府监督、企业自主运行的体制机制，形成了六盘水题材的电视剧都市平民剧的风格和国有、民营制作力量共同发展的多元化局面，实现社会效益和经济效益双赢。影视制片人胡桂浦，其作品《地下的天空》《山村风云》《黎歌》等斩获多个国际电影大奖，作品已被纽约电影博物馆等收藏；贵州西骏辉煌文化传媒公司拍摄的《诺苏之鹰》，于 2015 年成功上映；广播剧《飞扬的青春》获贵州省精神文明建设"五个一工程"奖；提升文艺创作生产发力，完成了纪录片《大三线》拍摄；积极筹拍 40 集大型电视连续剧《大三线》《北盘江》《铁血子弟兵》；百部农村电影题材电影《三变》和商业片《69》等影视剧；创作广播剧两部，在中央人民广播电台播出。

文化氛围越发向好，人才队伍逐步壮大。在"中国凉都·六盘水消夏文化节""全市旅游文化产业发展大会"等活动的推动下，各县（特区、区）都形成了自己的文化品牌，如"山水六枝""盘州春韵""圆梦水城""文化钟山"等。在这些品牌活动的支撑下，文化正在有序进入校园、企业、社区、机关、农村。目前，全市各类群众性文化团体逐年增多，市、县、乡、村各级基本建有老年文艺合唱团、秧歌队、广场舞表演队、少数民族歌舞队和各类文艺宣传队。如六枝落别乡布依族文艺演出队、梭戛长角苗"箐苗歌队"、盘县淤泥乡麻郎垤村彝族歌舞文艺队等。这些文艺团队经常参加各级各类文化活动，丰富了广大人民群众的精神文化需求。

文化从业人员和人才队伍数量不断壮大。截至 2014 年底，全市共有文化产业直接从业人员 20088 人，比 2011 年增加了 3787 人，年均增速 7.74%。无论是文化产业单位数，还是从业人员数量等都在快速增长；文化人才崭露头角。六盘水市文艺创作生产日益活跃，整体创作水平不断提高，有的甚至开始在全国崭露头角。比如，画家方坤，其作品多次参加全国美展并获奖；民间剪纸传承人陈文洪，获全国"十大金剪"称号；落别布依唢呐队代表伍荣林，荣获全国"吹歌大王"称号；还有书法家樊武、吴勇，彝族歌手段胜高等。在众多文艺人才的熏陶影响下，我市文艺精品力作不断涌现。箐苗歌队演绎的《果山果者》获文化部原生态民歌大赛"群星奖"等；领军人物带头发展。比如，西骏辉煌文化传媒公司董事长黄远丽、钟山明飞陶瓷有限公司经理熊飞、贵州南旗文化投资公司董事长严春雷等。无论从事广告传媒、广播电影电视、文化旅游业等传统产业，还是涉足数字多媒体、移动互联网等新业态，这些领军人物都有着独到、前沿的理念，取得了出色成绩。这些文化产业的实践者和带头人，他们对文化产业有思想、有思路，有想法、有办法，有抱负、有激情，这些都为六盘水市文化产业加快发展奠定了坚实的基础。

公共文化设施投入加大，文化信息资源充分共享。建立健全公共文化服务体系是人民群众基本文化权益的重要保障。"十二五"期间，全市共投入文化设施建设资金近30亿元，为"十二五"以前的10倍。市县各级文化馆、图书馆、体育场、大剧院等基础设施不断完善。盘县相继建成了近两万平方米的县文化总馆及分馆、图书馆总馆及分馆、红果体育馆等。各县区积极谋划实施重大文化设施建设项目。六枝特区正在推进的欢乐谷文化园项目、盘县正在规划建设文化体育城市综合体、水城初具规模的以朵影视文化城逐步建成，钟山区正在开工的中国农耕文化历史（凉都国学馆）博览园、红桥新区正在建设花鸟文化市场等，全市文化基础设施正在布局，公共文化服务体系正在完善。

继全面完成乡镇文化站建设、农村信息资源共享工程和广播电视"村村通"工程之后，农家书屋工程和农村地面数字电视进村入户工程也全面完成。其中，农家书屋实现100%全覆盖，每个书屋藏书量2300册以上，基本解决了农民群众看书难、借书难的问题；农村信息资源共享工程为涉农用户免费发放机顶盒，实现22.5万农户收看本地新闻电视节目；农村电影"2131"工程每年在涉农区市县放映电影1.2万余场，保障了大部分农民群众看电影的文化需求。

哪里有改革，哪里就有新气象；哪里有改革，哪里就有新发展。文化体制改革是时代发展的要求，是全市各族人民过上更好生活的新期待，是文化建设的内在规律和发展趋势，是促进文化大发展大繁荣的强大动力。"十三五"开局之年的发展大幕已经拉开，在文化工作科学发展、创新发展、跨越发展承上启下的关键之年，相信，有全市320万广大干部职工和群众的共同努力，六盘水市文化体制改革的道路会越走越宽阔，文化产业发展的明天将更加辉煌！（原载于2015年12月《中国凉都文化产业》第六期）

"中国凉都"的"寻美"实践

大美中国，各美其美，美美与共。

2023年仲夏，地处云贵高原的"中国凉都"六盘水市，一场寻美中国抖音大赛热火朝天地举行。

用镜头记录时代发展，用网络书写生活变化，用心灵体悟建设成就。

网络统战的深入开展让地处祖国西南的六盘水市不再沉寂，继贵州"村BA""村超"火爆出圈后，真真实实地体味了一把"出圈盛事"。

短短两个月，贵州省的网络达人齐聚六盘水，2231件作品，10.8亿次的抖音话题播放量，让"中国凉都"的夏天格外令人向往。

"我是凉都推介官——寻美六盘水·网鉴新变化"成为全市网络人士神圣而庄重的使命和担当。

坚持以"网"为桥

相比传统的线下推介，线上推介范围更广、速度更快、效果更好，特别是粉丝量超过10万的网络人士，其粉丝对网红打卡地都想跟进体验，由此带来的市场消费潜力巨大。

"从来没有像今天这样，当一名网络人士有这么多的成就感、幸福感和归属感，感觉正能量满满、自信心满满、责任感满满。"六盘水市网联会会长潘文斌在接到抖音大赛任务时兴奋之情溢于言表。

2021 年 12 月六盘水市网联会成立后，他带着几十人的团队，先后克服办公人员不足、团队经费较少等困难，通过不断接单与磨合，市网联会在实战中成长壮大。

"生在六盘水、长在六盘水、事业在六盘水。地理位置阻挡不了我们前行的步伐，虽然相对偏远，但落后不是我们的代名词，只要弘扬主旋律、传播正能量、发出好声音，无论你在哪里，通过辛勤努力你都能无限接近舞台的中央。"

网络人士王昌俊通过将爱犬"巴图"拟人化演绎，倾情再现六盘水市边远乡村《那山　那水　那狗》的感人故事。目前，全网多个话题粉丝量累计 1500 万，成为名副其实的网络达人。

网络歌手范越结合贵州山歌编撰开展创业，在水城古镇组织花船活动涨粉 70 万，原创歌曲《贵州大洋芋》在各平台播放量累计超过 2 个亿，经济压力有效转化为创业动力，从歌手梦到创业梦再到中国梦，用他的话来说，人生最幸福的事莫过于把个人兴趣爱好变成了自己的职业追求，实现了"以梦养梦"，梦里回首，灯火阑珊。

把网络人士组织起来、发挥作用，已成为六盘水市统战工作的重大课题。知网、懂网、用网成为大家的普遍共识。

坚持以"赛"为媒

"远方的客人请你留下来，这里有你要的感觉。"在这个夏天，这首抖音作品配乐成为寻美赛事的迎宾曲。在寻美中国凉都的人文风情、凉爽气候、特色美食方面给人们留下了深刻印象，迅速点燃了粉丝的激情。

19℃的夏天，360℃的热情。

政策的不断调整和优化，让中国凉都迎来了旅游热潮。"消夏避暑季""六盘水马拉松赛事""布依六月六""彝族火把节"……网友齐呼："这个夏天我们走不出贵州了。"浩浩荡荡的车流、人流充斥着来自全国各地的车牌和方言。

"这几天一打开抖音，全是六盘水夏季马拉松的作品，霸屏了。""寻美贵州"组委会随时关注抖音大赛进度，激励中带着更多期许。

"贵州在办奥运会？三万人集体吹空调跑马拉松"，60名网络达人集聚在现场抢抓各种镜头，与之相对应的作品印证了抖音大赛主办方的组织能力。

"寻美·贵州"有关负责人、贵州省其他8个市州网联会会长以及"村BA"活动网红、电子商务流量主播、视频制作高手集中前来"中国凉都"助阵，30余处集中打卡点全方位展示了六盘水市产业发展之美、城乡风光之美、人文艺术之美、开放合作之美、团结共赢之美。

坚持以"效"为卷

赛上同台竞技显身手，赛下分享经验交朋友。

结合贵州旅游"两免两减半"政策的执行，六盘水市积极引导抖音大赛主办方发出"江湖令"，配合贵州省点爆"1亿人在贵州，还有2亿人在路上"的旅游宣传。

"你们作品拍摄的地方在哪里？我们想到那里去旅游。"每天参赛的网络达人都收到很多粉丝提出的问题，"免费导游"成了参赛选手的一项义务劳动。

"累点不怕，寻美中国、寻美贵州、寻美凉都，只要效果好就行。一些粉丝都是我们通过个人资源帮助他们找宾馆、寻美食。"部分工作人员在参赛中度过了一个又一个不眠之夜。

数字赋能让互联网经济厚积薄发、惊喜连连。

作为全国259座城市微博同城大使之一，盘州市网联会会员李艳青在听说全市开展寻美抖音大赛后，积极配合盘州市委统战部围绕盘州古城、岩博酒业等策划打卡点，为大赛播放量迅速破亿全面建言献策。其策划的盘州头条排行榜粉丝达到35万，MCN矩阵280多万，创作图文视频内容推介家乡年阅读量1.6亿人次，与创业青年齐发力推荐贵州农特产品的电商销量突破2个亿，妥妥地成为创业赢家。

李艳青动情地说："我的一个同行，仅仅销售一种贵州辣椒面，平均每个季度可售300万元左右，年销售量可以做到4500万元。"相关数据显示，截至目前，全市接待国内过夜游客431.42万人次，与2022年同期相比增长22.72%，恢复到2019年同比的117.92%。截至2023年11月，全市网络零售总额完成 13.77 亿元，同比增长 9.58%。

网联天下，造福万家。寻美凉都的道路越走越宽广。（原刊发于 2023 年 12 月 26 日新华网）

4. 概貌通讯

"没有'三线建设'就没有今天的六盘水"
——"三线建设"老同志回访六盘水采访手记

在那青春似火的年代，在那激情燃烧的岁月，为了响应党中央、毛主席的号召，十万"三线建设"大军来到六盘水，筚路蓝缕，披荆斩棘，住油毛毡，啃干馒头，下矿井，炸石头，砌砖块，推大车……他们中年龄最大的刚二十出头，最小的才十四五岁，为六盘水的建设奉献出了宝贵的青春。如今，故地重游，六盘水已经发生了天翻地覆的变化，"三线建设"时的每一个日日夜夜，都已化作了他们生命中最亮丽的风景线……

为六盘水的发展砌下第一块砖

9 月 9 日至 12 日，原煤炭工业部 36 处部分老同志回访六盘水，走访参观这块自己曾经战斗过，奉献过青春的热土，畅叙旧情。每到一处，他们都被六盘水所发生的天翻地覆的变化所震撼，回忆起参加"三线建设"时的情景，老同志们感慨万千。

在被誉为"天然大氧吧"的玉舍国家级森林公园，老同志们一边呼吸着清新的氧离子，一边激动地谈论起今天的六盘水。有的翻开当年的老照片，抚古思今；有的畅叙旧情，激动万千；有的畅谈发展，展望未来。在这些老同志当中，很多人参加完"三线建设"后，就离开了六盘水，离开时间长达四十余年。当年的青年男女，如今已变成了两鬓斑白的老人。

回到这块魂牵梦萦的故土，谈论起过往的那些难忘的岁月，老人们抱作一团，和着节拍，动情地唱起了《北京的金山上》《毛主席万寿无疆》等歌曲：

"北京的金山上光芒照四方 / 毛主席就是那金色的太阳 / 多么温暖多么慈祥 / 把我们农奴的心儿照亮 / 我们迈步走在 / 社会主义幸福的大道上。"

他们的眼中闪着泪花,在那青春似火的年代,在那激情燃烧的岁月,他们把人生最美好的年华,无怨无悔地献给了脚下这块焕发着青春活力的土地。

今年 74 岁的郭天祥老人,27 岁来到六盘水参加当时的"三线建设",是原煤炭工业部 36 处当时年龄最大的一个。

谈起当时的六盘水,郭天祥老人非常感慨:"那时的六盘水,不叫六盘水,叫作大华农场,黄土坡只有四五户人家,还是一座黄泥、乱石堆成的小山冈。当时这个地方的气候非常恶劣,到处都是冰天雪地,我们住的是油毛毡,几十个人睡一个房间,外面地冻,屋里就有霜。"

就这样,一群朝气蓬勃的年轻人,怀揣着一颗拳拳报国之心,从祖国的四面八方聚集到六盘水,参加了轰轰烈烈的"三线建设"运动,郭天祥老人说:

"我们的主要工作就是为国家炼钢提供煤炭,当时,我们实行的是军事化建制,有掘井工、备料工等,没有什么机械化,都靠人工开采。大家干劲非常足,我们提了一句口号,叫'抓晴天,战雨天,毛风细雨当好天,晚上当白天,一天当两天',通过近一年的建设,36 处第一个将矿井建好,并在 1967 的 7 月 1 日出了六盘水的第一车煤,为党的生日献上了一份厚礼。"

"萧秋风今又是,换了人间。"1974 年,郭天祥老人离开六盘水,弹指一挥间,掉头一去是风吹黑发,回首再来已雪满白头。今天的六盘水,也早已发生了天翻地覆的变化,对此,郭天祥老人感慨万千:"现在的六盘水高楼大厦林立,交通方便,人口众多,商业繁盛,发展得非常好。冰山雪地的大华农场,也已变成了今天的'中国凉都'。"

饮水思源,富而思进。六盘水作为一座新型的工业城市,正是在"三线"建设的高潮中蓬勃而生,对此,郭天祥老人说:

"如果当时没有'三线建设',没有水钢、水矿等这些在'大三线'时期建设起来的大企业,就带动不了六盘水的发展,也就没有今天的六盘水。"

组织这次回访活动的张三都老人在座谈会的致辞中深情地写道:"我们永远不会忘记奋战煤海的日日夜夜,不会忘记艰苦岁月中的点点滴滴:忘不了,第一次领到三十元工资的喜悦;忘不了,正值青春发育期的你一顿吃下的五个大馒头;忘不了,那两角钱一份香喷喷的红烧肉;忘不了,头一次上夜班突然睡着而摔倒的尴尬；忘不了，第一次来到矿井下的恐惧；忘不了，矿灯房工作的你被硫酸烧坏的双手；忘不了，那两百多斤的水泥板压弯了你稚嫩的腰；忘不了，朋友送给你的第一枚毛主席像章；忘不了，第一次青春萌动的耳热心跳；忘不了，大干一百天，国庆把礼献的挥汗如雨；忘不了，为六盘水市运出第一车煤炭的日夜奋战……"

他们忘不了，我们又如何能忘呢！

将梦想和青春留在了这块火热的土地上

参加完"三线建设"后，有的人回到了北京、上海；有的人做了领导、当了教师；有的人继续留了下来，为了六盘水的发展，献出青春献终身，献完终身献子孙。

岁月蹉跎，青春无悔。对这些"三线建设"者来说，当年的点点滴滴，都已在他们心中留下了不可磨灭的印记。

现居住在上海的饶玉漫老人，当时参加"三线建设"时才15岁。谈起自己记忆最深的一件事，饶玉漫老人说：

"我刚来的时候，单位就给我发了一个用来吃饭的大土碗，那时是寒冬腊月，气候太冷，碗拿不住，掉下去就打烂了，我只好要了一个盆，用盆装饭吃。"

生活环境奇差，工作任务繁重，即使十四五岁的女孩子，也要干重体力活，饶玉漫老人说：

"我的工作是推大车，我们一边唱着《咱们工人有力量》，一边工作，当时年龄虽小，但感到很愉快。提泥斗子，建住房，浑身是劲。"

就这样，饶玉漫老人为了"三线建设"，在当时的"大华农场"一干就是六七年。谁又能想到，今天车水马龙，高楼林立的六盘水，当时还只是一片不毛之地。作为六盘水的开拓者和奠基人，他们当年所经历的艰难困苦，是我们根本无法想象的。饶玉漫老人说："六盘水当时就是一座夹皮沟，很穷很穷，记得一次，一个青蛙跳到了我的身上，左找右找，居然在我的衣兜里，由于受到惊吓，第二天我就发烧了。"

谈着谈着，饶玉漫老人的眼眶里噙满了泪水，她哽咽着说："感慨太深了，当时的确很苦……女孩子也要背水泥，推大车……但是，我们的梦想都很纯真……为了报效祖国，我们都在拼命地干，背不动也要背，推不动也要推！"

曾经参加过"三线建设"，后担任过安顺市委宣传部部长，市文联主席的陆富会说："今天的六盘水，是我们十万'三线建设'大军一块砖一块砖堆起来的；一铲沙一铲沙铲出来的；一铁锹一铁锹刨出来的；一推车一推车推出来的。"

1973年，饶玉漫老人离开了六盘水，去到了上海，这次回到六盘水，她感慨地说：

"这是我们抛洒汗水和热血的地方，我们曾经将梦想和青春留在了这块火热的土地上，四十多年过去了，特别想来看一看，六盘水的变化太大了，到处是高楼大厦，规划也很好，植被也很好，比起当年来，简直就是一个天，一个地了。"

就如张三都老人在致辞中写的那样："四十余年的时间，我们历尽了人生的磨炼，告别了幻想的青年时代，送走了而立之年，走过了不惑之路，跨越了知天命的岁月，进入了花甲甚至古稀。当年的烂田坝、乱石碓，已经变成了一座初具规模的现代化城市。一幢幢雄伟的高楼拔地而起，一条条整齐宽敞的道路向前延伸，一批批大商场兴建起来，一所所学校、幼儿园相继诞生，一队队中小学生走过街头，一对对情侣相拥公园，一群群中老年朋友在广场晨练……街上人群熙熙攘攘，路上车水马龙，一切一切都发生了翻天覆地的变化！"

这是一座洒满"三线建设"者青春和汗水的土地，今天的我们，还有什么理由不将我们的城市建设得更美好呢？

美丽的凉都永远的家

"少小离家老大回，乡音无改鬓毛衰。儿童相见不相识，笑问客从何处来。"59岁的饶文仲老人，现居住在北京，虽然离开六盘水四十余年了，但依然操着一口地道的六盘水方言。

"我会说很多方言，安徽话、北京话我都会说，但回到了六盘水，我一定要说六盘水的地方话。虽然这么多年过去了，我的心依然是六盘水的心，我的口音依然是六盘水的口音，美丽的凉都，是我们永远的家！"

"五岭逶迤腾细浪，乌蒙磅礴走泥丸。"随着"大三线"的建设，六盘水从边远封闭的穷乡僻壤迅速崛起，如今的六盘水，已然成为贵州、也是中国西部地区最具活力的城市之一。

当年的"江南煤都"，已变成今天的"中国凉都"。2005 年，中国科学院、国家环保总局、中国气象局的有关专家，通过观测和探测实验，对六盘水市夏季气候特点进行科学分析，认为这里夏季"凉爽舒适，滋润清新，紫外线辐射适中"，具有唯一性，因此被授予"中国凉都"称号。

自 2005 年以来，六盘水以独特的气候和资源优势，六次荣膺"中国十大避暑旅游城市"美誉。

2009 年 5 月，在第 12 届北京科博会"中国循环经济发展高层论坛"上，六盘水市与大连等城市一起，入围"十佳绿色环保标志城市"。

2009 年 10 月，六盘水被纳入国家资源富集区循环经济试点城市。

这一张张宝贵的名片，架起了六盘水腾飞的翅膀。

六盘水市委主要领导曾说，六盘水市经济社会的全面发展，得益于"三线"建设奠定的工业基础。

今天的我们，吃水怎能忘了掘井人！

为了留下历史的足迹，主持此次回访活动的张三都老人提议，通过盖手印的方式，将参加过"大三线"建设的 36 处部分老同志的印记保存下来。

鲜红的印泥，雪白的宣纸，将一双双熟悉而又温暖的双手，永远留在了六盘水的发展史上。这一双双手啊，为六盘水的建设，掘过第一口井，出过第一车煤炭；这一双双手啊，为纯洁梦想的家园，结满了老茧，长满了冻疮；这一双双手啊，按在雪白的宣纸上，既是"三线建设"历史的见证，更是六盘水人民对那些开拓者的感恩！

刘希兰老人在《旧地重游有感》的诗中这样写道："四十余年前的今天 / 各地的花季儿女怀揣梦想 / 奔赴建设祖国大西南的第一线 / 石料厂是我梦想的起点 / 秋风嗖嗖，细雨绵绵 / 油毛毡房就是家 / 石头砌成的炉子火光闪 / 宿舍里浓烟弥漫…… / 躺在潮湿陌生的木板床上 / 翻来覆去彻夜难眠 / 再累再苦也要坚守 / 为了我们纯洁梦想的家园 / 四十余年弹指一挥间 / 今天故地重游，旧貌换新颜／追忆多年来对您的付出与思念／快乐，幸福，感慨万千……"

美丽的凉都，永远敞开怀抱，欢迎那些为了她的发展变化，做出辛勤贡献的儿女们！（原载于 2010 年 9 月《当代六盘水》第六期）

能工巧匠展技艺　精雕细琢出精品
——2010 年"多彩贵州"旅游商品"两赛一会"六盘水赛区选拔赛侧记

"我们从乌蒙山麓走来，我们要走向世界的舞台；这是才艺的较量，更是信心和勇气的大比拼；这是激情的涌动，更是梦想与心灵的大绽放……"

初秋时节，暖阳高照，丹桂飘香，金菊盛开。在 2010"国酒茅台杯"多彩贵州旅游商品"两赛一会"六盘水赛区选拔赛上，身着盛装的少数民族姑娘和英武帅气的男选手一展他们的拿手绝活，为观众展现了一场特色浓郁的少数民族原生态文化表演。

独具特色的梭戛长角苗民族刺绣、苗家银饰套件，活灵活现的石板画、剪纸、布依族民族服饰、砂陶神像、蜡画、农民画、根雕……令人目不暇接，赏心悦目。

此次选拔赛历时两个多月，声势浩大，引人注目。四个县、区的 80 名能工巧匠及近千件工艺品参加了此次比赛。参赛选手中年龄最大的 60 多岁，最小的不到 10 岁。经过激烈的角逐，杨智麟、陈文洪等十名选手被评为"凉都名匠"，徐当超、金元汉等十名选手被授予"凉都名创"美称。这十名"凉都名匠"和徐当超、金元汉创作的农民画、剪纸等十件旅游商品、最佳新品被推荐参加全省总决赛。

大赛的成功举办，对发掘培养六盘水市旅游商品能工巧匠，保护和传承六盘水市的民族民间工艺，促进六盘水市旅游商品的开发与销售，推动六盘水市旅游产业的整体发展有着不可替代的作用。

"我从没想过能到市里面来，更没想到能作为一名参赛选手来参加六盘水赛区的选拔赛。"第一次出远门的小选手蔡兴月对记者如是说。

这位来自六枝特区的小女孩，年仅 10 岁，她告诉记者，初赛之前，妈妈听到消息便为自己报了名，妈妈希望通过比赛，能为她增长见识，提高剪纸水平。

小兴月凭着自己的兴趣爱好以及美术老师的精心指导，掌握了一手独门技法——剪纸，正是这手绝活，让她一路过关斩将，走进了 2010 多彩贵州旅游商品"两赛一会"六盘水选拔赛赛场。与这位小女孩一样，一群顶尖的能工巧匠走出民间，来到六盘水赛区选拔赛，展开了"凉都名匠""凉都名创"的角逐。

在"能工巧匠"限时竞技赛场，一位年轻男选手正聚精会神地在一块石板上用刀雕刻作品，引来了很多观众的围观，他就是来自盘县保基苗族彝族乡的选手王国权。

王国权的参赛项目是雕刻石板画，因是限时赛，只见他紧张而有条不紊地在基石板材上进行着雕刻、上色。唰唰唰，不一会儿工夫，一朵鲜活美丽的牡丹花便呈现在石板上，让在场观众赞不绝口。面对观众的赞许，王国权高兴地向大家讲述了石板画的特点以及参赛作品的原材料产地。他说，石版画是现代家庭里一种比较时尚、流行的装饰品，它看上去给人以美的享受，而且石材有耐久、不易风化，作品保存时间长，彩色不易褪去。他此次带来参展的作品，原材料都取自于盘县保基乡，保基境内的石材、旅游资源非常丰富，石材主要是碳酸盐岩，石头呈多块状，颗粒细小，结构均匀，相对花岗石来说质地较软，便于雕刻。

在比赛现场，一位穿着蜡染刺绣服装，头上顶着硕大发髻的长角苗姑娘，手持针线，正聚精会神地一针一线来回穿梭，一会儿工夫，白色的布块上就绣起了美丽的图案，犹如一席袖珍地毯，精美绝伦，令在场的观众赞叹不已。

她的指导老师陈文洪告诉记者，这位选手名叫王芬，来自六枝特区的梭戛乡高兴村。陈文洪说，刺绣是六枝特区梭戛乡长角苗祖辈传下来的绝活之一，是女性从小就开始学习的课程。刺绣采用的是一种古老的扎针技法，其独特之处在于用丝线绣成几何图案，是长角苗的文化瑰宝。长角苗姑娘们除了擅长刺绣之外，还擅长挑花制品等。陈文洪说，带学生来参赛的目的在于宣传民族民间文化，让更多的人关注和支持民族民间文艺创作。

在旅游商品展厅，一幅幅箐苗蜡染工艺品吸引了不少观众，作者杨大妹见这么多人前来观看自己的作品，十分激动，她一边引导客人观看自己的作品，一边介绍箐苗蜡染工艺的历史背景以及制作方法。她说，箐苗蜡染有悠久的历史，其制作过程不算复杂，首先是将白布平铺于桌面上，将蜡放置于小蜡窝中，加温熔解为汁，用蜡刀蘸蜡绘于白布上。绘制时不打样，只凭头脑构思，手工绘画。所画的直线、平行线、方块、圆形等图案，较为规范，折叠起来能吻合；所绘花、草以及各类图案，样式规范而精巧，堪称一绝。绘成后，投入蜡缸中浸染多次，清水漂洗、晾干后再用清水煮沸，将蜡熔化，显现出白色花纹，制成蜡染片。制作一套蜡染衣服需要花费四个月的时间，价值约3000元人民币。杨大妹说，她现在就是靠制作蜡染工艺出售来维持生活，只要勤劳一点，每月能挣1000多元钱，收入比外出打工或种庄稼可观。

在纸画类展厅，一幅由18张剪纸小图组成的"仕女画"吸引了记者的目光。这是来自盘县鸡场坪乡选手金元汉的作品。54岁的金元汉说，他从小就喜欢艺术，15岁那年开始接触剪纸，打那以后就如痴如醉地迷上了这门活，并一直把它当作自己的事业发展至今。

几十年的风风雨雨，金元汉掌握了民间很多花草树木以及各种鸟类的独特剪纸技法，曾经在省、市拿过不少奖项，参加本次大赛，他除了带来花、鸟类的剪纸之外，还尝试着推出了这组新作——剪纸"仕女画"。他说，仕女画亦即美女画，是画坛中对美女画的一个沿习用词。仕女画是人物画中以女性形象为描绘对象的绘画。大都是描绘古代上层社会和宫廷生活中的贵族和名门淑女。仕女剪纸以其独特的风格、艳丽的色彩、生动的造型、纤细的线条、传神的表现力和细腻的刀法独树一帜，相对于传统仕女画，剪纸仕女图有着独特的表现力和艺术魅力。金元汉告诉记者，这次参加"两赛一会"对他启发很大，发现很多参观者很喜欢"仕女画"，他准备回去全力创作剪纸"仕女画"，让剪纸"仕女画"成为真正的旅游商品。

多年来，通过自己的勤奋努力，金元汉所创作的作品不仅得到很多艺术爱好者的认可和好评，而且还引起了有关部门的重视。目前，当地政府和鸡场坪中学已经邀请他到学校给学生上剪纸课。金元汉高兴地说，这是件好事，他会尽己所能，将自己的经验和方法传授给学生，让民间剪纸艺术流行起来，让民间千家万户都能成为加工厂，让民间剪纸艺术作品成为承载和弘扬民族民间文化的旅游商品。

独特的民间艺术蕴含着巨大的商机，但消费者也有他们的想法。一位福建的王先生谈到，本次展出的一些民间工艺品确实精美，但不易携带，难以成为真正的旅游商品。如何真正做大做强和保护六盘水的旅游商品，让我们听听有关部门以及专家的看法。

盘县代表队领队陈斌说，本次大赛举办得比较成功，展出的很多沙陶工艺美术作品有着浓厚的民俗色彩，既有传统的技法又有现代艺术的创意。但是，目前盘县的旅游工艺品原材被以低廉的价格运往北京、上海以及贵州的周边省份，经他们加工后又以高出原材料几倍甚至几十倍的价格卖给六盘水人。政府部门、专家学者应深入研究这些民间原生态文化的价值，把它们的制作技艺保留下来，并形成一个良好的环境，让广大艺术爱好者积极参与到这种文化艺术创作中来，民族文化不仅要保护，更要发展。

中国民间文艺家、著名剪纸艺术家陈文洪说，这次大赛具有很高的文化价值，大批有着浓郁六盘水民族特色的原生态作品被发掘出来。但就目前的情况来看，要重视和培育传承民族民间文化的接班人，给他们更多的鼓励和资金支持。让人们了解六盘水丰富多彩的民族文化，也为六盘水旅游商品推向市场奠定基础。建议政府部门以及组织大赛的组委会高度重视，为培育新人成立一个专门的机构，让这些能工巧匠有条件进行深入研究，制作出更多精品。

六盘水市经济和信息化委员会主任、本次大赛执行主任×××说，旅游商品是旅游产业的重要组成部分，它的开发与销售，可以把旅游信息和旅游文化传播到全国各地，对进一步丰富旅游资源，提高旅游品位，促进旅游业的整体发展有着非常重要的作用。从2006年以来，六盘水市已成功举办了四届"多彩贵州"两赛一会六盘水赛区选拔赛，四年来，全市共推出选手317人，作品308件；通过层层评比，评出省级优秀作品47件，选手41人；市级优秀作品96件，选手96人，极大地提高了六盘水的旅游商品知名度。目前，我们要抓住举办"多彩贵州"旅游商品"两赛一会"的契机，充分展示和进一步开发六盘水市旅游及民族民间文化资源，培养一批旅游商品制作优秀人才，提高六盘水市旅游商品的研发能力和生产水平，推介和打造凉都旅游品牌，拓展六盘水市旅游的知名度和市场竞争，为促进全市经济社会又好又快、更好更快发展作出贡献。（原载于 2010 年 10 月《当代六盘水》第七期）

和风细雨沁人心

—— 贵州省廉政戏剧巡演六盘水分场侧记

"廉政治国，利在天下"。7 月 12 日晚，由贵州省纪委、贵州省监察厅、贵州省文化和旅游厅共同举办的贵州省廉政戏剧巡回演出在六盘水市人大机关会场举行。演员们载歌载舞，以小品、杂技等文艺形式，热情讴歌新时期贵州省广大党员干部特别是领导干部坚持"立党为公、执政为民"，全面贯彻落实科学发展观，勤政廉政，求真务实，艰苦奋斗，开拓进取的良好风气。

"这就是我亲爱的祖国，这就是我可爱的家乡……"当晚 8 点，演出在六盘水代表队气势磅礴的大型舞蹈《盛世中华》中拉开帷幕。

此次廉政戏剧巡演，旨在庆祝中国共产党建党 90 周年，依托"弘扬廉政文化，共建和谐社会"这个理念，适应新时期廉政文化建设要求，赋予其时代精神的内涵，采用生动活泼的、人民群众喜闻乐见的艺术形式，大力营造廉政为公，勤政为民的社会风尚，进一步增强廉政文化的感染力、渗透力和影响力。通过演出活动，发挥小戏小品生活化、不说教，潜移默化、润物无声的作用，让廉政清风如和风细雨，走进千家万户，深入人心。

在演出活动中，演员们婀娜蹁跹的舞姿，一个个精彩的小品、杂技，不时震撼着现场观众的心灵，引起强烈共鸣，博得了阵阵掌声。

"为官一任，造福一方；身居高位，也要造福天下。这是一名共产党人的责任，也是为官的最高境界，又何尝不是母亲的心愿呢？"铜仁地区代表队表演的戏剧小品《母亲的心愿》，以"不能得了一个县长，失去一个儿子"为主题，通过"放三眼铳"这个既富有贵州地域色彩，又有浓郁生活气息的小事件，刻画了一个普通母亲希望身居官位的儿子清白做人的朴素心愿，深深感染了在场的每位观众。

"从今晚巡回演出的作品上看，这些剧目主题鲜明，角度新颖。多以正面艺术形象歌颂了清正廉洁、勤政为民的崇高精神。其中不乏构思巧妙，注重地方特色，强调艺术性，在创作思想和艺术风格上有所创新的优秀剧目。"在现场观看演出的一位文艺创作者告诉记者。

"都说粗茶淡饭能养人，都说洁身自好利于行；都说心底无私天地宽，都说造福他人为己任；守住清廉是本分，绝不拿老百姓的一分一文；守住清廉是天职，要为人民的利益奋斗终身。"最后，巡回演出在一曲歌伴舞《守住清廉》的歌声中闭幕。

观众们纷纷表示，这场演出精彩丰富，主题鲜明，不仅让观众欣赏到了精彩的节目，更加强了廉政知识，增强了反腐的意识，在中国共产党建党90周年即将来临之际，开展这样的文艺演出非常有意义，希望能多开展这类演出。

一名市直机关领导在接受记者采访时表示："观看这次演出，深受启发，深受教育，使我进一步增强了反腐倡廉意识。作为一名共产党员领导干部，要牢记手中的权力是人民赋予的，要为人民谋利益，立身不忘做人本色，为政不移公仆之心，用权不谋一己之私，永葆共产党人的政治本色。"

"采用这种生动和喜闻乐见的艺术形式，着力塑造党政干部无私奉献、廉洁勤政、做人民公仆、为官清廉，生动反映老百姓敬廉崇洁的朴素思想，大力营造廉政为公、勤政为民的社会风尚，我们非常赞同。"不少观众认为这种教育方式很好，人们在戏中不知不觉就接受了廉政教育，是一次难得的学习机会。（原载于2011年7月《当代六盘水》第七期）

一曲催人奋进的英模颂歌

——贵州省公安英雄模范和先进集体事迹宣讲巡回报告会六盘水专场侧记

总有一种精神让我们感动！

总有一种榜样让我们奋进！

为弘扬公安英模精神，贵州省委、省政府决定在全省各级党组织和广大党员干部中广泛开展向公安英雄模范和先进集体学习活动。日前，在六盘水市人大机关会场，鲜花衬托着报告团成员，泪水交织着每一位听众。"忠诚颂"——贵州省公安英雄模范和先进集体事迹宣讲团六盘水专场报告会在这里举行。

这是一场精神的洗礼，这是一种催人奋进的力量。报告会上，贵阳市公安局特巡警支队反恐突击大队副大队长潘琴先进事迹宣讲人姜博；中国驻海地第七支维和警队队员、获联合国"国际和平勋章"、公安部"中国维和勋章"、贵州省公安厅监所管理总队主任科员刘昆等六位同志用朴实的语言讲述了英模们打击犯罪、维护稳定、服务人民以及他们的成长轨迹和工作、生活中平凡而感人的故事，再现了他们在急难险重的任务面前挺身而出、甘于奉献的感人场景，生动诠释了公安英模对党忠诚、听党指挥、恪尽职守、无私奉献的崇高精神，生动、精彩、感人的宣讲引起了大家的共鸣，会场上不时响起雷鸣般的掌声。

广大干部群众纷纷表示，要从英模身上汲取力量，进一步振奋精神、努力工作、开拓进取，为推进六盘水市又好又快、更好更快发展，为实现2013年经济总量在2010年的基础上翻一番的目标做出新的贡献。

英模先进事迹感人肺腑

潘琴：作为人民警察危险面前应抢先一步。"危难时刻，你两度充当人质，用纤弱的身躯挡住罪恶的子弹和利刃，用勇敢和智慧，化解了顷刻间可能发生的危机。你书写了一个人民警察的铮铮誓言，你是林豹突击队侠骨柔情的'豹子头'，你是红装武装一身兼的巾帼英雄。"这是主持人在报告会现场对全国第四届"我最喜爱的十大人民警察"、全国公安一级英模潘琴真实而客观的评价。

2006年12月26日。贵阳市中心大十字一辆8路公交车上，一名男子手持射钉枪劫持一名姑娘做人质。被劫持的姑娘坐在公交车的后座上无助地流着眼泪，歹徒一手持射钉枪抵住姑娘的后脑，一手用砍刀架在姑娘的脖颈上。布满血丝的双眼、凌乱的头发、疯狂的眼神让人心悸。经过与犯罪嫌疑人的谈判，现场指挥部决定派出一名女特警化装成受害者的亲属交换人质，伺机制伏犯罪嫌疑人、解救人质。那时，潘琴作为"林豹"突击队仅有的两名女队员之一，她没有多想，上前对指挥长说了短短的一句话："让我上吧！"一身赤胆忠心，满腔爱民情怀。在嫌疑人将刀架在潘琴的脖子上，正要交换人质的一刹那，潘琴坚决地抓住犯罪嫌疑人的双手，为解救人质赢得了时间。车外的战友果断开枪，歹徒应声倒地。五年过去了，每当想起那一瞬生死之间的情形时，潘琴仍无法忘记被劫持姑娘当时求助的眼神。在随后举行的警民联谊的春节晚会上，被劫持的姑娘被请到了晚会现场。两个年纪相仿的女孩儿情不自禁地相拥而泣……

对于一般人来说，人生中能遇到一次这样的大事件，无论是幸运还是不幸都是极不寻常的。也许因为是特警吧，时隔两年多后，潘琴又一次与劫持人质事件不期而遇……

在经历了无数次生与死、离与别、喜与悲、苦与乐的考验后，潘琴的品格意志、谋略和胆识得到了一次又一次的锤炼和升华……

有同事这样说："在领导的心中，潘琴是爱岗敬业、冲锋陷阵的标兵。在群众的心中，潘琴是保卫正义、惩恶扬善的英雄。在战友的心中，潘琴是坚强勇敢、不畏牺牲的榜样。然而，现实中的潘琴却是一名平凡普通、热爱生活的女孩儿。唯一和其他80后女孩不同的是：她比别人更坚强、更能吃苦、更需要忍耐。"

六年的特警生涯，使潘琴经历了人生最有意义，最值得骄傲的一段岁月。潘琴在接受媒体记者采访时曾说：不管在什么情况下，作为一名警察，作为一名共产党员，都不能忘记自己肩上的重任，都应该成为一面旗帜，危险面前抢一步，罪犯面前胜一筹，工作面前高一格，群众面前矮一分。这样才能让党和人民放心，让老百姓满意！

刘昆：大灾显大爱　大难鉴忠诚。 "从1100名警界高手中脱颖而出，成为17名维和警察中光荣的一员。海地的400多个日日夜夜，充满了惊险和艰辛，但胸前的国旗和肩上的联合国徽标容不得他有丝毫的畏惧和退缩。他用自己的辛勤和汗水，书写人们难以想象的生命日记。"——他就是中国驻海地第七支维和警队队员、获联合国"国际和平勋章"、公安部"中国维和勋章"、贵州省公安厅监所管理总队主任科员刘昆。

"有朋友问我，你为什么要参加维和？这来源于我性格中喜欢挑战自我，想去异国他乡去帮助处于水深火热之中的人们的渴望。"带着这种决心和信心，2006年3月，刘昆从1100多名全国警界精英中脱颖而出，成为贵州省唯一入围的维和警察。2009年9月25日，他带着省厅领导、贵州3万多民警对他的嘱托和期望，抵达海地首都太子港。

刚到海地，一切对他这个维和警察成员来说既新鲜又陌生，还充满着不可预测的危险！

2010年1月12日，海地首都太子港发生了里氏7.3级强烈地震。23万人死亡，40万余人受伤，120万人受灾。

刘昆工作的办公室在联合国海地稳定团总部大楼第四层，地震使大楼粉碎性倒塌。而事发当时，他在大楼前7米远的车内幸免于难！

地震发生的瞬间，轰、轰、轰……大楼在他眼前轰然倒下，铺天盖地的尘土充斥在眼前，哀号和痛苦的呻吟不绝于耳，强烈的余震让人难以站立。突然，倒塌的总部大楼顶上有人在呼救，刘昆立即与其他国家的几名警察奋力将废墟顶上的一名女维和人员拖了下来，强烈的余震造成的二次垮塌的石块险些砸伤他的脚。就在此时，废墟顶上又有一只手伸出来，他又冒着危险协助其他维和人员将第二名幸存者抬了下来。这时压在总部入口大厅的一名门卫在呼救，当他想再次冲过去时，一名防暴队员一把抱住他，大叫道："你不要命了！"几乎是同时，"嘣"的一声，一块巨大的石头从门厅上方落在他想要冲过去的地方，他又一次与死神擦肩而过！

15 日凌晨 3 点，第一具遗体挖掘出来了，是中国公安部警务保障局的王树林；紧接着是防暴队的新闻官钟荐勤，他是刘昆在海地最亲近的兄弟和战友，他甚至没有亲眼见过才 4 个月大的女儿，可是骨肉亲情竟从此永诀！最后是维和警队长赵化宇。他刚到海地就染上了登革热，他顽强地战胜了病魔，却被无情的灾难夺去了年轻的生命。

18 日清晨 8 点，海地太子港中国防暴队营地，肃穆、静立，他们的心在抽泣，白花、蓝盔，向最亲密的战友敬礼！

送别战友，还得回到救灾和重建工作中来，震后的海地，社会治安秩序混乱，工作危险程度高。由于局势一度紧张，游行骚乱加剧，4 月底，刘昆被下派到天天有枪杀案发生，每天都会发现不明尸体，经常有各种集会、游行、骚乱的太子港加乐福警局参与巡逻办案。

在阳光和高温下，刘昆的衣裤被汗水浸透了一次又一次，又被阳光晒干了一次又一次；他多次组织震后的食品和救灾物资的分发；在暴雨中，与各国同事驾车前往小山村抓捕犯罪分子；与当街持枪抢劫杀人暴力罪犯发生枪战；在午夜带领海地警察、维和部队到深山查找嫌疑人，因车辆打滑，险些坠入山谷……

"回首在海地的 400 多个日日夜夜，充满了惊险和艰辛，但胸前的国旗和肩上的联合国徽章不准许我有丝毫的畏惧和退缩。自己的辛勤和汗水没有白流，我为海地人民、为世界和平作出了我应有的贡献。"面对记者的采访，刘昆的话语充满坚毅和自信。

卢运司：扎根村寨献真情。"一个乡村民警 20 年如一日，始终默默坚守那份执着，坚守那片属于自己的阵地，无怨无悔、矢志不渝。他时刻牢记'人民警察为人民'的誓言，走访赢得众人心，真情奏出爱民曲。"他，就是"全国公安机关爱民模范"、六枝特区公安局落别派出所民警卢运司。

在一个偏远派出所干驻村民警工作，没有刑警出生入死、拳脚相加的殊死搏杀，没有隐蔽战线神秘莫测的奇险经历，也没有禁毒战线惊心动魄的场景，更没有令人感动的、可歌可泣的离奇故事。

他每天面对的是崇山峻岭和生活在贫瘠山区的村民，走村串寨，巡查防范，周而复始，平淡无奇。

从警二十多年，卢运司始终默默坚守在那片属于自己的阵地，无怨无悔。他说："20年来，我只是尽了一己之力，做了应该做的分内之事。但党和人民却给了我很高的荣誉，我先后被评为'全国公安机关爱民模范''全国公安机关实施社区和农村警务战略先进个人'，个人记功嘉奖不计其数。2010年3月26日，在北京还得到党和国家主要领导人的亲切接见，令我终生难忘。我所在的警务室管辖的辖区面积34.5平方千米，有5个行政村31个自然村民组，人口3282户14 957人。治安管理任务繁重，人员复杂，工作量大，工作环境较差。面对这样的环境压力，我从点滴做起，把村寨当作自己的家，把群众当自己的亲人，把群众的事当自己的事。"

群众是最讲实惠的，"说一万句好话，不如办一件实事"。于是，卢运司带着真情到群众中去，诚心诚意与群众沟通交流，将心比心，以心换心。他觉得与群众拉家常是一种很好的方法，这可以与群众建立良性的互动，打开群众的心扉，消除矛盾。有时，民警在群众工作中会感到委屈，觉得自己明明是为群众着想，为群众办事，但是老百姓就是不买账。究其原因，就是群众对我们的工作不了解。

人民警察要得到群众的信任和支持，不是靠权力，而是要靠自身的工作实绩、作风和人格魅力。

要做好群众工作，他总结出了四个字："勤、创、防、情"。

针对辖区离派出所较远，群众办理二代身份证及户口业务很不方便的情况，卢运司采取在警务室公告栏上写出公告的办法解决这一问题：凡是警务区群众办理和领取二代身份证和户口本，都可到警务室由卢运司来代办。

六年多来，卢运司为群众代办户口本计900多个，发放二代身份证6000多张，为群众节约交通费10万余元。

卢运司在接受记者采访时表示：群众工作是公安机关永恒的主题，公安机关的性质决定了群众工作贯穿于公安工作的始终，坚持群众路线是公安工作长盛不衰的重要保障。在今后的工作中，他将一如既往地树立群众工作的观念，坚持"大走访"，坚持"开门评警，在实践中继续为公安工作和群众利益献出自己的光和热"。

英模的先进事迹催人奋进

英模精神是一种感人至深、催人奋进的力量,英模的先进事迹起到了示范效应和引导作用。报告会后,六盘水市各级各部门掀起了学英模、树正气、促和谐、谋发展的新高潮,全市上下迅速形成了学习先进、崇尚先进、追赶先进、争当先进的浓厚氛围。

"聆听英模先进事迹,让我真切感受到了英雄模范、共产党员关键时刻'站得出来、豁得出去'的先锋本色。我们要宣传和学习英模先进事迹,积极投入创先争优、'三个建设年'和'四帮四促'活动中,团结和号召广大党员干部和基层党组织为六盘水经济社会发展做贡献。"市委组织部一干部动情地说。

市委宣传部一中层干部听完报告后深受鼓舞。他说:"六位英模是贵州省千千万万公安英模的代表和缩影,作为党的宣传战线的干部,我们要组织开展多种学习活动,让更多人知道和学习英模的事迹。同时,树立自己的人生目标,立足本职、扎根基层,实实在在为人民服务。"

"全国公安二级英模、安顺市公安局开发区分局西航派出所所长秦祖德做报告让我感动,他18年的从警经历铸就了一名人民警察的生死观,视保护人民为天职,他用自己的身躯为百姓构筑了一道安全屏障。作为一名公安干警,我将在今后的工作中以英模为榜样,牢固树立立警为公、执法为民的意识,为六盘水市经济社会发展和治安稳定做出应有贡献。"市公安局钟山公安分局民警袁科说。

"全市各级各部门、广大党员干部要以这次报告会为契机,广泛、深入、持久地掀起崇尚先进、学习先进、争当先进、赶超先进的热潮,把报告团宣讲的先进事迹作为当前开展'三个建设年''四帮四促''创先争优'等系列活动最生动、最鲜活的教材,结合我们实际,扎实深入地开展'学先进典型、创一流业绩'的活动。要通过学习,进一步引导和激励广大党员干部振奋精神、干字当头、激情创业,为推动六盘水经济社会快速发展,确保2013年全市经济总量翻一番的目标打下坚实基础。"市委常委、副市长在报告会上强调。

市委常委、市委政法委书记×××在总结讲话时强调，全市正在大力实施"工业强市、城镇化带动"和"加速发展、加快转型、推动跨越"的发展战略，精心打造"创业、活力、生态、宜居、平安、文明"凉都。各级各部门要按照省委、省政府和市委、市政府的要求，把学习英模与"创先争优、三个建设年、四帮四促"等活动有机结合起来，立足本职、埋头苦干、攻坚克难、勇争一流。

报告会结束后，贵州省宣讲团与六盘水市直有关部门就聆听报告后的感想进行了座谈。广大政法干警、武警官兵纷纷表示，报告团讲述的一个个可歌可泣的英雄模范事迹，感人肺腑、催人奋进，在以后的工作中，将以各英模及先进集体为楷模，发扬优良传统，坚定理想信念，践行执法为民，创造无愧于历史、无愧于时代、无愧于人民的业绩；同时，将立足本职工作，为六盘水经济社会发展做出新的更大的贡献。

编后语：近年来，全省各级公安机关围绕中心，服务大局，忠实履行职责，为贵州经济发展和社会和谐稳定作出了积极贡献，涌现了一批英雄模范和先进集体，赢得了社会各界的赞誉。虽然来自不同地区，在不同的岗位上工作，但他们都用自己的辛勤劳动在平凡的岗位上作出不平凡的贡献，谱写了可歌可泣的动人赞歌。他们的英模行为向全国、全省各族人民展示了贵州公安队伍的良好形象，彰显了特别能吃苦、特别能战斗、特别能奉献的贵州公安精神。

目前，全市上下正在全面开展"创先争优""三个建设年""四帮四促"活动，英模的先进事迹将成为创先争优活动最鲜活、最感人的生动教材。学英模、树正气、促和谐、谋发展正成为全市人民共同的价值取向和自觉行动。广大党员干部将以此次英模报告会的举办为契机，迅速在本系统、本单位、本部门掀起学习、宣传英模事迹、弘扬英模精神的热潮，把学习英模精神与深化发展思路结合起来，与深化项目推进结合起来，与深化作风建设结合起来，进一步激励全市各级党组织和广大党员干部干事创业、奋发有为、增比进位、创先争优，形成推动全市"加速发展、加快转型、推动跨越"的强大动力。（原载于 2011 年 9 月《当代六盘水》第九期）

保民生、保生产、保稳定
——六盘水市广大干部群众奋起抗击凝冻灾害纪实

编者按：冰雪无情笼罩，刺骨严寒逼人。今年1月以来，全市4个县区均遭遇罕见的持续雨雪和低温凝冻极端天气。电力供电线路覆冰情况严重，六盘水市供电局所辖404条10～110kV输电线路中，覆冰线路112条，线路最大覆冰达50毫米，严重威胁电网的安全稳定运行。境内各主要交通道路（除水黄公路全线保畅通外）路面凝冻较重，煤、电、油运不畅，给人民群众的生产生活造成了严重影响。灾情发生后，市委、市政府高度重视，全市各级各部门按照中央、省委、市委的要求，结合当前开展的"四帮四促"活动，工作早部署、早行动，集中打响了一场抗凝冻、保民生、保生产、保稳定的"一抗三保"战役，以实际工作成效实现了中央、省、市提出的"三保"目标。

低温、冻雨、暴风雪、通信不畅。

停电、路封、人滞留、雪凝肆虐……

1月1日至31日，历史上罕见的低温雨雪凝冻天气侵袭了全市大部分乡镇。一时间，风霜雨雪，冰冻三尺，凉都大地转眼间就从清风徐徐的深秋掉进天寒地冻的严冬。

灾情期间，全市各级各部门1400余名领导干部深入一线，26000余名党员战斗在一线，帮助困难群众80000余人次，解决实际困难和问题18万余件。确保了全市生产生活正常有序，物资供应充足、价格平稳，社会秩序稳定。

据统计，截至1月31日，全市98个乡镇最低气温在0摄氏度以下，灾害造成农作物受灾面积17684.8公顷（其中农作物成灾面积10931.5公顷）、农作物绝收面积2270.57公顷。因灾死亡大牲畜2396头、饮水困难大牲畜815头。因灾倒塌房屋1220间、损坏房屋4699间。灾害造成660040人受灾、乡村饮水困难人口10.85万人，因灾生活困难需救助人口146 726人。灾害造成全市直接经济损失54 756.088万元。

领导干部执政能力的大考

2011年，既是"十二五"的开局之年，又是新一轮"西部大开发"的起步之年，也是市委关于"加速工业化、加快城镇化、推进农业产业化"发展战略的起跑之年。然而，老天却给了我们一个低温雨雪的"见面礼"。这是对民生的开年大考，也是对全市各级党委、政府以及广大党员领导干部执政能力的大考！

面对罕见的极端天气，市委、市政府紧急行动，结合低温凝冻天气情况及时并多次组织召开常委会、专题会，研究部署抗击凝冻灾害工作，提出了当前抗击凝冻灾害工作的重点：保障电力、管道燃气、供水、煤炭、成品油料供应和通信畅通；保障应急救援物资和城乡群众生活物资储备和供应，积极关心和妥善安排受灾群众、困难群众及弱势群体的生产生活；保障交通运输安全畅通，加强对高速、高等级公路和国、省、县道和桥涵及道路风口等易凝冻路段的巡查，加强滞留人员的救助与疏导，切实做到不安全不出行。

同时出台了《关于在抗凝冻灾害工作中严肃工作纪律的通知》，要求各级各部门各单位要严格政治纪律、工作纪律、财经纪律，强化领导责任，加强监督检查，按照市委、市政府的决策部署做好抗凝冻灾害工作，确保各项措施落到实处。

"未雨绸缪，防微杜渐"。2010年12月31日，雨雪凝冻灾害刚刚露出端倪，全市各级各部门充分总结和吸取2008年抗击凝冻灾害的经验，结合当前开展的"四帮四促"活动，工作早部署、早落实、早行动，扎实稳妥打响抗击凝冻灾害"战役"。市民政局共储备了大衣2390件、棉衣2678件、棉被2456床、鞋类1920双、帐篷510顶，为做好今后抗凝冻灾害工作提供了坚实的物质基础。

凝冻伊始，市委主要领导就密切关注着百姓受灾情况，时刻牵挂着全市广大人民群众的日常生产生活。

1月1日，市委主要领导走进城区多家超市，亲切与市民、商家交谈，仔细询问超市物价、货源储备等情况。1月5日，市政府召开全市应对低温凝冻天气紧急会议，会议提出，要做好物资保障，确保市场物资供应充足研究部署应对措施，保证人民群众正常生产生活秩序。

1月7日，市中心城区最低气温达到零下2摄氏度，地上结着一层薄薄的冰，天上飘着细细的雪花。市委主要领导冒着严寒，来到102省道梅花山段、市客运中心站，亲切看望了战斗在抗冰一线的交通、交警、客运工作人员。一路上，在听取了市公安局副局长肖锋、市交警支队支队长肖开荣简单的情况汇报后，市委主要领导说："在凝冻天气期间，我市境内一定要确保不能出现重大事故！"并一再叮嘱相关部门负责人，一定要做好一些重要路段（如：八担山、水黄路、红花岭和乡间公路）的安全管理工作；派出所民警要切实履行职责，对辖区内的危险路段，该封就封，做到不安全不出行；要做好车辆滞留人员的保暖、饮食保障工作。

1月10日上午，市委主要领导主持召开市委常委专题会议，在听取水城县、钟山区及市供电、供水、燃气、气象、交通、公安、公路、民政等部门抗击灾害情况汇报后指出，六盘水市各级各有关部门应对凝冻灾害预警早、行动快、效果好。当前凝冻天气在继续，灾情进一步加重，各级各部门要进一步树立"抗凝冻、保民生、保生产、保稳定"的思想，充分发挥基层组织战斗堡垒作用，切实保障人民群众的生产生活。

1月17日，突降的大雪加重了六盘水市的凝冻灾情，在贵阳参加省"两会"的市委主要领导对做好当前的工作提出要求，全市各级各部门要按照省委、省政府应对低温凝冻灾害的6个紧急通知精神，进一步树立"抗凝冻保民生"思想，切实做好"三保"工作。

打好抗击凝冻灾害这场硬仗

1月10日中午，市委主要领导赶到马落箐垭口、濫坝镇白腻村，实地察看灾情，了解水玉线110千伏高压输电线路直流覆冰、红山支线罗家寨分支线55至60号电杆倒杆抢险情况，对广大电力工作者坚守岗位和辛勤劳动表示感谢。他强调，电力供应事关全市大局，凝冻灾害还未过去，电力部门要再接再厉，全力以赴，确保电力设施安全稳定运行，坚决打好抗击凝冻灾害这场硬仗。

雪凝期间，全市各级各部门按照市委、市政府的要求和部署，纷纷行动起来，采取有力措施应对低温凝冻天气，齐心聚力抗冰斗雪，千方百计保生产、保民生、保稳定。

六盘水供电局启动自然灾害应急预案，成立抗冰保电应急指挥部，密切关注电网负荷变化，合理安排运行方式，做好抢修物资和应急发电车的应急响应准备，防范大面积停电的发生；水城供电局成立了抗冰抢险党员突击队和青年突击队。

各级经信部门积极采取措施，实行日调度、周通报、月考核等制度，在安全生产的前提下，保证电煤正常供应。

随着凝冻天气的不断加剧，从1月6日起，六盘水供电局进入Ⅱ级自然灾害应急响应。

六盘水供电局要求，面对突如其来的凝冻灾害，电网面临的严峻形势，广大电力系统的党员、团员青年要坚守各自工作岗位，发扬特别能奉献的精神，全力做好抗冰保电后勤保障工作；同时向广大用电客户做好沟通解释；积极收集和报道抗冰保电中涌现出来的先进人物和典型事迹；从身边小事做起，共同携手，用实际行动兑现"主动承担社会责任，全力做好电力供应"的使命，为夺取抗冰保电的全面胜利而共同奋斗。

8日夜，负责维护220千伏盘水线的贵州电网公司运检公司盘县工作站紧急报告：在盘县普古乡境内的盘水线93至94号塔之间，有大约40米长的导线覆冰厚度目测值已达30毫米，直逼线路设计覆冰承受值。

220千伏盘水线是连接盘县、水城两个片区电网的重要线路。一旦盘水线出现故障，整个六盘水电网的安全稳定运行就会受到严重影响，可靠性将大幅下降。

9日上午，盘县工作站技术人员再次赶到现场查看。导线覆冰有增无减，盘水线告急！

贵州电网公司中调下令：对220千伏盘水线实施直流融冰。9日下午3时，技术人员操作融冰装置，开始为线路升流。下午3时20分，看似一条银蛇的线路开始慢慢"苏醒"——线路覆冰较薄处开始渗出水晕，一点点缓慢滴落……下午3时30分，随着电流缓缓升至830安，220千伏盘水线93至94号塔之间响起了"哗哗"声，线路上的冰块一段段往下掉落，盘水线融冰成功。

六盘水供电局党委还向全局发出抗冰保电倡议书，要求各级党委要充分发挥政治核心作用、战斗堡垒作用，党员、团员青年要发挥先锋模范作用，身先士卒，不畏艰辛，全力以赴做好抗冰抢险保电工作，做到哪里有险情哪里就有共产党员、共青团员，哪里困难最大哪里就有党组织、团组织。

截至 1 月 30 日 17 时，输电线路累计跳闸条数 80 条，累计造成损失 3 149 799 元，对影响客户供电的故障，全市电力系统及时组织人员快速抢修恢复供电，确保了电力的正常供应。

齐心聚力战冰雪保安全出行

1 月 11 日，市委副书记到六枝特区看望慰问困难群众时指出，当前正值低温凝冻天气，全市上下正在积极开展"抗凝冻、保民生、保生产、保稳定"工作，各级党委政府要千方百计做好抗凝冻工作，客运部门要做好客运车辆的检查工作，确保车辆的安全出行，保证旅客走得好，走得安全。

市交通局、水城公路管理局、市公安交警支队形成联动机制，保障公路客运安全运输，全市公路部门投入人力 2319 人次，出动救援车辆机械设备 255 台次，保畅撒盐 862 吨、撒防滑沙 1511.5 立方米，组织运输滞留乘客 1766 人。

交警部门从元旦开始，及时采取措施抗凝冻，启动应急预案，及时掌握路面变化情况，制作提示牌提醒过往车辆司乘人员注意交通安全，对凝冻严重的道路实行交通管制，有效预防和遏制了重特大道路事故的发生。同时对运送鲜活农副产品的车辆开放绿色通道，确保鲜活农副产品通道畅通。

运输管理部门针对凝冻天气对道路旅客运输安全的影响，加强发班车辆检查，协调民政部门及时做好食品、药品和工业盐等物资储备工作，确保乘客出行安全。

6 日凌晨，102 省道梅花山路段，一辆从威宁装运 97 头生猪前往重庆的三桥大货车在行至 102 省道梅花山段时，因路面凝冻刹不住车，车前左轮侧滑掉进公路左侧边沟里，在交警部门的帮助下成功脱险。

为了保障驾驶员等交通参与者的人身安全，水城县境内道路尤其是省道凝冻现象严重时，交警对道路实行全线封路。"这几天从早上 7 时起就实行交通管制了，我们要对凝冻严重的路段沿途撒盐，使路面的凝冻融化后，再由警车带领滞留的车辆通行。此外，我们在重点路段，还会加派警力。"一名交警一边向记者介绍着情况，一边向路上行驶中的车子嘱咐道，"路上滑，慢慢走，保持车距。"

因气候恶劣，8日以来，六盘水至纳雍、威宁、赫章的客运车辆停运，8日、9日、10日三天每日平均滞留旅客200余人。针对滞留旅客的现状，钟山区道路运输局积极与民政部门联系，在站台内放置方便面、面包等食品及棉被，给一些生活困难的群众提供便利，并耐心地向旅客们做好安全宣传，在他们的宣传下部分旅客转从贵阳方向绕行。市交通局还为水城客运公司送去2万元取暖补助金，以帮助客运公司为滞留旅客做好取暖、热水供应等服务，为旅客提供一个温暖舒适的环境。

14日下午4时许，我市和毕节交警、公路等部门采取了撒盐除冰等措施，并用警车开道将23辆滞留客运车辆带出凝冻路段。

凝冻期间，水城汽车站一直与严寒凝冻赛跑，如果公路实行交通管制，他们就暂停不能运行的客运车，并随时与交警保持联系，接到道路放行的通知后，在极短的时间内安排发班。在与凝冻的"争夺战"中，水城汽车站共安全发送旅客2万余人。

绝不能让困难群众挨冻受饿

自凝冻发生以来，全市各级各部门领导积极行动，深入到联系点、基层一线和灾害一线开展调查和帮促活动。凝冻期间，市委副书记来到受凝冻灾害最为严重的堕却乡堕却村看望慰问了低保户、残疾人、退伍老军人和敬老院老人，为他们送去了慰问金和物资。市委副书记说，各级各部门要做好打持久战的准备。要多走访困难群众，要让他们有肉吃、有酒喝、有火烤，坚决不能让困难群众挨冻受饿。

1月11日，市委副书记实地查看了六枝特区旧院水厂、客车站、农贸市场、地质灾害搬迁点的受灾情况后强调，供水部门要加强管理，保证质量，确保群众喝上干净水、放心水，要做好防冻措施，做好供水预案；当地政府要做好菜源储备工作，切实保证群众"菜篮子"。

市民政局以保障民生为重点，组织领导全市各级民政部门开展抗灾救灾工作。召开 7 次局长办公（扩大）会议研究抗灾保民生保稳定工作，先后下发 5 个文件进行安排部署。建立了市民政局领导班子成员联系县（特区、区）抗灾救灾工作制度，带队深入灾区困难群众开展抗灾救灾工作，把党和政府的温暖关怀及时送到受灾困难群众中。

2010 年底至 2011 年 1 月，全市各级民政部门及时下拨中央、省级补助资金 2030 万元，市级投入资金 45 万元，县级投入资金 324 万元，发放现金 756.8 万元；先调拨 4000 件（床）棉衣被给灾区困难群众，不久又报请省民政厅增拨 4000 件（床）棉衣被。全市发放棉衣 13010 件、棉被 15150 床、毛毯 570 床、粮食 1185.23 吨、菜油 2 万余千克、面包饼干矿泉水等 2595 盒（件）；转移安置 36702 人，实施生活困难救助 135735 人。全市妥善安排和保障了受灾困难群众的基本生活。加大了流浪乞讨人员救助力度，在灾害期间对城市流浪乞讨人员发现一起救助一起，确保流浪乞讨人员不受冻、不挨饿。

受凝冻低温的影响，水城县不少畜禽受灾严重，仅黄友平家已死亡山羊 43 只，直接经济损失 6000 余元。灾情就是命令，水城县农业部门积极组织抗灾救灾，在深入村寨了解灾情的同时，要求兽医部门深入养殖场，积极组织养殖户及时备草备料，加强对畜禽的饲养管理，注意保温防寒，将老百姓的损失降到了最低点。

据市商务和粮食局有关负责人介绍，为了保证凝冻期间的物资供应，从 12 月底以来，他们在康乐等 6 个农贸市场设立了政府平抑市场物价供应点，还与多部门联动，严厉打击市场哄抬物价等行为，切实保障市民的"菜篮子"。凝冻期间，全市物资供应充足，部分新鲜蔬菜价格略有上涨，大米、食用油、肉类、蛋类等副食品价格基本平稳。

凝冻灾害期间，《六盘水日报》《凉都晚报》、六盘水电视台、六盘水人民广播电台等媒体及时报道了市委、市政府的部署安排，宣传了广大干部群众迎战暴风雪的感人事迹，营造了雪凝无情人有情、众志成城渡难关的良好舆论氛围。广大群众积极响应号召，清扫道路积雪，开展互助互济，弘扬了一方有难、八方支援的传统美德。

雪凝灾害，涌动着浓浓真情，见证着知难而上、勇于担当的民族精神，体现出凉都广大干部群众强大的向心力和凝聚力。

编后语：灾难面前，我们没被压倒。冬天过去了，我们又迎来了万象更新的春天，"十二五"已经开局、新一轮"西部大开发"的号角已经吹响，全市上下正按照"加速工业化、加快城镇化、推进农业产业化"要求，积极开展"创先争优""三个建设年"和"四帮四促"活动，围绕"加速发展、加快转型、推动跨越"的主基调阔步前行……（原载于 2011 年 2 月《当代六盘水》第二期）

沐浴春风展新姿
——六盘水市扶持微型企业发展工作走笔

万物复苏，春风涤荡，百花怒放。

在凉都，扶持微型企业发展的声音，正成为嘹亮的号角，正成为集体的合唱。

2012 年，凉都人民与"微型企业"这个新鲜而陌生的词撞了个满怀。截至 3 月底，六盘水市共有 372 户微型企业通过评审和注册登记。

遥远创业梦，如今把梦圆。下岗失业人员、大学毕业生、返乡农民工，还有退伍军人、残疾人……创业对他们来说，不仅是创造财富的起点，更是释放才能的起点。

六盘水市出台多条扶持微型企业发展意见，在注册登记、补助信贷等方面推出诸多优惠举措，为微型企业的成长插上腾飞的翅膀。

喜圆创业致富梦

"发展微企不动摇，富民政策架金桥"。自从六盘水市扶持的第一家微型企业六盘水雅思特商贸有限公司注册登记后，一石激起千层浪，众多创业者群起呼应，微型企业如雨后春笋应运而生。

"现在我市微型企业发展势头很好，机会千载难逢，扶持力度很大，于是我下决心创办自己的企业。"六盘水市 2012 年首批微型企业创办者张麒激动地说。

32 岁的张麒，1998 年高中毕业后，到深圳学习电脑维修和广告设计技术，随后踏上艰辛的求职道路。12 年来，他曾当过网吧网管员、电脑技术员和销售员。

张麒激动地说，每个人心里都涌动着成就事业的梦想，都希望创业，以前苦于缺乏资金、项目和政策支持，创业路途异常艰辛。但现在不一样了，政府大力扶持微型企业，为我们搭建实现梦想的平台，我们要紧紧抓住这个机会。

微型企业借势发展，张麒看准时机，依靠积累的创业经验和资金，创办了自己的电脑公司，开始自己给自己打工，自己给自己当老板。

范茂春，大学毕业便遇上扶持微型企业发展的好机遇，他独辟蹊径，风风火火地干起了自己的新事业，于 2011 年 11 月 15 日成立了六盘水茂颖商贸有限公司，专门经营针纺织品、家具、建材等业务。公司刚成立两个月，两单生意便迎面而来，一下赚了几万元，掘得了不小的一桶金。

市工商局负责人说，虽然六盘水市现在微企发展还处于起步阶段，但创业者情绪高昂，信心十足，准备借扶持微型企业发展的"春风"大干一场。

微型企业，如今成了创业者的"香饽饽"和"好蛋糕"，六盘水市创业者争创微型企业，争做小老板的热闹场面正在形成。

截至 3 月中旬，六盘水市微型企业创办者共提出申请 2348 户、通过初审 1358 户、名称核准 1818 户、通过评审和注册登记 372 户。

政策吹来好"春风"

大思路决定大动作，大动作决定大手笔。

秀蕴天机的凉都，各种扶持微企发展的好政策纷至沓来，凉都微企迎来了政策的好"春风"。

1 月 12 日，国务院下发了《关于进一步促进贵州经济社会又好又快发展的若干意见》，提出要"大力发展劳动密集型产业、服务业和小型微型企业"。

按照"政府促进、社会支持，市场导向、自主创业，就业为先、定向扶持，加强监管、防范风险"的原则，今年 2 月，贵州省政府也出台了扶持微型企业发展的意见，鼓励和支持微型企业发展。

市委主要领导说，发展微型企业，是富市富民和适应六盘水经济社会形势的需要，必须抢抓机遇，大势发展。

早在 2010 年底，市政府主要领导在全市创建省级创业型城市动员大会上就提出：要在全市筹集 4000 万元创业基金，收集 100 个创业小项目，培育 2 个创业孵化基地，培训 2000 名创办微型企业或小企业的创业者。六盘水市在全省率先开展微企发展工作。

发展微型企业，打造创业城市。六盘水市运筹帷幄、高瞻远瞩，一系列直奔微企发展的帮扶政策和优惠措施密集出炉。

2011 年，六盘水市将发展微型企业工作列为创建省级创业型城市的亮点工程，及时出台了《市人民政府关于大力发展微型企业促进创业型城市建设的意见》。

市微企办主任、市工商局局长房国剑说，六盘水市将重点扶持加工制造、科技创新、创意设计、软件开发、民族手工艺品加工和特色食品生产等行业的微型企业。扶持的对象包括高校毕业生、失业登记人员、失地农民、残疾人、退伍军人等。

为确保微企扶持工作有机构、能落实，六盘水市成立了由分管副市长任组长的市微型企业发展工作领导小组，明确人资社保、工商、财政、税务、金融等部门分工协作、各负其责、齐抓共管。

六盘水市积极筹建微型企业孵化园和小微企业创业园。红桥新区小微企业创业园正抓紧建设，钟山经济开发区已着手培育储备具有发展潜能的微型企业。

关注微型企业的"生命周期"，提高微企的"出生率""成活率"和"见效率"。六盘水市建立微型企业创业扶持评审制度，聘请了首批 27 名创业指导专家，专门为微型企业把脉会诊，出谋划策。

有了目标和政策，有扶持微企发展的扎实举措，凉都微企发展的思路更加清晰，目标更加明确，步伐更加坚挺。

春风吹开花千树。鼓励和扶持微企发展的各项政策，正如一阵阵春风，使创业者的创业梦想鲜花绽放，硕果累累。

输送"血液"解难题

资金是企业的"血液"，任何企业的生产和发展，都离不开资金的循环，刚刚孕育孵化，正力求发展壮大的微型企业更是如此。

补贴、贴息贷款、减免……是六盘水市扶持微企发展打出的"组合拳"。六盘水市扶持微型企业发展采取的"3个15万元"政策，即如果投资者出资达到10万元，政府就给予创业者5万元的补助，15万元的税收奖励，15万元的银行贷款支持。

"3个15万元"，是令凉都微企创业者激动的数字，是扶持微企发展的利好消息。而这几个数字，打消了无数创业者的担忧和顾虑，解决了创业者的资金瓶颈。

六盘水市扶持微型企业发展的创业扶持补贴，包含一次性创业补贴、经营场所租金补贴、一次性扶持补贴、创业实训基地实训补贴、就业小额担保贷款担保及贴息，这大大缓解了创业者的融资压力。

给创业者"减负"，微企行政事业性收费实行"零收费"。创业者在递交项目计划书后，工商、税务等部门将依法免收所有涉及微企创办的管理类、登记类、年检费、证照类等行政事业性收费。

在县、区，盘县、水城县已分别拨付125万元作为微企发展扶持资金进行资金补助，小额担保贷款和贴息等微企扶持政策正得到有效落实。

政府搭台，银企"联姻"，企业"唱戏"。六盘水市加强银行、担保公司和企业合作，切实拓宽信贷渠道，解决微企融资难题。

钟山区农村信用社与小微企业构筑伙伴关系，携手小微企业共同发展。截至2011年12月底，钟山区农村信用社已扶持小微企业900余户，并已为辖区内5200余户小微企业建档评级。

3月10日，为让创业者有效获得信贷帮扶，市、县微企办还组织银行专家向创业者讲解信贷、抵押等方面的政策知识，提供专门的服务。

说起"3个15万元"等扶持政策，张麒深有感触地说，实在的扶持政策成了微企发展的"起跳板"和"助推器"，必将使微企不断发展。

构筑"暖巢"优环境

枝繁巢暖凤自栖。六盘水市多举措优化环境，孵化微企蓬勃发展的温暖"巢穴"。

六盘水市相继出台了《关于对大力发展微型企业促进创业型城市建设意见有关工作目标责任进行分解办理的通知》《关于做好微型企业创业扶持管理工作的通知》等制度，确保微企发展有责任、有落实、有成果。

动真情排忧，用真心解难，快速度运作，高效率办事，我市积极开通各种"绿色通道"，提供"绿灯"服务。

市微企办负责人说，发展微型企业，从规划发展、前期宣传到注册登记、行政审批，几乎是"一条龙"服务，直至扶持微型企业发展步入正轨。

全市工商系统及时开通了微型企业咨询平台和绿色办理通道，全面实行优先受理，确保微企快速登记、快速办照。

市财政、税务等部门，也纷纷建立和完善微企服务机制，转作风、提效率、优服务。

而在各县、区，也纷纷采取强有力的服务措施，提供优质、方便、快捷的服务，助推微型企业发展。

六枝特区设立专门的微企申报办理窗口，对有创业意向群体倡导"引导服务"，做到"即时服务"，实行"友情服务"，提供"延时服务"。

盘县畅通"绿色通道"，设立"创微"服务窗口，落实首问责任，实行代办快办，真正做到快速受理、集中审核和即时办结。目前，盘县（含红果经济开发区）已对387户微企代办名称进行了预先核准。

水城县实行符合条件的"马上办"，不符合条件的"指导办"，边远乡镇"上门办"，预约服务"随时办"。努力做到政策宣传"零遮盖"，联系工作"零距离"，全程服务"零保障"，登记注册"零收费"，工作人员"零违纪"。

各种服务微企发展的有效举措，推动了微企的快速办理，提高了微企创办者的满意度，成了孵化微企发展环境的"暖巢"。

"镀金"培训强技能

授人以鱼，更要授人以渔。

实施"镀金"培训，提高创办能力，是六盘水市强抓微企业发展工作的闪光点和有效抓手。

近期以来，六盘水市紧贴实际，变创业培训"软任务"为"硬指标"，让创业者"要我学"变"我要学"，不断推动创业培训向普惠型发展，切实提高微企创办和发展能力。

六盘水市各地创业培训班纷纷开班。

3月2日，2012年水城县微型企业创业第一期培训班开班，来自水城县各乡镇的150名学员接受了为期10天的创业培训，水城县微型企业创业培训正式展开。

3月6日，钟山区2012年第一期微型企业创业培训开班，240名获得创业培训参训资格的准企业家集体走进了课堂，学习微企创办的各种政策和知识。

翻看微企培训"课表"，当前企业发展形势、企业创办及管理，企业法律法规等专题培训，无不剑指新形势下的微企发展。

市商业银行、钟山区信用联社、市农业银行、水城县蒙银村镇银行的专家们，也走进课堂为微企创办者讲解金融信贷等方面知识，及时给微企创办者补课授学。

2月下旬至今，六盘水市共培训微型企业创办者450名。通过开展创业培训，提高创业能力，增强创业自信。

人人办微企，个个当老板。六盘水市积极拓展创业培训覆盖面，将创业培训扩大到复转军人、失地农民、农民工、残疾人等各类创业群体。

水城县南开乡自乐村学员龙尚勤说，他以前从来没有参加过这样的培训，通过创业培训学习，准备回家乡搞黑山羊养殖。说到资金和技术问题，龙尚勤信心十足。

开阔了眼界，增长了见识，这是参训学员的集体心声。家在水城县米箩乡草果村的25岁青年焦忠义说："参加了县里举办的创业培训班，学到的很多知识很实用。政府政策太好了，我要在家乡种植乌天麻。"

承载殷殷期望而来，满载技术自信而归。通过培训，那些"镀金"的创业者，必将在微企业发展中大展身手，真正成为真金的掘取者，致富的带头人。

微企发展的政策"春风"，催生微企"雨后春笋"般发展。展望我市微企发展的锦绣画景，及不可当的奋进之势，必将实现无数创业者的希望和梦想，为六盘水市创建省级创业型城市，建设"五个六盘水"锦上添花。（原载于2012年4月《当代六盘水》第四期）

水利事业建设史上的又一大手笔
——六盘水市双桥水库供水工程开工典礼见闻

2010年11月29日，是一个不寻常的日子。

这一天，水城县保华乡岔河村临时推平的广场上锣鼓喧天、彩旗飘扬。仅次于黔中水利枢纽工程的贵州省"滋黔"二期项目中最大的重点项目——双桥水库供水工程正式破土动工。

六盘水人多年的企盼与梦想，在这一刻得以实现！

双桥水库供水工程总投资突破14亿元，可谓六盘水市水利建设史上的又一大手笔，将有力推动六盘水市水利事业的全面进步！双桥水库的建设，必将为促进全市经济社会更好更快、全面协调可持续发展发挥重要作用。

一

清晨的山坳，到处是欢歌笑语。双桥水库供水工程开工典礼仪式现场，人头攒动，热闹非凡。

工程车披红挂彩整齐摆放，一个个硕大的气球挂着"加快推进水利基础设施建设，大力促进经济社会协调发展；优质高效搞好双桥水库供水工程，为我市人民造福"等标语徐徐上升，七八个拱形气球门上写着"坚持聚精会神搞建设，一心一意谋发展；坚持生产发展，生活富裕，势态良好的文明发展道路；坚持在合理开发中实现人与自然的和谐相处"。五颜六色的靓丽彩旗随风飘扬，欢快激昂的音乐在山间回荡。

在整齐的队列中，一群头戴安全帽的建设者，成了人们瞩目的对象，人们都把他们当成了双桥水库供水工程建设项目启动的象征，注视着他们，亲近他们，对他们怀着深切的敬意。在建设者们的周围以及不远处的盘山公路上，有怀里抱着熟睡婴儿的农村妇女，有衣着鲜亮的村姑，有依稀白发老人，有从邻近十多千米外赶来参加盛典的青壮年农民，也有来自各级党政机关、企事业单位的工作人员，他们各不相同，但他们都是一路欢笑而来，脸上都荡漾着同样的欢乐。

《贵州日报》《贵州都市报》、贵州人民广播电台、《当代六盘水》杂志、《六盘水日报》、六盘水电视台等多家媒体记者在现场忙着捕捉动人的场景。

……

上午 9 时 30 分，二十余辆轿车、大客车等车辆缓缓驶入岔河村临时广场，省、市、县以及各部门领导、嘉宾健步跨入这块充满希望的热土。

面对这振奋人心的时刻，各级领导纷纷发言，共商发展大计。

上午 10 时，主持人宣布："双桥水库供水工程开工典礼仪式现在开始。"现场立刻欢腾起来。

市委主要领导在致辞中说：六盘水市是贵州乃至西南岩溶区石漠化最严重的地区，长期以来，水利基础设施建设滞后、水资源供需矛盾突出，已严重制约着全市经济社会发展。开工建设的双桥水库工程，既是加快突破六盘水市水利"瓶颈"制约的迫切需要，又是认真贯彻落实省委十届十次全会精神，加速发展、加快转型，推动跨越，实现又好又快、更好更快发展的具体实践，功在当代，利在千秋，工程建设必将载入六盘水发展史册。

市委主要领导指出："百年大计、质量第一。"希望项目业主、施工单位和监理单位严格按照"确保一流工程质量，确保一流施工进度，确保一流管理水平"的要求，加强工程管理，加快工程进度，严把工程质量，把双桥水库建设成为经得起历史检验的精品工程、廉政工程、安全工程和示范工程。希望各有关部门全力支持和服务好工程建设，确保工程早日完成，尽快发挥效益，造福六盘水人民。

贵州省水利厅副厅长 ××× 特地从贵阳赶来，代表省水利厅祝贺六盘水市双桥水库供水工程正式动工。×××说，当前，全省上下正按照国务院总理视察我省旱灾时所提出的要求和指示精神，致力于加快骨干水源工程，农村安全饮水，病险水库除险加固，中小河流治理，水土保持及生态建设，以加大投入为保障，力争从根本上增强贵州省抵御自然灾害的能力。

×××指出：双桥水库供水工程的开工建设，充分体现了六盘水市委、市政府对加快推进水利基础设施建设步伐，解决工程性缺水问题的高度重视和真抓实干的务实作风。今天开工建设的双桥水库供水工程，必将为促进六盘水市经济社会全面发展发挥重要作用，也将为贵州省"滋黔"二期各个重点水源工程顺利实施起到良好的示范作用。在欣喜之余，他也要求，各建设单位及全体工程技术人员，一定要以高度的政治责任感，严格按照工程建设的基本程序，把安全和质量放在首位，确保干部廉洁自律，按期完成工程建设任务。

二

当时钟缓慢地爬过 10 时 12 分，欢快的音乐暂告段落，现场全体人员的表情立刻庄重起来，翻腾的心也静了下来，每个人都屏息以待，紧接着的数秒钟，全场仿佛静止不动了。"我宣布，六盘水市双桥水库供水工程开工！"贵州省人大常委会副主任傅传耀饱含激情的声音刚落，霎时，喜炮雷鸣，礼花四射，彩带飘飞，整个现场成了一片欢乐的海洋。

省水利厅副厅长×××说，去年 8 月至今年 5 月，贵州省遭受了百年不遇的特大干旱。干旱让贵州省清醒地认识到骨干水利工程太少。为此，贵州省决心改变农民靠天吃饭的局面，充分利用年降水量丰富的自然优势，花大力气解决好工程性缺水，突破制约贵州省经济社会发展的"瓶颈"，新建一批适用性的水利工程（如：双桥水库供水工程），保障城市生活用水和农村广大人民群众生产生活用水，实现工业可持续发展。

据六盘水市水利局负责人介绍，双桥水库供水工程包括水库枢纽工程、水库附属电站工程、泵站及输水管线工程、水厂工程四部分。双桥水库建成后，能解决六盘水市 2020 年以前 2 万多亩农田灌溉、3 万头大牲畜和城镇 50 多万人的饮水问题。

六盘水市江源电力有限公司有关负责人说，双桥水库总蓄水量9140万方，总投资 14.018 亿元，是贵州省六盘水市继白河沟、鱼洞坝、旧院水库水利开工建设后的第四座中型水库。双桥水库的主要任务是城市"一城七片"供水，同时兼有灌溉和人畜饮水功能。同时，为充分利用资源，将利用下放环境水及弃水发电。

三

双桥水库供水工程的建设，给当地村民带来了新的希望。工程早日动工建设，也是他们共同的心声。岔河、加河、大河、阿勒、双桥……水库周边村庄的村民听到水库动工建设的消息，纷纷赶来。面对宏大的场景，他们欢呼雀跃；面对记者的采访，他们畅所欲言。

"我们全家4口人8点半就到这里来了，我们担心赶不上这一盛大庆典。"大河村 58 岁村民潘启超心情激动得声音有些颤抖。他说自己从未参加过如此大的庆典，也从未对任何事抱以对双桥水库供水工程这样大的希望。"以前从未有过这样的日子，每个人心里都有一个迫切的愿望：让双桥水库供水工程的建设带领我们走向更好的新生活。"

今年 39 岁的加河村村民唐勇看着五彩缤纷的礼花，激动地说："水库选址在我们村庄，这是我们几代人做梦都没有想过的大喜事，真是千载难逢呀！水库的建设一定会给我们周围村庄带来很多很多好处。作为一名当地百姓，我极力支持水库的建设……"

岔河村、双桥村等村寨是水库建设规划中部分房屋将被淹没的村庄，1100 户村民的房屋必须得进行搬迁。虽然离开祖祖辈辈生活过的家园有些不舍，但是，为了全市的大型水利工程建设大局，同时想到今后政府部门给予安置，绝大多数村民还是喜出望外。

上午一大早，工作人员还在调试现场设备时，双桥村 35 岁的种植大户吴道美给自己请了一天假，携上老人孩子，从几千米外的村庄赶到了动工仪式现场。问起建设水库好不好时，吴道美心里喜滋滋地说："好！肯定好了！水库建在咱们村子，我们全家都感到很高兴，今后遇到干旱，我们就不会像过去那样愁了。""前不久，村里的干部告诉我说：'你家的房子有可能要搬迁，等搬迁户名单确定后再通知你，希望你支持水库工程建设。'我当时就给予肯定回答。我们老百姓能过上今天的好日子，全是党和政府关心和照顾的结果。现在党和政府因工程建设需要我们，我们一定支持、一定会做出让步。"岔河村村民潘桃宣在一旁乐呵呵地说。和他们两人站在一起的其他村民也你一言、我一语，越说越开心。

在震耳欲聋的鞭炮声里，在激动人心的乐曲中，出席工程典礼的省、市领导为双桥水库供水工程剪彩、奠基培土。

从仪式的开始到领导致辞、讲话再到鸣炮和为工程剪彩、奠基，半个多小时的庆典活动很快就结束了。但，曲终人未散，欢声笑语仍然在空中回荡，人们前拥后挤合影留念，争着将这具有纪念意义的历史时刻定格在永恒的照片；熙熙攘攘的人群依然留在开工典礼仪式的现场，一路看，一路谈，憧憬着双桥水库即将为他们带来的巨变……（原载于2010年12月《当代六盘水》第九期）

托起水城经济腾飞的摇篮
——董地工业园区建设发展见闻

金秋时节，丹桂飘香。走进董地工业园区，机声隆隆，车辆穿梭，人声鼎沸，处处飘荡着动人心扉的旋律，涌动着项目建设的热潮：博罗冠业电子有限公司一期投资建设的500条高压电子铝箔生产线，宛如一串串明珠镶嵌在乌蒙大地，一个勃勃生机的工业园区正在这里腾飞。这一切，犹如一股强劲的浪潮，推动着水城经济的全面发展。

今年以来，水城县围绕"加速发展，加快转型，推动跨越"的主基调，深入实施"工业强市"战略，积极开展"三个建设年"和"四帮四促"活动，抢抓机遇，奋力拼搏，董地工业园区建设全力推进，全县经济社会保持平稳较快发展。

日前，由贵州省发展和改革委、省商务厅、省住建厅等部门专家和省经信委相关处室负责人组成的专家组同意通过了六盘水市《水城县董地工业园区产业发展规划》。专家认为，董地工业园区已列入《贵州省十二五产业园区发展规划》，属全省重点发展的园区之一。

可以预见，不远的将来，一个形态日趋完整、功能配套高点起步、产业支撑强劲有力的董地工业园区将出现在水城县东部，成为未来新水城的象征。

抓园区，鼎力打造工业强县

水城县是全省 50 个扶贫开发工作重点县之一。"财政脱困、农民脱贫"，成了历届水城县委、县政府和一代又一代水城人的追求与梦想。

"摘掉'贫困帽'，水城太难了！"不少干部群众这样感叹：难就难在工业少。

2006 年，水城县委、县政府班子提出，把实现水城转型跨越发展的立足点聚焦到工业上，要做好园区规划，大上项目、上大项目，鼎力打造工业强县。

此论一出，波澜四起。不少人质疑说，招商上项目每年都在抓，最终也没结出个"大果子"来。

面对县情，在县委、县政府的主导下，一场有关"优势论"的大讨论展开后得出了这样的结论：水城地处市中心城区东部，区位交通优势明显；地下资源丰富，基础优势突出；历史悠久，文化底蕴深厚；干部任劳任怨、群众吃苦能干，人文优势潜力巨大。

优势在于发现，更在于利用。要利用好这些优势，办法就是兴建园区。园区是转变经济发展方式的有效载体，它不仅能够有效地节约项目用地，同时还能够最大限度地降低生产成本。通过园区，各种生产要素在这里整合，各种优惠政策、发展优势在这里集聚，成为招商引资的"聚宝盆"。

抓招商，就是抓工业；抓园区，就是强工业。一幅工业强县的路线图，在水城人的脑海中日渐清晰。

2011 年 1 月，上级有关部门批准建立董地工业园区。36.92 平方千米的神奇热土，承载着水城经济的腾飞与梦想，经过半年多的不懈努力，一座现代化的工业园区正在崛起……

董地工业园区位于水城县东部，园区距双水县城 12 千米，距在建的月照机场 7 千米，总规划面积为 36.92 平方千米，首期规划建设面积 11.4 平方千米；

主要依托水城县境内丰富的自然资源、劳动力资源等优势，以发展铝业精深加工、汽车装备制造、高压电子铝箔生产等为特色的新型工业园区。

园区境内有水纳线、贵烟线和贵昆铁路、株六复线穿境而过，规划建设的织（金）—纳（雍）—水（城）快速铁路北穿园区并设有火车站，在建的杭（州）—瑞（丽）、水（城）—大（山哨）、北环高速公路在工业区东北侧交会。

按照园区规划，整个董地工业园区分为高精产业生产区、循环经济产业区、汽车及机械制造区、居住区、物流中心、附属产业集中生产区六大区域。规划重点引进国内外高端技术和循环经济产业、世界 500 强和国内 500 强企业落户，规划建设成为水城县第二大支柱产业园区。"当前，最重要的是让这些项目达到真正意义上的落地，不仅要注册公司，更要体现在投入建设的行动上。"水城县经信局相关负责人说。

优化环境，一切为了园区建设

"问渠那得清如许，为有源头活水来。"探寻董地工业园区超常规、跨越式发展的成功之道：是机制制胜、项目制胜，更是环境制胜。

"一个有潜力的、好的项目是否落户水城进驻董地工业园区，环境是很重要的因素，而环境建设更是推动园区发展的基本条件。"园区指挥部有关负责人说。

为进一步加强工业园区管理，优化园区投资环境，加快园区建设进程，2011 年 1 月，水城县组建了董地工业园区建设指挥部。指挥部下设办公室，并在全县范围内抽调 49 名优秀干部和专业技术人员驻园区负责日常事务。为进一步解决融资困难的实际问题，组建了水城县宏达开发投资有限公司，首期注册资金 1000 万元。为进一步加强园区管理，明确园区发展思路，园区建设指挥部已向上级有关部门申请组建董地工业园区管委会。

为了吸引广大投资者，水城县究竟推出了哪些优惠政策？

园区指挥部有关负责人说，在土地政策方面：水城县采取工业用地招、拍、挂最低限价 10 万元 / 亩，城市中心区用地招、拍、挂最低限价 20 万元 / 亩。公司上缴的土地出让净收益县级所得部分政府以扶持企业发展的方式拨付给公司，用于项目基础设施建设；在税收方面：在国家税收政策规定的时限内，公司应纳企业所得税减按 15% 的税率征收。经税务机关审核确认后，公司自开始生产经营之日起，第一年至第二年免征企业所得税，第三年至第五年减半征收企业所得税。对公司缴纳的土地使用税自缴纳之日起 5 年之内政府将县级所得部分同等额度的资金拨付给公司，扶持企业发展；在投资服务方面：对投资项目，县有关部门从项目签约、申报、核准（备案）、建设直至营运等过程进行全程跟踪服务。行政审批手续实行并联审批，投资项目资料齐全、手续完备，属县内办理的手续，有关部门必须指定专人在 5 个工作日内办理完毕（法律法规另有规定的从其规定）；年检事项必须当场办结；投资项目资料齐全、手续完备，属县级以上相关部门办理手续的，由县级各相关部门对口采用"代办"或"陪办"方式帮助办理。

与此同时，水城县还通过新闻媒体和各类招商活动推介园区、宣传投资优惠政策；不断完善各项基础设施，提高了园区的承载能力、配套能力和服务能力，为企业发展营造良好的投资环境。

良好的投资环境，吸引了众多有识之士纷至沓来，双元铝业、盛伟焦化厂、仙劲锌厂、阳极碳素生产线项目、青年汽车生产线项目、热电项目、高压电子铝箔生产项目、锰镁深加工项目……一个个投资千万甚至上亿元的大型项目和企业相继落户园区，园区内企业生产的一批批产品从这里开始走向四面八方。

无论是建成的项目还是正在建设的项目，企业业主们都有一个共同的感触："这里有全省一流的政务服务团队，一流的投资环境，在这里投资很放心。"

今年 2 月 14 日，由中组部、团中央组织的第十一批赴黔"博士服务团"省情考察组和省青联企业界代表，到董地工业园参观后有这样的评价："园区规划起点高，投资软环境优越，发展前景好。"

海纳百川，有容乃大。董地工业园迅速做大做强，园区产业聚集效应开始显现。

加快进度，力争实现新跨越

六盘水市委、市政府主要领导及其他市领导多次对董地工业园区提出的"背水一战，力保10月份全省园区建设观摩会在我市召开前，园区建设有新的突破，有一个能展示六盘水正在加快发展的好形象"的要求，如今，在园区里已化为实际行动。

"一切都是为了让园区建设成规模，有形象，为大项目早落地、早投产、早见效益创造条件。绝不能丢水城县的脸，丢六盘水的脸。"董地工业园区上下思想统一、齐心协力。

近日，记者走进园区一号主干道一、二标段长4.98千米，宽36米的道路上，只见数十台大型挖掘机、推土机，几百辆装载车来回穿梭。"我们每天都要工作近20个小时，抢班抢点地干，每天的土石方量能达到4万余立方……"园区指挥部有关负责人说。

董地工业园区建设起步很晚，但"速度"令人刮目相看：半年多时间，施工工地日日热火朝天、成效有目共睹。截至8月29日，共完成征地5404.34亩；拆迁房屋62栋86户，养殖场1个，祠堂3座；完成坟墓搬迁1059所。1号主干道一期工程完成土石方开挖170多万立方，路基填方300余万立方，工程完成总投资6988万元，计划2011年9月30日前完成水稳层以下工程建设比照20平方公里的园区规划面积，尽管开发率还远远不足，但每天来来回回的百余辆大型机械却提振信心。更让人欣喜的是，随着施工人员、专业技术人员的增加，大型机械不断进驻园区，园区建设进度还在不断加快。

展望园区的前景，水城县委书记兴奋地算了笔账："铝产业在董地实现了铝箔生产，仅铝箔一项，年销售收入就能达到100多亿元。那时，董地将真正成为贵州重要的铝产业区。"

按照规划设计，到2015年，力争实现工业总产值250亿元以上；到2020年，力争实现工业总产值1000亿元。届时，董地工业园区将真正成为水城经济社会发展的"助力器"和"火车头"，引领全县经济向更为光明的方向阔步前进……

（原载于2011年9月《当代六盘水》第九期）

5. 问题通讯

"黑心老板，不付我血汗钱！"
数十位农民工手举横幅讨薪

连日来，记者在明湖路看到几十个人手里举着写有"黑心老板，不付我血汗钱！"的横幅聚集在六盘水市劳动和社会保障局门前。经调查得知，这是一群来自四面八方的农民工，因他们的装修工钱已经一年多未得，无奈之下只好出此下策，希望有关部门主持公道，帮他们讨回应得的工资。

据介绍，李峻清等400多名农民工从2006年8月起为时代假日酒店做内装修，至2007年8月底工程基本结束。但工程结束后，不知道什么原因，酒店未对工程进行验收和结算工资，也拒绝发放按月进度款项。

直到2007年11月，李峻清等人多次找酒店方追讨工资，可是酒店方却以工程质量未经验收及和施工管理方未对账为由，不予支付。在此情况下，李峻清等人到市劳动局监察支队等部门投诉。

2007年12月21日，在六盘水市劳动局的协调下，时代假日酒店和施工管理方以及施工代表召开了商讨会。酒店方要先和施工管理方对财务账和材料账，然后再进行工程质量验收及工程质量核算。但李峻清等人对酒店的这一做法无法接受。他们认为自己的工资与财务账和材料账没有什么关系。因为在此之前，工程的承包方与酒店签订的施工合同中明确工人工资由酒店支付，酒店还为每个班组长办理了银行卡。一位民工代表说："眼看就过年了，我们不能再这样等下去，我们需要这笔钱回家过年啊！"

当日，记者赶到时代假日酒店进行采访。据假日酒店一位姓王的经理介绍，李峻清等人工资被拖延主要是因为工程质量和工期的延误所致。当记者问，既然工程质量有问题为何可以营业时，这位王经理说："我们酒店现在是试营业，该工程并没有验收。"

记者随后又对时代假日酒店办公室主任刘劲松进行了采访。据刘主任介绍，关于李峻清等人的工资问题，并不是酒店不支付他们工资。酒店方按照

118

与承包方的合同约定，已经将工程款支付给了承包方，在酒店与承包方之间对工程的总量还没有结算清楚之前，不能定性为酒店拖欠施工工人的工资。

目前，六盘水市劳动局已介入对此事的调查。（原载于 2008 年 1 月 11 日《凉都晚报》）

《"黑心老板，不付我血汗钱！"数十位农民工手举横幅讨薪》追踪——

酒店方已垫付担保金 27 万余元

1 月 9 日，本报 5 版报道的《"黑心老板不付我血汗钱！"数十位农民工手举横幅讨薪》一文见报后引起读者以及相关部门的高度重视。六盘水市劳动局于 1 月 9 日给时代假日酒店下了责令改正书，由时代假日酒店先行垫付276946 元余款。

15 日下午，记者就讨薪一事来到时代假日酒店找到相关负责人进行跟踪采访，酒店负责人彭先生称，由于酒店方和装修方没有对工程进行验收，没有总结算，民工拿给市劳动局的结算资料是单方面的，没有经过酒店方、监理公司审核，不能作为拖欠工资的有效凭据。就民工封堵钟山大街，围堵时代假日酒店一事，六盘水市劳动局组织时代假日酒店、装修方李弘文（承包商），民工代表于 2007 年 12 月 21 日在酒店三楼会议室召开了协商会议，达成一致意见，即：双方先进行对账，乙方（装修方）把目前甲方（时代假日酒店）提出有质量问题的部分处理完毕。经对账，验收后是谁的责任，就由责任方支付民工工资，参加开会的所有人都签字表示认可。但装修承包商李弘文自本次协商会之后再未露面，包括对账时也没有出现。之后，时代假日酒店积极配合装修方，组织验收、对账，并和装修方核对工程款支付明细，以及核对材料账明细。

工程款支付结束后，经时代假日酒店、李弘文双方一起核对，得出时代假日酒店至此已支付李弘文工程款 2509.7 万元，远远超过李弘文刚装修时的总预算价，再加上由于李弘文工期一拖再拖，酒店又急于开业抢工期，因此，有许多装修工程是另外安排外面的班组施工，费用有 50 多万元。另外，还有许多装修材料是由酒店采购，而装修商李弘文并没有把酒店支付给他的工程款支付给民工，致使民工来时代假日酒店大厅门口吵闹，严重影响了酒店的正常经营，使时代假日酒店声誉受损。

在对账期间，时代假日酒店曾配合装修方，下发了验收通知，通知装修方验收，可是装修方既不提交验收资料，也不派人员参与验收，工程质量遗留问题也不处理。2008 年 1 月 7 日，30 多个民工又来围堵时代假日酒店，直接堵住进店客人。公安机关、市劳动局出面制止，防止事态进一步恶化。第二天，公安机关、市劳动局、时代假日酒店、装修方以及民工代表等再次召开了协商会，时代假日酒店为表达诚意，主动拿出 30 多万元给市劳动局作为担保金。市劳动局表示时代假日酒店与装修方须抓紧结算，结算之后在担保金的基础上多退少补。可是装修方、民工们并不同意。

据施工方代表李峻清介绍，他们 400 多名农民工从 2006 年 8 月起为时代假日酒店做内装修至 2007 年 8 月底工程基本结束，不知什么原因，酒店方拒绝对工程进行验收和结算工资，也拒绝发放按月进度款项。2007 年 11 月，李峻清等人多次找酒店方追讨工资，可是酒店方却以工程质量未经验收及和施工管理方未对账为由，不予支付。在此情况下，李峻清等人到市劳动局监察支队等部门投诉。

随后，记者来到市劳动局监察支队找到张先中队长。张队长说，当初时代假日酒店就其拖欠工资的事投诉没有给予立案，是因为没有施工方负责人签字，不能依法认定。至于欠款多少要双方对账后才知道。

张队长称，目前，这一案件已经报送六盘水市委、市政府以及相关部门，案件正在进一步协调处理中。（原载于 2008 年 1 月 20 日《凉都晚报》）

公务员考试"热"缘何"高温不下"？

1993 年 8 月 14 日。国务院颁布了《国家公务员暂行条例》，标志着我国国家公务员制度正式诞生。转眼间，公务员录用制度已推行了 11 年。从近几年报考国家、省、市、县、乡公务员的人数来看，可以说报考人数一年比一年多。日前，记者从六盘水市人事局录调科了解到，近几年报考各类公务员的人数逐年增多，报名人数与招考岗位的比例日渐拉大。据统计，2006 年全国有36.5 万考生参加国家公务员考试，人数比 2005 年增加 47%，平均每个岗位有35 个人竞争，个别岗位竞争甚至超过 2000 个，竞争难度超过高考和考研。国家公务员考试已经接过高考和考研手中的接力棒，成为名副其实的"中国竞争最激烈的考试"。公务员，已当之无愧地成为社会上的一个最大的就业热门。

竞争空前激烈

六盘水市公务员招录工作是从 2001 年开始启动的，2002 年至今，已经有728 人通过考试并走上公务员岗位。

六盘水市人事局近几年来的统计数据显示，2005 年 3 月，在贵州省市县、乡四级机关公务员统一考试中，共面向社会统一招考 2035 名主任科员以下非领导职务的国家公务员和机关工作人员，全省共有 38948 人报名参加考试，平均比例达到 19.2∶1，六盘水市共有 301 个岗位，报考人数为 3800 人，平均比例达到 12.6∶1。2005 年 6 月，六盘水市公安机关招考民警、检察机关招考检察工作人员 107 名，全市共有 2214 名省内外应往届毕业生以及市内企、事业单位在岗人员报名竞争。其中报考检察院的人数为 401 人（竞争 27个岗位），达到 15∶1 的比例，两个部门报考人数与提供岗位数的平均比例为 20.7∶1，有近 2000 名前来咨询的省内外应往届毕业生以及事业单位在岗人员因专业不对口失望离开。2006 年 5 月，贵州省、市两级拟招 608 名公务员，其中省直机关和垂直部门招考 534 人，地市州一级招考的地区共招考 74人。全省逾两万人报名，平均报考比例达 32∶1 以上。其中，六盘水市共有16 家市直机关单位面向社会公开招考 24 名，报名总人数为 888 人，平均比例为 32.86∶1，其中，市直机关工委和市经贸委的职位竞争尤为激烈，均达到130∶1，贵州省 2007 年省、市、县、乡四级机关面向社会公开招考机关公务员，全省共有数百家招考单位，计划招考职位为 2225 个，其中省直机关有 761 个招考职位。六盘水市有 86 个单位招考 143 个职位，共有 4710 报名参加考试。平均比例为 33∶2。空前激烈的公务员考试，令多少综合能力够强的考生望

"公"为叹！

形形色色的备考群体

小唐，六盘水籍，2005 年的毕业生，已经连续参加过两次国家级的公务员考试了，至于一年一次的省、市、县级别的公务员招考，他已记不清考了多少次了，他说："今年我又参加公务员考试了，朋友都称我为'考霸'，其实我认为，像我这样的人还有很多，我只是每次考试都被身边的人知道罢了。尽管屡战屡败，但我认为是我的努力程度不够，我必须继续努力，直到取得最后的胜利。"

这些天，为了提前准备 2008 年的国家级公务员考试，一向足不出户的小唐又开始穿梭在市内各大书店，留意、购买公务员考试参考书，好好准备下一战。

小唐告诉记者，2005 年毕业前的上学期，他们班参加公务员考试的就有三四十人，人数占到全班总人数的 75% 以上。

然而，像小唐这样在家待着备考公务员的大学毕业生毕竟不多，许多毕业生都是边找工作，边瞅好机会参加公务员考试。对于他们而言，考公务员就是自己最好的"前途"。小赵和小王就是其中的两位。

小赵是一家电脑城的销售人员，为了备考 2008 年的公务员，他每天都忙得焦头烂额。"毕业了，自然不好意思再向家里伸手要钱了，先就业后择业吧！"小赵说，"其实也不是非得考公务员，只是现在的就业竞争压力实在太大了，好工作难找，在私企工作不仅累，而且福利少，有的企业不仅没有福利，就连每月的工资都低得可怜，就那么八九百、上千块钱，养得活自己吗？"站在一旁的小王接过话头说："我也是这样认为的，要是自己以后想买房子，想安安心心地过日子，每月要是就千把来块钱，零花都不够，甭说什么结婚生子了。现在公务员的工资虽然也不很高，但是福利待遇不错，每年还有年底奖金、年终奖金、公积金什么的，听说这些'金'加起来就有一万多两万呢。"

小王大学期间学的是中文，现在在一家百货公司当储备员。用他的话来说，专业与就业对不上号，很不得志，没有施展自己能力的空间。所以他是这样打算的，准备先考公务员，成功之后再考虑其他。

正在贵州民族学院读大四的邓晓艳同学告诉记者，她学的是新闻专业，目前正在六盘水一家新闻单位实习。以前她一直想着要考研究生，但出来实习之后感受到就业压力之大，让她改变了主意，她决定不报考研究生了，准备一毕业就找工作。因此她把公务员考试视为自己人生的重要目标。她告诉记者，她们班准备找工作的同学几乎都报考公务员，还有一些考研的同学也报了名。

已在六盘水一家事业单位有五年工作经验的杨先生告诉记者，这两天他正在四处查询相关资料，选择一套比较全面的公务员考试书籍，准备备战今年底进行的国家级公务员考试。这次报考中，他最终选择的是大家认为"听着有面子，而且将来有发展前途"的热门职位。他告诉记者，自己现在虽然工作的薪酬还算可以，甚至要高于公务员的工资，但他认为"两者之间的'含金量'不同"。

家住盘县的小林是2003年贵州大学园林管理与园林艺术专业专科毕业生。他告诉记者，过去，他的理想是成为一名众所周知的企业家、老板，但毕业后被分配到盘县某乡人民政府工作，他认为国家干部工资较低，于是向亲友借了5万元钱建大棚种子苗圃。四年来，苗圃的规模越来越大了，里面的员工从以前的几人发展到现在的几十人，四年中共获得利润50万元。但有了钱、有了房子的他却不甘于现状了，他觉得挣钱不少，但是身心俱疲，还是希望有一份稳定的工作。他告诉记者，目前他已经购买了公务员考试教材，准备用一个月的时间备考2008年国家级公务员考试，如果没有考取，将转战全国各地参加考试，直到如愿以偿。

而对于"下海"漂泊了五年才回来的李先生，这次抓住了报考公务员的机会，准备为圆梦公务员而孤军奋战。他向记者介绍说，他来自农村，家境贫寒，从小穷怕了，毕业的时候有好多考试的机会，不是说自己没有当国家公务员为人民服务的愿望。"可我考上了又怎么样？那一年我真考上了，可因为种种原因，硬是没能进去（当公务员）。我一寒心，就背着背包'下海'去了。现在，公务员考试越来越透明、公正了，这又使我找回了参加考试的信心。"他说。

李先生也坦言，现在再考公务员，也许只不过是圆一下自己学而优则仕的仕途梦，也许只是为了挣点面子。有朋友说："都30多岁了还考什么，你的条件那么好，即使考取了还不就是一个小办事员，那么一点工资，想上去还有得你拼！"李先生说，虽然有自己的公司，有非常可观的收入，但他必须努力备战，好好拼一拼，定要实现自己的仕途梦。

记者在近期的采访调查统计中得知，福利好、工资有保障、工作稳定、压力小，是众多考生首选报考公务员的主要原因，其次就是做公务员有比较好的社会地位，可以实现自身的人生理想与政治追求。正是因为公务员的稳定、福利及保障，越来越多的人才将其奉为摔不碎、碰不破的"金饭碗"。

理智对待公务员考试

面对公考员考试报考热的现状，也有市民对公务员考试"热"持不同意见。

网友"大漠孤烟"认为，从2002年高校开始扩招后，高校毕业生就业压力越来越大。每年一度的公务员考试，应该说是一次难得的就业机会，报考公务员无疑也是一个必要选择，但也应该理智地看待公务员考试热。公务员是干什么的？公务员是为社会提供公共服务的，就是人们常说的为人民服务的。就是"先天下之忧而忧，后天下之乐而乐"。并不是一考取公务员就可以一劳永逸，就可以享有更多的便利和特权了。

六盘水市人事局一位姓田的工作人员认为，面对公务员考试热，有人担心如果过热会引发其他社会问题，其实大可不必担心。公务员法已经开始实施，公务员实行凡进必考，一方面为各类有志于加入公务员队伍的人才，提供了一个平等竞争的机会，另一方面对于优化公务员队伍也是大有裨益的。从这个层面讲，应该鼓励和欢迎更多的人报考公务员，但要对考生加以正面引导，理智地选择就业方向，不能一棵树上吊死。可能一些大学生在对公务员这个职业的认识上还存在一些误区，认为公务员职位是"高含金量"职位，具有高稳定性、高福利性、高声望性和高权力性等。其实，稳定只是相对的，从1996年实行公务员辞退制度以来，每年都有一定比例的不合格公务员被辞退。因此，考上公务员不一定是端稳了"金饭碗"，如果你不继续努力和奋斗，仍然会碌碌无为。（原载于2007年8月30日《凉都晚报》）

劳燕分飞为哪般？

——六盘水市中心城区离婚率呈逐年攀升现象调查

核心提示：随着经济的增长，人们的工作与生活压力也日益增大，不少人忽略了对家庭和情感的维护，导致各种婚姻家庭问题不断。从六盘水市中心城区来看，近几年来离婚率更是呈上升趋势。

现状：离婚率增幅 每年近 10%

六盘水市中心城区的婚姻登记及离婚手续办理都由钟山区民政局受理。针对近年来六盘水市离婚率有所攀升的问题，日前，记者采访了钟山区民政局。钟山区民政局给记者提供的近三年来该区的离婚数据显示，每年都在 1000 对以上，并且每年以百分之九点几的增幅攀升。

离婚率攀升的速度为何如此之快？基层政权与社区建设股的一位负责人介绍说，民政部对婚姻登记条例和协议离婚条例进行了修改后，简化了结婚登记和离婚手续，使得有些人冲动离婚变得很简单。"有的人来办理离婚手续的时候似乎都对对方的脾气很大，这样的人基本上都属吵架了冲动就来离婚的那一类型。但也有这样的情况，过不了几天，这种吵架冲动离婚的群体当中有个别人会提出复婚。"该负责人说。

物欲膨胀 冲击婚姻

据市民政局基层政权与社区建设科工作人员介绍，导致离婚人数急速攀升的原因是多方面的，其中最主要的是社会处于转型期，社会变革给婚姻的稳定带来的巨大冲击。随着经济的增长，人们的物欲进一步膨胀，人们便抵制不住来自社会的某些诱因，因此导致不少人离婚。"经济的发展，社会大环境的变化，社交圈的扩大，婚姻的稳定性在一定程度上受到不同程度的瓦解，传统的观念不再是支撑婚姻的柱子。因此，离婚的现象便以如此快的速度攀升。"

随着物质生活水平的不断提升，人们对婚姻质量、感情需求和爱情期望有所上升，以前觉得凑合的，现在不再被人们容忍。"谈恋爱的时候基本上只向对方展示自己的优点,缺点是被深深地隐藏起来的。但是,在结婚后,两个人一起生活,以前所隐藏的缺点就会渐渐暴露出来,暴露到一定程度的时候,就会觉得自己受不了对方,于是,离婚便被新时代的夫妻所选择。"该局工作人员分析说。还有极少数人是受到某种利益的驱使,会有假离婚的现象。比如,有的人有重男轻女的思想,想生个儿子因此假离婚,有的是想要享受某些补贴就假离婚等。民政局工作人员认为,对此,他们将严格排查,进行严格管理,不让这部分人钻政策的"空子"。

讲述:离婚是因有人"插足"

从民政系统了解到离婚率攀升的原因后,记者联系到了一些当事人,他们愿意讲述自己的离婚经过,他们的经历再次诠释了离婚率为何居高不下……

张女士与前夫是在朋友的介绍下相识的,她是一家事业单位的中层干部,收入较高,并有一定的社会地位,前夫是当地政府机关的一名公务员。两人结婚后,本来相处得很好。在结婚的第二年迎来了他们隆重盛大的婚庆典礼。

但是,前夫后来在他朋友的介绍下做起了二手房交易,生意做得很红火,因为顾及生意,所以很少回家。两地分居大都影响感情,后来,前夫居然和一个售楼小姐好上了,张女士在无奈之下,只好选择离婚。她说:"他既然背着我和别人好上了,我当然要选择离婚。我对婚姻的追求就是完美的,我爱的人不能移情别恋,如果不完美的话,我宁愿不要婚姻。"

80后的牟先生,属于考虑不成熟的那一类。他说,在两年前的同学会上,他再次遇到高中时暗恋的对象,但当时大家都忙学习,所以就没有谈恋爱。在同学会上得知他那位同学居然还没男朋友时,于是他就向她表达了自己的爱意。经过短暂的交往后,他们终于走进了婚姻的殿堂。但是在婚后,他那位原本很温柔的同学渐渐地暴露出"毛病"了,脾气暴躁、爱慕虚荣。"婚后我才发现,她简直和以前判若两人。老是动不动就冲我发火,还认为我这不行那不行。最后,她居然给一个有钱的老板当二奶,弃我不顾。我想跟这种女人生活实在是太累了,我也就成全她了,和她离了婚。"牟先生略带忧伤地对记者说。当提到什么时候会再婚,牟先生说还没考虑好,想起以前的那段婚姻,如今还心有余悸。这回一定要考虑成熟,找个真正适合自己的,否则宁可不结婚。

观念陈旧　导致婚姻破裂

小芳（化名），26 岁，居住在近郊，初中文化。因自己生了个女孩，受到丈夫及其家人的歧视，夫妻关系开始恶化，并多次遭到丈夫殴打，最后被迫离婚。

小芳说，她是通过别人介绍认识前夫的。前夫在钟山区一小学教书。跟他搞对象时觉得他挺好的，或许是因为自己长得漂亮，那会儿他对她付出的是真感情，要死要活地跟她好。2005 年，在亲朋好友以及双方父母的见证下，二人举行了简单的婚礼。"婚后丈夫对我非常好，我在他任教的村子里开了一个小馆子，生意日渐红火，2005 年底，我怀上了孩子，从我告诉丈夫已经怀上孩子的那天起，丈夫对我的关心和体贴更是无微不至，那时感觉到自己是天底下最幸福的女人。"

"2006 年 9 月初，我们的宝宝诞生了，因是个女孩，丈夫平常满面春风的表情一下子全部消失了，他第二天便离开了医院。我顿时觉得自己是那么无辜、无助，在我住院期间，丈夫从来没有回来看过我和女儿一眼。一个星期后，我出院回到家里，他不仅不关心我和女儿，还经常到外面去喝酒，喝醉之后经常对我进行语言攻击，有时候还向我动粗。2007 年 7 月，丈夫终于忍耐不住，将他长时间淤积在脑海里的想法——"离婚"两字说了出来。我坚持不同意，这样对我太不公平了，就在这种处于战争和冷漠的氛围中度过了半年。2008 年 1 月，他再次提出离婚，最终我还是屈服了，同意了他的要求，我们的婚姻就这样画上了句号。"

记者手记：用爱来经营美满婚姻

在去钟山区民政局采访的时候。正好有一对夫妇要来办理离婚手续。从他们的脸上，看不到伤感的表情，还互相帮忙填写登记表，那种配合默契的劲头，仿佛他们不是来离婚的，而是来办理结婚登记的。当记者问：看着你俩感情那么好，为什么要选择离婚呢？他们的回答是："人生短短，好聚好散。"由此看来，夫妻感情不和，离婚作为一种解脱方式已经被人们认可。

有的婚姻因为草率，事先没有考虑清楚，婚后才发现，其实两个人在一起就是一个错误。这样的婚姻早点解脱，或许对双方都会好一些。而如果本来是很好的夫妻的话，何不多给对方一点包容和谅解，在生活中好好磨合，共同用爱来经营美满的婚姻。如果有孩子的话，就更加需要这一点，要看到自己所肩负的社会责任，为自己的子女多考虑一点，也为和谐社会的建设做一点贡献。

专家认为，离婚比例的高低，已经不是婚姻稳定的唯一测量标准，婚姻质量才是家庭幸福最重要的前提和保证。低质量的婚姻解体了，再婚的婚姻质量有可能会更高。但是，这不等于对所有的离婚都不劝解，对所有的离婚都不予以正面引导。民政婚姻登记管理机构应该加大婚姻登记审核力度，防止假离婚的现象发生。同时，加大对妇女、儿童合法权益的保护力度，关爱家庭。通过认真审核提供优质、规范化的服务，做好协议离婚的引导和劝解工作，让更多的家庭婚姻稳定、和谐和幸福。（原载于 2008 年 10 月 29 日《凉都晚报》）

第三章　社会新闻的特点及采写技巧

一、社会新闻的特点

（一）什么是社会新闻？

在探索社会新闻的特点之前，我们先来了解什么是社会新闻。社会新闻至今无公认的定义。如顾名思义，经济新闻就是报道经济活动的新闻，科技新闻就是报道科技活动的新闻；倘说社会新闻就是报道社会活动的新闻，这是不确切的。因为报纸上的新闻，绝大多数都是报道社会活动、社会现象的，都具有社会性，从广义上说都可以叫社会新闻。显然，这里讲的社会新闻，有它特定的含义。

有学者认为，社会新闻主要应指反映社会道德、社会风尚、社会心态的新闻，它从社会日常生活的各个侧面，反映人与人之间、个人与群体之间的关系，颂扬高尚的道德情操，鞭挞丑恶的思想行径。此外，有关风俗习惯、乡土人情以及一些罕见的社会现象的报道，仍可属于社会新闻。

社会新闻与政治新闻、军事新闻、经济新闻、科技新闻、文化新闻相比，具有社会性、广泛性、生动性，讲究趣味性，富有人情味等特点。社会新闻是不同形态的人性展示，社会新闻是不同的人生形态对生命的诠释。直观地讲，社会新闻是社会与人之间，人与自然之间的关系，它能够引起广泛的社会兴趣，是以社会伦理道德为基础对现代社会的解析，是反映生活、意识、问题、现象，有深度、有教育、有传播意义的事实新闻报道。这些内容包括发生在身边的好的、恶的、感性的、离奇的事。例如：灾难事故、好人好事、感情纠葛、道德风尚、官司纠纷、奇异现象、生活变化、婚姻家庭、风俗习惯、趣闻逸事等，都可划为社会新闻之列。

因此，社会新闻定义可归结为：主要是指通过人们日常生活和人际交往反映社会道德、社会风尚、社会心态的新闻。

（二）社会新闻的特点

社会新闻报道的特点，充分地显示出其全面、翔实、厚重的个性，用理性的力量给人以教益，在思想深处给人以震撼，使人产生一种心灵的颤动。

现今社会新闻的资源竞争日益激烈，时效性、独家性拼抢严重，这样在社会新闻发展过程中势必会引发种种弊端，对读者、社会和媒体自身形象都造成了不良影响。作为记者应当负担起社会责任，选择有益于社会发展的新闻内容加以报道。即使是负面事件，选择不同的角度写作也会带来完全不同的效果。

社会新闻虽无公认的定义，但多年来新闻工作者和新闻学研究者对社会新闻的论述，却有一些比较共同的看法和意见，可以认为是社会新闻的特点。

1. 社会新闻具有共同（普遍）兴趣。也就是说，它们报道的内容没有什么专业性。社会道德、社会风尚、社会心态方面的事实、问题，人人都会接触，人人都较关心，对各行各业，乃至各种年龄、文化层次的读者，均有吸引力，也不存在什么看懂看不懂的问题。由于它反映的是日常生活中人与人之间的关系、交往，注重人与人之间心灵之间的沟通，所以具有浓厚的人情味。

2. 社会新闻的作用是潜移默化的。社会道德、风尚、心态问题，只能靠倡导、靠批评，不能强制。社会新闻抑恶扬善，扶正祛邪，逐渐形成一种社会舆论，持之以恒，天长日久，必然会对社会风气产生积极影响。诉之以理，动之以情。"随风潜入夜，润物细无声"，杜甫的这句诗，可以概括社会新闻的这一特色。

3. 社会新闻题材广泛，丰富多样。不仅广大读者爱读，还要发动大家来写，具有广泛的群众性。特别是事件性、动态性的社会新闻，如：突发灾祸、见义勇为等，都是可遇而不可求的，只有依靠各方面读者、通讯员来提供、来采写，报纸才能有新颖、及时、多样的社会新闻。

二、社会新闻的采写技巧

社会新闻涉及面是很广的，把握得正确，它的导向作用也是十分明显的。它可以帮助党和政府了解社会、研究社会，从而作为决策参考；它可以起到潜移默化、移风易俗的作用；它可以起到生动、具体、形象的法治教育作用；它可以发挥舆论监督的作用。采写好社会新闻，关键是记者要不断提高自身的素养，从现状来看，可以从以下六个方面去努力：

第一，要牢固树立政治意识、大局意识。社会新闻报道什么，不报道什么，怎么报道，都要以大局为重，以习近平新时代中国特色社会主义思想为指导，以是否有利于先进生产力的发展、是否有利于先进文化的传播、是否符合最广大人民群众的根本利益为准则。有了这种政治意识和大局观念，社会新闻的报道，就有了主心骨，就有了明确的方向，这样才能够真正发挥以正确舆论引导人的导向作用。

第二，要有自觉的问题意识。所谓问题，指的是需要研究和解决的实际矛盾。毛泽东同志说过："问题就是事物的矛盾，哪里有没有解决的矛盾，哪里就有问题。"社会新闻的内涵丰富，记者应该从多种社会问题中调查研究、深入思考，善于提出推动社会进步的各类问题。问题意识是一种积极的精神状态，是一种辩证的思维方法，是作为新闻工作者必须具备的基本功。

第三，要有高度的社会责任感。记者、编辑在采写和编辑社会新闻的过程中，必须坚持对社会、对人民群众高度负责的精神，不能为了追求新闻的"轰动效应"和"卖点"而钻头觅缝地去搞低级庸俗的东西，也不能对社会生活中存在的丑恶现象不闻不问，熟视无睹，特别是在开展新闻批评和舆论监督中，一定要客观、公正，要以法规为准绳，要以理服人，把握好度，切忌片面性，更不能感情用事，挟私报复。

第四，要确保新闻事实的真实和准确。不能搞合理想象，不能编造假新闻。社会新闻与人的生活联系是十分紧密的，事实不真实，信息不准确就成了一种误导，甚至还可能引起社会的不和谐不稳定，所以它的真实性和准确性是十分重要的。

第五，要善于取舍，详略得当。要选择有社会意义、有代表性和典型性的人和事来进行报道，切忌琐碎浅薄。要选择人们普遍关心，与人们的社会生活密切相关的社会事件、社会问题、社会现象进行报道。在采访写作社会新闻的过程中，必须对这一新闻的社会反应、社会效果进行预测，对可能产生的负面影响，如让人丧失信心，可能产生心理恐慌的东西就不宜进行公开宣传。在选材上应服从主题需要，要考虑舆论导向和社会效果，不能一味地迎合少数受众的低级趣味，而不加选择地和盘托出。色情、血腥、恐怖、怪诞的情节和细节要坚决割舍。不能有闻必录，有闻必报。社会上确有凶杀、奸情、乱伦、盗窃、诈骗、赌博、腐败等丑恶现象，但我们不能听风就是雨，原封不动地搬给受众。报道什么，不报道什么，要严格选择和取舍。有的压根儿就不值得报道，有的只需少数人知道，不宜公开报道，可写内参上报。就是公开报道，也不能自然主义、纯客观地去报道。如犯罪过程、作案现场、作案手段和工具等不宜写得过细和过实。

第六，要选择带有故事性、趣味性和可读性强的事实来进行报道。社会新闻不仅有很强的接近性、服务性，有的还有很浓厚的趣味性。正因为如此，人们十分关注社会新闻，所以故事性、趣味性是社会新闻采访写作中不能忽视的东西。

那么，怎样才能把社会新闻写活？可以从以下三个方面进行：第一，写细节。要把社会新闻写活，就要注意捕捉社会新闻发展中表现社会新闻主题的典型细节，绘声绘色地予以展示，以增强社会新闻的真实感，深化社会新闻的主题。第二，写出现场氛围。适当描写社会新闻现场的气氛，能烘托主题，加强新闻的感染力。第三，写背景。巧写、巧用背景不仅能深化新闻主题，还能增加新闻的知识性、趣味性、可读性。

总之，怎样把社会新闻写活？记者、通讯员各有各的神通、各有各的独见，随着社会发展，新兴媒体的发展，新闻体裁也在发展，表现手法也在变化。事实上许多修辞手法诸如比喻、比拟、谐音、对比、对仗等等，都可以增强社会新闻的生动性。

三、常见的社会新闻类型及采写范例

（一）社会新闻的类型

1. **动向性、趋向性的社会新闻。** 社会发展、进步是动态的，记者应该将这种动态性和趋向性的问题抓住，深入调查，写出报道。如：前些年不少媒体报道了"北大学生卖肉"的新闻，引起社会的广泛关注，开始尽管有些不同看法，但最终还是有了共识，大学生毕业自谋职业、自主创业，一方面有利于人们树立凡事依靠自己的观念，摆脱依靠别人的思想，有利于人们在市场经济大潮中练就搏风击浪的本领；另一方面更可能冲击仍然存在的僵化的用人体制和机制，起到推动社会用人机制不断创新的作用。

2. **反映社会新风貌、新风尚的社会新闻。** 这是我们社会主义国家的本质与主流，应该作为社会新闻的一个永恒主题。比如，我们中华民族传统美德在社会上的展现：尊老爱幼、见义勇为、扶贫济困等等。在深入贯彻《公民道德建设实施纲要》的社会活动中，要用大量生动的新闻事实，热情讴歌广大人民群众崇德向上的精神风貌。

3. **揭露、批评某些不良倾向的社会新闻。** 比如，在某些特殊时期，有少数不法商贩以低劣产品赚黑心钱，危害人们的健康，媒体就要坚决揭露，予以抨击。又比如，违背公民道德的种种现象，也要作为经常性的监督范围。

4. **新发生的社会事件或故事的新闻。** 包括灾害性新闻这方面的报道，特别是灾害、事故报道要严格遵守宣传纪律，要有选择地进行，不能"有闻必报""闻跳即报"。与此同时，有的报纸还"闻死即报"，也引起读者质疑，他们认为"闻死即报"也许反映出媒体对民生的关注和对生命的重视，作为记者必须遵循职业良知，恪守社会责任，不能凭一个"热线电话"，就公布于众。警方尚在调查取证，不能就自下结论，迅速传播。

5. **提出一定的问题供读者思考、研究，或称问题新闻，或称探索性的社会新闻，这类新闻要多加提倡。** 比如，媒体提出"勇士保护人民，人民保护勇士""不让勇士流血又流泪"的问题后，推动了见义勇为基金会的建立，这是十分有意义的。

（二）社会新闻采写范例

装载车撞损新房基石
房主索赔要价从 20 万元降至 2.5 万元

2 月 27 日，贵阳客商向某通过本报热线电话，叙述了他遭遇的一桩尴尬事——26 日下午，贵阳人焦某某受向某某的委托，开一辆装载车经过钟山区荷城街道办事处教场村时，不小心碰坏了村民朱某正在修建中的房屋地基石，朱某便爬上装载车将车钥匙拿下，并称必须赔偿 20 万元才能将装载车开走。

据向某介绍，他和几个朋友是从贵阳西龙有限公司前来六盘水做工程机械生意的。由于六盘水的客户预订了一辆装载车，2 月 26 日他委托焦某从贵阳送过来。途经教场村朱某的门前时，不小心将朱某正在修建中的地基给碰掉了一点水泥。焦某当即向朱某道歉，并表示给予朱某 50 元或者 100 元的赔偿，但朱某不同意。朱某从装载车上将焦某的钥匙拿下后称，必须赔 20 万元才能将车开走。向某认为，这一点点微小的损伤赔偿 50 元至 100 元就行了。

当天下午，为寻求调解，向某到钟山公安分局场坝派出所报案，该所工作人员随即进行了调解，但朱某称："派出所来人解决，我只要 15 万元就行了。"无奈之下，场坝派出所工作人员找来教场村支书进行协调，朱某又称："至少要赔 6 万元才行。"后经向某多方找人调解，朱某将赔偿金额降到 2.5 万元。但是，向某仍表示不能接受。

2 月 28 日，记者随向某来到事发地点。朱某的妻子对记者说："地基被弄坏了，我不敢建房。加之由于装载车振动力太大，我家房子的室内现在已看到裂缝，我的孩子睡在床上，当时脚就因这一振动被碰伤，现在我不要多的，只要 2.5 万元就行了。"

随后，记者来到场坝派出所，该所相关负责人称，他们去调解过，还差点与朱某发生冲突，最后请了教场村村支书调解，朱某仍不同意。接下来，只有依靠法律来进行裁决了。（原载于 2004 年 3 月 1 日《六盘水晚报》）

小孩玩火闯祸　家中什物成灰烬

5 日下午 5 时 20 分，水城县四小教师家属楼发生一起火灾，在家的姐弟俩因玩火柴，引发大火，将家中什物全部烧成灰烬。消防人员闻讯赶到后激战 10 分钟才将大火扑灭。

事发当时，记者正好路过水城县四小大门前，只见学校大门已被该校保安封锁，在门前围观的市民十分拥挤，不少担心自己孩子的家长欲冲进校园，但被门卫劝阻了，40 多名学生和老师急匆匆地从校园内冲出，一位跑得气喘吁吁的老师大声喊："学校里失火了，快来救火！"

记者持记者证才得以进入失火现场。火灾现场位于水城县四小一教学楼背面的一幢七层家属楼的三楼。记者在现场看见，整幢家属楼浓烟滚滚，两分钟后，六盘水市消防支队的两辆消防车赶到现场。此时，火势更加强劲，不断有火苗从窗户往外腾出。十余名消防人员立即架起消防水枪进行灭火，经过十分钟扑救，大火被扑灭。

居住在这幢失火家属楼二楼的一位老太太和住在六楼的谢先生介绍，失火的这家住户是租住在这里的生意人，男的是开矿的，失火当日并不在家，只留下妻子和一儿一女两个孩子在家。下午 5 时许，其妻外出买菜，6 岁的男孩在床下玩火柴，将海绵床垫引燃。两个孩子见燃起火后，开门跑到室外，还给住在二楼的这位老太太说："火烧着了，好玩得很。"老太看到发生了火灾，当即打电话给在电视台工作的儿子，随后老太太的儿子向 119 报了火警。

此次火灾将这家人屋内的彩电、冰箱、洗衣机等家电及所有家具、衣物全部烧毁。（原载于 2004 年 3 月 6 日《六盘水晚报》）

一群儿童翻墙入园！5人遭园长丈夫一顿拳脚

3月14日，六盘水市中心区老城8名7至12岁的儿童，翻墙进入当地一家私人办的幼儿园玩，其中5人遭到该幼儿园园长丈夫一顿拳脚。

据被打儿童之一陈亮讲，当天下午5点他和雷正宇、张健等8名小朋友，翻墙进入苗苗幼儿园去玩秋千、转椅和滑梯。刚玩了十多分钟，幼儿园的大门就开了，走进来一名男子，用脚朝雷正宇踢去，随后又踢张健，之后又抓住他打。有3名同学逃脱，其余5名被打了一顿后，又被拉到教室里排成一排跪在地上，每人又挨了几巴掌，陈亮被当场打出鼻血，雷正宇的腿被踢得青肿。直到该幼儿园园长赶来，男子才停手。

据陈亮的母亲讲，当晚8点她闻讯赶到幼儿园，看到"5个娃娃跪在地上"，陈亮的面前有一摊血，鼻子被打肿。幼儿园园长要求她赔偿80元，当时有4家大人都交了钱，张健家因未交钱，直到派出所民警赶来后才被领走。

昨日，涉事家长们到当地教育部门反映了此事，要求幼儿园带他们的娃娃去医院检查，并承担医疗费用。

苗苗幼儿园园长肖慧则称，几个娃娃是她的竞争对手指使来砸其学校的。当天她丈夫听到有人在幼儿园砸东西，就跑来抓到5个，"打了每人两巴掌"，让他们跪在地上认错。幼儿园里的水表、花盆、转椅、玻璃等物品被他们弄坏了，经她初步核价共404元，于是她就要求每人赔80元。

肖慧表示，如果确有哪名小孩被打伤了，她愿意承担部分责任。（原载于2004年3月16日《贵州都市报》）

"酒鬼"丈夫屡施暴 妻子撞车欲寻短

5月12日，在水城钢铁（集团）有限责任公司南苑小区附近，一位妇女因被丈夫暴打，欲撞车寻短见，被正在水钢南苑小区物业办公室值班的协勤员救下，幸免于难。

当晚 10 时，协勤员潘某、丘某和龙某，突然听到外面传来"我妈妈要撞车，警察叔叔快来……"的求救声，三人看到在车流如织的马路边，一位少女正死死地抱着一位痛哭的妇女。当他们走过去时，那位妇女已挣脱少女之手，欲撞向疾驰的车辆，协勤员急忙跑上去拦阻，劝说道："大姐，千万不要这样，有什么想不通的事情可到我们岗亭去处理，你看你女儿多么可怜啊！……"但那妇女仍想撞车自杀，几位协勤员拉住她，她死死地抱住路边一棵大树，无论协勤员如何劝说也不肯离开。协勤员潘某只好打电话求助辖区内的派出所，几分钟后，派出所民警赶到，将妇女强行带走，才避免了一场悲剧的发生。

据少女介绍，欲寻短见的是她的妈妈，因为她爸爸是个"酒鬼"，每次酒醉回家就要辱骂、暴打她的妈妈。昨天晚上，醉酒回家的爸爸又把妈妈暴打了一顿，妈妈实在不堪忍受，才做出这样的举动。（原载于 2004 年 4 月 19 日《六盘水晚报》）

一市民遭遇天价医疗费
治"性病"花去四万多元

近日，一位自称被钟山区疾病控制中心"宰了"的市民小武（化名）到本报反映，称他在钟山区疾控中心输液一个多月，共花去四万多元医疗费，当他觉得上当受骗时，钱已经花光了。

据小武说，3 月 4 日，他觉得尿道有些发痒，就到钟山区疾病控制中心去咨询，当小武向该中心的一位医生叙述病症后，医生就叫人给小武做抽血化验，其化验结果为支原体阳性。于是，这位医生叫小武先输一个疗程 7 天的液，并说此病必须输液，而且不能让家人及朋友知道，否则将对他（小武）不利。

从 3 月 4 日到 12 日，该中心每天除了给小武输一次液外，还让小武口服一些药，但仅 8 天时间就花费了约 3700 元。此后，小武觉得好多了，就没有再继续治疗。5 月 1 日，小武再次感到尿道不适，又一次来到该疾病控制中心。这次没再做任何检查化验，医生便说他的病拖得时间太长，要想痊愈必须花很多钱。此时，另一名姓马的医生过来对小武说，这病很难治，不花上几万元是治不好的。此话无疑给小武当头一棒。一点医药常识都不懂的小武怀着恐惧继续接受治疗。

从5月1日到6月15日，小武每天除了吃一些口服药外，还是每天只输一次液，然而，就在这短短的一个多月时间里，小武竟花了四万多元的医疗费。此时，小武已身无分文，但医生却说他的病还很严重，必须继续治疗，否则将遗憾终生。此时的小武几乎完全崩溃了，但又不敢对家人及朋友说。好几次，小武想一死了之。小武的变化引起了家人的注意，在家人的再三追问下，他终于对家人说出了自己的遭遇以及从姐姐那里拿走了四万多元现金的事。

小武的家人非常气愤，认为小武上当受骗了。又不是做什么大手术，输一个多月的液，哪能用掉4万多元钱呢？7月10日，小武的家人来到钟山区疾病控制中心理论，最后在钟山区疾病控制中心主任田某某的调解下，该中心退还了小武三万元钱，并让小武写了一张收条，上面特别注明"今后小武与钟山区疾病控制中心门诊部无任何责任关系。此纠纷了结"。此后，小武在家人的陪同下到六盘水市人民医院再次做了检查，检查的结果显示：他的身体完全正常。市人民医院的医生听小武讲述以前的病症后，认为小武以前可能患了非淋菌性尿道炎，但这种病最多花千元就可完全治愈。据了解，钟山区疾控中心在小武的病历上注明，小武也是患非淋菌性尿道炎。

7月22日下午4时31分许，记者就此事采访了钟山区疾病控制中心主任田某某，据田某某介绍，中心设门诊部是承包给别人经营的，中心只负责管理。至于小武治"性病"一事，田称这些承包者是按照有关物价部门核准的标准价收取的，并没有违规收费。当记者问及为什么会退还小武三万元时，田说是在小武及家人的逼迫下退还的。

记者了解到，钟山区疾病控制中心门诊部的承包人叫李某某。7月23日下午，记者再次来到钟山区疾病控制中心门诊部找这位承包人了解情况，但办公室的一男士说李某某不在。此后，记者再也没有联系上李某某……（原载于2004年7月27日《六盘水晚报》）

吃火锅吃出苍蝇　经理登门道歉

本是开开心心地去吃饭，没想到却吃出两只苍蝇。10 日晚，赵女士和同事在位于六盘水市中心城区官厅路口的重庆鸭棚子火锅店聚餐时碰到了这样一件大倒胃口的事。第二天，该店的总经理周文昊登门道歉，并退还了前日就餐的费用。

当晚 20 时，赵女士和同事来到重庆鸭棚子火锅店吃饭。在吃完饭并结账后，赵女士的一位同事意外地在油碟里发现了一只苍蝇，此时早已停筷的另一位同事才说："刚开始吃饭时就发现油碟里有苍蝇，怕影响大家的食欲就没说。"顿时，所有就餐者大倒胃口。

赵女士立即向火锅店服务员反映此事，闻讯而来的大堂经理表示，油碟里有苍蝇确实是他们的错，但支支吾吾地说："给你们换个油碟就行了。"该大堂经理的处理方式未得到赵女士的认同，而该大堂经理和服务员此后又以各种理由推诿搪塞，双方曾一度争执不停。"我有两个要求，一是告诉大家究竟是哪个环节出错了；二是必须向在座的顾客道歉，因为要保障所有消费者的权益。"赵女士指着有苍蝇的油碟说。

随后，该经理说要向总经理反映此事就走了，迟迟不见踪影，越等越气愤的赵女士和她的同事愤怒地要求总经理立即来处理此事。姗姗来迟的该店总经理向赵女士道歉，并表示要妥善处理此事。

昨日上午，总经理周文昊来到赵女士的单位针对此事进行道歉。诚恳地表示，今后将加强管理、提高服务质量，为消费者营造一个诚信的服务环境，并退还了前一日赵女士就餐的全部费用。

赵女士表示接受重庆鸭棚子火锅店总经理周文昊的道歉，希望该店能吸取教训，不要再发生类似的事。（原载于 2004 年 8 月 12 日《六盘水晚报》）

绑架自己　测试老公真心

近日,六盘水市发生一起"受害者"自导自演的"绑架案"。据办案民警介绍,26 日上午 8 时许,一位在六盘水做生意的福建老板何某报案称,他的妻子陈某被一"神秘男子"绑架,对方要求何某汇 28000 元至指定账户,并警告不许报警。

当地警方立即对此案展开调查。当天上午 9 时许,何某又接到"神秘男子"打来电话,威胁如不赶快汇钱,将对"人质"不利。在警方的安排下,一方面,何某先把 28000 元钱汇到对方指定的账户中,保证人质安全。另一方面,民警从银行得知,该账户户主在盘县洒基镇一带。

民警迅速赶到盘县洒基镇准备进行部署,可是,事情又突然发生了变化。银行方面传来消息,"神秘男子"的账户上已被取走 5000 元钱,而提款者却是在盘县城关的一柜员机上提走现金的。深思熟虑后,民警决定在男子账户上的钱没有被全部取完的前提下,继续在盘县洒基镇蹲点守候。当晚 8 时许,"神秘男子"又给何某打来电话:"你讲信用,我也讲信用,明天取完钱我就把人放走。"

为此,警方马上展开部署,首先对盘县和洒基的所有农行的提款机进行蹲点监察,接着在洒基至盘县的公路上设卡检查,最后根据银行部门提供的提款人的体貌特征。于 27 日凌晨 2 时开始在洒基对所有租房户和旅社进行排查。

27 日上午 9 时,"神秘男子"被一举抓获,何某的妻子陈某被一并解救。然而,审讯后的结果却让人哭笑不得,原来,"神秘男子"姓赵,是洒基镇人,并开有一粉面馆。赵某称,陈某是到他的粉馆里吃粉时与其相识的,"当天,她说想考验老公到底爱不爱她,就叫我帮她合演一场绑架戏"。赵说,当时他觉得很有意思,于是便答应了陈某要求。

目前,赵某和陈某被当地警方处以 15 天刑事拘留。(原载于 2004 年 12 月 31 日《贵阳晚报》)

农忙时节！这里的村民不"种庄稼"抢"种房"

时值春耕季节，但水钢厂区附近的村民不是忙着春耕，而是急着盖房子。房子随便修饰一下之后，房主就等着有关部门把它拆掉，这种奇怪的现象，被知情人戏称为"种房"。

据知情人介绍，村民忙着"种房"，是因为水钢厂区连接市区的主要交通干线——钢城大道北段延伸工程将于近期开工，现在村民抢着盖房，目的是等到拆迁之日，多得补偿款。以场坝至水钢南苑小区路段为例，不到两个月的时间，这里的13户村民相继盖房2000余平方米。2月20日，记者在该路段看到，这些抢建的房屋都被编上了号，并醒目地写上了"拆"字，可房子照样继续加高，盖房之风还在继续。

一位不愿透露姓名的村民介绍，这里盖房，不需要手续，也没人管，可以单独盖房，也可与他人合盖。这地段已被规划了，迟早要拆迁，大家就在等待补偿款到手。村民邱某告诉记者，前些年，他家盖房的时候，打的是两层楼的地基，现在听说补偿方案是按平方米贴付，于是又在二楼之上加盖了一层。

据了解，若是由村民自己修房，每平方米的建筑成本在300～400元左右，而征地补偿标准，平均价格是每平方米700元。由于建筑成本和补偿费用存在巨大差距，村民都认为盖房子是一本万利的好行当，比种庄稼划算多了。某房产公司经理告诉记者，仅水钢南苑小区一带，若是按新增的房屋面积来计算，拆迁时的补偿费用就要多出140万元，房产开发商希望这种现象能得到遏制。

记者从有关部门了解到，钟山区政府对这种乱搭建新房现象有明确规定：1997年之前建成的，一律按合法建筑标准补偿；在1998年至2000年建成的，按照61%的标准补偿；在2001年至2002年建成的，按30%补偿；2003年之后建成的，视为违章建筑，不予补偿。2006年，钟山区还将投入300万元启动"廉租房"建设工程，解决失地农民的住房问题。（原载于2005年2月21日《六盘水晚报》）

身患疾病又遇"分手" 一女子跳楼寻短

7月31日下午，记者接到热线反映称，在六盘水市中心城区一住宅小区内，有一名女子轻生，女子纵身从八楼跳下当场死亡。

闻讯后，记者立即赶往现场。据旁观者胡某介绍，当日下午5点左右，他正在家里吃饭，突然听到高空传来吼声："谁家乱扔东西！"接着有物体坠落在她家门口，胡开门一看，一女子仰面朝天、鲜血直流躺在路上。胡赶紧拨打120、110报警电话，随后该女子在被送往医院急救的过程中，因抢救无效死亡。有目击者告诉记者，该女子跳楼时，身体先碰着六楼住户的雨棚，然后被电线弹出围墙，摔在墙外的水泥地上。

接警后，六盘水市公安局荷城警署民警迅速赶到事发现场，找到附近物业管理人员核实死者身份，据佳和物业公司欣欣花园物业管理办公室工作人员确认，死者是该小区居民刘某。物业管理人员告诉记者，今年31岁的刘某系该小区4号楼1单元住户，此前多次自杀未遂。物业管理人员说，据他们了解，刘某在17岁的时候被确诊为风湿性心脏病，之后一直没有外出过。半年前，和她恋爱多年的男友与她分手了，遭受打击之后，刘某萌生了轻生的念头。

7月31日下午，刘某的母亲出门买菜，让其姨母来照顾她，期间，刘某不知何时离家出走，独自来到小区11号楼的八楼屋顶，然后纵身跳下，惨剧发生。

8月1日上午，记者找到刘某的亲属采访时，被婉言谢绝。据民警介绍，事发后死者家属已确认刘自杀的事实，已认可刘的自杀事实，并在《死亡证明书》上签字。（原载于2005年8月3日《六盘水晚报》）

盘县西冲镇发生自然灾害
堡坎垮塌　1家6口人被埋

9月1日凌晨2点30分许，盘县西冲镇右所屯村18组发生一起突发性自然灾害，该村一民房后的堡坎倒塌，滚下来的泥石将堡坎下一王姓人家祖孙三代6口人全部掩埋。

当日下午5点35分，记者接到热线后，当即与盘县西冲镇党政办取得联系，办公室一名姓董的工作人员在电话中称，事故发生后，镇党委书记刘辅生和镇长赵光辉一直在现场指挥抢险救援工作。据介绍，事情发生在9月1日凌晨2点30分左右，右所屯村18组村民王凌霄家房后一道长18米、高8米的混凝土堡坎倒塌，将王家7间木屋中的5间摧毁，王家6人被掩埋在泥石中，由于事发突然，一家6口人没有一个幸存。

据悉，遇难的6口人是一家祖孙三代。其中，年龄最大的有69岁，最小的仅有6个月。事发当晚，隔壁邻居听到"轰隆"一声巨响过后，立即披衣前往事发地点想看个究竟，当邻居们在灯光照射下看到王凌霄家5间木瓦房全部被厚厚的泥石掩埋后，他们一边自发抱石刨土救人，一边向西冲镇政府求救。镇政府领导一接到求救电话，立即将情况向县委、县政府做了汇报并赶往出事现场。

六盘水市委常委、盘县县委主要领导一接到灾情汇报，立即通知各部门组织人员快速赶往现场救人，自己也急忙赶往现场指挥搜救工作。在公安、消防、武警、卫生、西冲镇等各部门的及时搜救下，截至9月1日上午9点40分，王凌霄一家祖孙三代6口人的遗体才全部被搜救出来。

目前，事故原因在进一步调查中。（原载于2005年9月9日《六盘水晚报》）

工作时发生事故，一民工7根手指被机器绞断
协商赔偿未果　断指民工咋办？

8月28日，水钢4号烧结机工程现场发生一起安全事故，一民工被作业的卷扬机绞断7根手指。事后，包工头意欲与受伤民工私下协商了结，却因补偿金达不成一致，包工头开始逃避。10月30日，受伤民工张思源致电记者，诉说了整个事件的经过。

据张思源介绍，他7月17日在水钢八冶桥头找活干的时候，遇见包工头张博通，张博通叫他到水钢烧结厂4号烧结工程做工，答应给他每天35元报酬。8月28日下午3点，张思源在现场作业时，因指挥失误，操作人员启动卷扬机时手拿钢丝绳的张思源被瞬间绷紧的钢丝绳绞断7根手指。事发后，张思源被工友杨忠亮送到水钢医院救治。

张思源告诉记者，被钢丝绳绞断手指后，张博通先后送他到水钢医院、水矿总医院和贵州省人民医院治疗，因疗效不佳，张博通渐渐丧失信心，开始对他不管不问。国庆节前夕，甚至要求张思源回家休养，不再支付治疗费用，并提出对张思源进行一次性补偿，双方私下了结此事。张思源和家人商量后提出赔偿15万元的要求。张博通认为张思源的要求过高，只答应按工伤事故补偿标准进行赔偿，补偿张思源7万元。但张思源认为自己与张博通之间没有签订劳动合同，属于临时用工性质，不符合工伤事故补偿范围，没有答应张博通的提议。因此双方就赔偿金达不成一致意见，张博通开始逃避，不与张思源及其家属见面。

10月30日晚，记者按照张思源提供的张博通手机号码，拨打张博通的手机，拨通电话后，张博通一直没有接听电话。之后，记者咨询了六盘水市法律工作者肖惠群，肖告诉记者，类似这样的工伤事故，伤者应向劳动部门提出仲裁，并经法院开庭审理，做出判决。（原载于2005年11月1日《六盘水晚报》）

妻子发"黄信" 丈夫背"黑锅"

11月9日，六盘水市一家银行门口，有人突然高喊"打劫了"，引来多人围观。原来，却是几名男子在"收拾"另一男士，原因是怀疑他发"暧昧短信"给别人的妻子。

11月9日下午接到电话后，记者赶到中国农业银行六盘水分行营业大厅门前。此时，该处已聚集了许多人，现场一片混乱。几名刚刚赶来的民警进入现场后，制止了冲突的双方。一男子捂着受伤的脸，告诉民警，下午3点多，他接到一陌生男子打来的电话，叫他从办公室出来谈生意。刚走出银行营业大厅，他就被数人围住。对方问了他的姓名后立刻挥拳过来。

经警方询问，动手打人的一方是尹某的朋友，打人的原因是"徐某发手机短信调戏尹的妻子"。尹某告诉民警，下午1点20分，妻子陈某陆续收到两条短信，内容不堪入目，按手机号码回拨过去，是一男子接的电话。该男子在电话里支吾了几声，没有说话，就将电话挂断了。陈某觉得委屈，便将事情告诉丈夫尹某。据称，尹某得知这一消息后，通过"查询"，得知了手机主人的身份，于是立刻喊人找其"算账"。

对"发暧昧短信"一事，徐予以否认。他告诉民警，当日中午，他一直和妻子在家，没有发过任何短信。这时，徐的妻子来到治安大队，一进门就和陈某打招呼，并向民警承认，这两条"暧昧"短信是她发的。徐妻说，她和陈某是好朋友，发这个短信不过是开个玩笑。（原载于2005年11月10日《贵阳晚报》）

想当兵，造假学历蒙人！
警方顺藤摸瓜抓获5名制售假证者

想当兵，学历不够怎么办？六盘水市中心区的周某想出一个"好办法"，找一个办假证的窝点伪造假学历。可惜，政审时却没能蒙过部队干部的眼睛。

12月3日，记者从六盘市公安局黄土坡警署治安大队获悉，根据接兵部队提供的线索，当地警方一举捣毁两个办假证的窝点，5名犯罪嫌疑人被抓获，所有作案工具被缴获。

据办案民警介绍，11月28日，黄土坡警署治安大队接到市征兵办打来报警电话称，他们在政审过程中发现一个假毕业证书，持有该证书的人名叫周某。民警立即赶到现场，据征兵办工作人员介绍，周所出示的毕业证书系六盘水市三中2004年所发"高中毕业证书"，但经工作人员核实，该毕业证上面的编号、学校行政印章以及法人印章都是假的。

民警随后找到周某，据周交代，他通过市区一墙壁上的野广告电话号码，联系上一办假证窝点，随后，该窝点给周办理假毕业证书。按周所提供线索，黄土坡治安大队从11月28日开始排查，于12月3日下午2点，在钟山区民族路11号楼101室和体育馆后的一家属楼将犯罪嫌疑人王某等5人抓获，所有作案工具被警方缴获。（原载于2005年12月5日金黔在线—《贵州都市报》）

六盘水铁路警方破获倒卖车票案
查获一批倒票账本及票面值2570元的车票

1月20日，经过两天的周密调查，贵昆线春运工作组与六盘水铁路派出所通力协作，成功破获一起倒卖火车票的案件，两名涉案男子被现场抓获，收缴19张车票，同时查获倒票账本24本。

1月18日，六盘水铁路派出所民警在六盘水火车站候车室进行旅客票源调查时得到群众举报，称新华大酒店内有人在高价倒卖火车票。得知此线索后，民警迅速向身在六盘水的贵昆线春运工作组的政治处副主任范世平进行了汇报，范副主任当即指示，迅速对此展开调查，一定要一查到底，以保障旅客群众的合法利益。

贵昆线春运工作组与六盘水铁路派出所办案民警经过两天的缜密调查，在获取大量证据的情况下，果断出击。1月20日下午4时许，民警在新华大酒店商务中心内抓了两名正在倒卖车票的男子，缴获4张六盘水至成都的

N866 次列车卧铺车票。

随后，民警又查获了六盘水至怀化的 K110 次硬座车票 7 张，六盘水至湘潭的 K80 次硬座车票 7 张，六盘水至株洲的 K80 次硬座车票 1 张，共计 19 张车票，票面价值 2570 元。同时民警查扣了倒卖车票的记账本 24 本。

经查，两名倒卖车票的男子李添林和李长空都是湖南桃源县人。两人以承包新华大酒店商务中心为幌子，大肆从事非法倒卖火车票的活动。民警从倒卖车票账本上发现，仅 2006 年 1 月 1 日开始至案发时止，两人已经非法获利达 4942 元。据两犯罪嫌疑人向民警交代，他们是专门以倒卖火车票为生，原来在贵阳火车站倒票，今年见贵阳站打击票贩子活动很严，于是将战场"转移"到六盘水。

目前，民警还在对此案做进一步调查，现已对两人依法予以刑事拘留。（原载于 2006 年 1 月 25 日《六盘水晚报》）

骗人钱财，竟然将事先准备好的耳疥放到他人的耳朵里——
胆大"游医"如此糊弄人

掏耳"医生"为糊弄人，骗人钱财，竟然将事先准备好的耳疥放到他人的耳朵里。近日，家住水钢的黎女士和丈夫徐某在六盘水火车站附近掏耳朵时，就遭遇了这样一件事。幸好她及时发现，没上"鬼当"。

据黎女士介绍，2 月 14 日上午 11 点左右，她和丈夫购物经过六盘水火车站附近的水西桥洞处时，看到有几名专门治耳朵的"医生"在摆摊。因丈夫以前有耳疥，于是她和丈夫便上前去询问，该"医生"承诺一定可以取出耳疥，如果取出了就付 20 元的"手术费"。就在"医生"为丈夫掏耳疥时，她发现该"医生"神色不对，便在一旁观察。她发现这位"医生"在裤兜里掏了掏，就直接将一颗长约 1 厘米的耳疥放在她丈夫的耳朵里。在发现这位骗子的真"把戏"后，她立刻跟"医生"理论起来。虽然真"把戏"被识破，但该"医生"仍坚持说（耳）疥是从她丈夫的耳朵里掏出来的。后来，在路人的谴责下，这位所谓的"医生"终因做贼心虚，才放他们离开。

随后，记者在水西桥洞附近看到，在这里路边摆掏耳、治牙的游医摊点就有十多个。据附近医院的王姓医生介绍，这些掏耳、治牙的医生大部分没有行医证件，卫生条件极差，建议市民最好到正规医院医治。（原载于 2006 年 3 月 2 日《六盘水日报》）

上山采药遭抢并被打伤
贫困夫妻遭不幸　邻里老乡伸援手

3 月 2 日，水钢一对夫妻上山采药却遇到劫匪，并被打成重伤。夫妻二人收入微薄，又没有直系亲属在身边，幸得邻居和老乡凑钱为他们垫付了前期医疗费。现在邻居们为帮助他们，已自发张贴"倡议书"，希望市民慷慨解囊。

据悉，3 月 2 日下午，水钢退休职工廖维祥和妻子林晴雯上山采药，被一名年轻人抢劫，并将他们夫妻打伤。经水钢医院初步诊断，两人均颅部骨折，颅内出血，伤势严重。2 日晚 8 点左右，两位老人被送进水钢医院手术室接受治疗，经过 8 个小时的手术，于次日凌晨 3 点脱离危险期。但据医生介绍，目前因为两位老人的颅内仍有淤血，病情不容乐观。

据了解，由于二老没有直系亲属在身旁，况且廖每月退休金仅为 519 元，妻子无收入，家境贫寒。遭遇不幸后，是老人的邻居和老乡将他们送进医院接受治疗的，并且凑钱为他们垫付了前期的治疗费用。廖的老乡说，两天来，他们先后支付治疗费达 16000 元，但从医院得知，要完成全部康复治疗，还需 4 万元。对此，他们已经无能为力。

3 月 4 日凌晨 2 点，廖的儿子廖晨光从千里之外的青岛返回故里，直接到病床前照顾两位老人。据了解，廖晨光今年 24 岁，一年前大学毕业后一直在外打工。

记者还了解到，邻居们为帮助廖晨光救助双亲发出的"倡议"，目前已募集现金 1000 多元，但距离 4 万元的后期治疗费用，仍有相当大的差距，若有热心读者愿意相助，请直接拨打爱心热线：0858—6894008 或 0858—8810686。与张先生和彭女士联系。（原载于 2006 年 3 月 6 日《凉都晚报》）

做好事不留名
受伤夫妇寻找好少年

　　《两位老人上山采药，不幸被人打伤》（本报3月6日曾做报道）。幸遇水钢高中学生热心帮助，才被及时送往医院治疗。事后，两名学生没有留下姓名便悄然离去。连日来，记者终于在校方的配合下，找到了这两名做了好事不留名的好学生。

　　据悉，3月2日下午，水钢退休职工廖维祥和妻子林晴雯上山采药时，被一名年轻人抢劫并打伤。在求助过程中，两人遇见两名身着水钢高中校服的学生。见两位老人伤势严重，两名学生毅然将他们背到数百米的山下，并送到一家私人诊所治疗。随后，两位老人被闻讯赶来的急救中心医护人员送到水钢医院，经竭力抢救，两位老人转危为安。慌乱中，伤者家属却忘记留下这两名热心少年的名字。之后，伤者家属一再表示，希望记者能够帮助找到他们，向他们说声"谢谢！"

　　为此，3月3日，记者来到水钢高中请校方帮助寻找这两名做好事的学生。3月7日中午，水钢高中校团支部书记朱建新打电话告诉记者，经过该校多日寻访，终于找到这两名学生。

　　据朱建新老师介绍，3月6日下午，高二（3）班学生熊孝成的父亲突然来到学校，问其班主任老师李云：熊孝成在学校是不是与人发生冲突了，因为他的母亲在收拾房间时，发现一件"血衣"。听到消息，朱建新立即找到熊孝成并进行问话。熊告之这件"血衣"的来历后，校方才知道，苦苦找寻多日的好学生就是他和另一名同学宋宁军。

　　据熊孝成介绍，3月2日下午放学后，他和同学宋宁军相邀一起回家，经过事发地点时，遇见两位老人血流不止，已处于昏迷状态。见此情景，他们没有多想，一人背着一个，赶紧往山下跑并将其送到山下的一家私人诊所。两人的校服因此而血迹斑斑。事后，他们看见老人的亲属和邻居赶到现场，并有人拨打急救中心的电话后，心想老人安全了，所以就离开了。

7 日，记者将两名学生的姓名告诉了廖维祥的亲属。7 日下午 3 点左右，廖维祥的家属将感谢信和锦旗送到水钢高中校园里以表对他们的感谢。（原载于 2006 年 3 月 10 日《凉都晚报》）

一男子酒醉后撒野！恐吓司机　打伤交警

3 月 7 日，一男子喝酒醉后不仅对出租车司机出言不逊，而且还将前来调解的交警打伤。

3 月 7 日晚，记者接到热线称，在火车站附近，一醉酒男子在乘坐的士车的过程中不仅多次对司机出言不逊，还对司机进行威胁攻击，无奈司机只好求助民警，前来处理的交警尹涵接警后立即赶到现场，却被醉酒男子耳光打中面部，眼镜被打飞，眼睛被打伤。

随后记者迅速赶到现场，只见路边有数百名市民正在围观，打人男子已被带进火车站警务平台的警车内。据车牌号为贵 B1074 的出租车司机李诚峻介绍，当晚 11 点 40 分左右，他在水城矿业（集团）总医院附近万马超市一拐角处候客，此时，上来一位满口酒味的乘客，当李诚峻问他到哪里时，乘客说一直往前开，随后，司机又多次询问他具体要到哪个位置？乘客答复："我想到哪里就到哪里，不要给老子扯淡。"因不知道该乘客要去的具体位置，李诚俊只好开着车一直往前走，当车行至水西路附近的红绿灯处时，该乘客用恶狠狠的口气大声吼道，快给老子掉头，并声称再不听话要干掉李诚峻。

李诚峻见情况不妙，只好照他的要求将车掉头，在返回火车站的途中，该乘客又多次对他进行辱骂，语言极不文明。无奈之下，李诚峻只好将车开到火车站的警务平台附近，迅速下车将事情的经过告诉了 205 警务平台的值班民警。

205 平台的值班民警尹涵了解事情的经过后，在司机的带领下迅速赶到出租车停放地，并礼貌询问该乘客家住哪里，以便让司机送他回家，但这位乘客此时坚持说，这就是"老子"的专车。民警向乘客解释，说这是出租车。

随后，该乘客下车确认该车是出租车后，又回到车副驾驶位上坐着。民

150

警又一再劝说，谁料该乘客不耐烦了，一个耳光打在尹涵的脸上，接着又一拳将他眼镜打掉，眼睛受伤。随后，记者在现场对该男子进行了采访，他却拒绝回答⋯⋯

8日凌晨1点30分，该男子被前来援助的民警带到六盘水市公安局作进一步调查。（原载于2006年3月10日《凉都晚报》）

家属楼前突发地陷　数十户居民紧急撤离

初步勘测认为：地下管道长期漏水以致泥土松动

消息4月1日，六盘水一家属楼前发生地陷，30余户居民及一楼12个门面的经营户连夜撤离。5日下午，初步勘测结果出炉：由于地下管道长期漏水，以致此地段泥土松动而影响土质。勘测结果同时显示，家属楼的基础没有受到影响，楼内住户可在一周内回家。

据相关部门人士介绍，此次地陷发生于1日晚7时许，地点为原市政处家属楼门前，当时有一名60岁左右的老人和她的侄女正站在事发地等候公交车，地面突然发生陷落，老人跟着掉进约1米深的土坑中。老人的侄女伸手去拉她，可附近又有一块地面陷落，致使营救未能成功，情况十分危急。当时，有行人赶紧拨打报警电话，在民警赶到后，众人合力才将老人从土坑中救出。

事发后，六盘水市委、市政府及相关部门高度重视，立即成立应急疏导小组，组织家属楼内的30余户居民及一楼12个门面的经营户撤离该楼。

据六盘水市设计院勘测人员5日下午介绍，从目前的勘测结果来看，该家属楼的基础没有受到影响，地陷的原因是地下管道长期漏水，以致该地段泥土发生松动。（原载于2006年4月1日《贵阳晚报》）

土地补偿款未达到要求
一村民堵路自收"过路费"

"此路是我开,要想从此过,留下买路财。"这一幕,8日上午发生在钟山区荷城办事处三决田村。货车司机李双平经过这里时,被村民拦住去路,索要20元的过路费。

李双平称他为市区某工地运送原材料到三块田村二组的小水井砂石厂拉沙子和碎石,当日上午,他来到这里,发现路上堵了不少车。被堵的货车司机告诉他,村民严程勋开了一辆拖拉机堵在路中央,向过路司机收取每车20元的过路费,如果不交,不准通行。

李告诉记者,许多司机都默认了严程勋的乱收费行为,向严交了20元的过路费,但收钱后,严不出示任何收据。轮到他时,他拿出一张百元钞票,要严退他80元,可严借口没零钱找换,不让他的车通过。李追问严收费的依据时,双方发生争执,随后,严程勋不再让其他车辆通过,用自己的拖拉机堵路,以致司机怨声载道。

下午2点,记者赶到现场,砂石厂厂长严立品向记者透露,严堵路的原因,是不满厂方赔付给他的土地补偿费用。据了解,该砂石厂位于一山坳下,有17台打砂机。与外界的通道须经过8户村民的耕地。之前,厂方和村民约定,每年按打砂机的数量(每机100元)分别给农户一定补偿,外面的车辆可到砂厂拉砂。今年6月,村民严程勋突然提出,他家的土地补偿标准要提高到每台机2000元。严立品拒绝了严程勋的要求,随后严程勋开来拖拉机拦在砂石厂和外界公路中间,并对过路车辆收费。

下午4点,记者将了解到的情况向村委会反映,该村委副主任严达喜陪同记者来到现场,正好碰见在收费的严程勋,严告诉记者,他之所以堵路收费,是因为厂方拒绝和他协商土地补偿事宜。记者告诉他:这种乱收费的行为已触犯法律。严回答:路是我修的,(过路费)想收就收。

对此,三块田村委副主任严达喜明确表示,他们将及时制止严程勋乱收

费的个人行为。（原载于 2006 年 6 月 13 日《六盘水晚报》）

水钢一职工遭盗损失严重
同事纷纷伸援手助力渡难关

近日，水城钢铁（集团）公司机制公司职工周某家中被盗，损失达 8000 元左右。当周某的邻居和同事了解情况后纷纷前往安慰和资助。

25 日，记者接周某电话后来到周某家中，看见周某夫妻俩眼睛都哭肿了。据周某介绍，21 日晚，他被通知去加班，凌晨 2 时左右，其妻子隐隐约约听到有人开门，认为是丈夫回来了，没有在意就睡着了。到早晨周某下班回到家，走到家门口时，看见钥匙挂在门上，一推开门，见屋里一片狼藉，家电、床上用品、衣物等不翼而飞。见状，周某立即跑到卧室问还在睡觉的妻子说："屋里是怎么回事？家里的东西都不见了。"这时，妻子才反应过来，家里昨晚上被盗了。原来，盗贼是趁周妻睡着之机，用铁棍撬开他家房后面的窗子以后，再用铁钩钩出她睡觉时脱放在床头的衣裤，掏下挂在衣裤上的钥匙进屋作案。另据周某介绍，在被盗走的毛毯内，有自己辛苦积存、准备用于兄弟上学的 2800 元现金，由于被盗，以致他的家庭陷入困境。

截至记者发稿时，机制公司工会已向周某资助 1000 元，周某所在班组资助 500 元，一些亲朋好友也纷纷解囊。目前，巴西警署对周某家被盗一案已立案侦查。（原载于 2006 年 6 月 27 日《六盘水晚报》）

钢质门冒充防盗门
市民家中频频失窃

市民闫先生入住不到半年，家中就频频被盗，连新安装的防盗门都被撬开。但从撬烂的防盗门中闫先生发现了蹊跷，防盗门居然是两张铁皮所制中间塞满纸壳等填充物的钢质门。对此，闫先生认为是房开商欺骗了住户，因为双方签有协议，住户的防盗门由房开商负责购置并安装。

据闫介绍,他今年3月才搬进新居。11月8日下午3点左右,闫办完事回家,刚到门口,就发现自家的防盗门被撬在一边,家中财物被洗劫一空,闫当即向公安机关报了案。

闫先生告诉记者,家中失窃后,他把被撬的防盗门放在楼道中间,12月12日上午,闫先生联系了一个收购废品的商贩,准备将门卖掉,谁知收废品的商贩却称,这是一扇"纸壳门",根本不值钱。闫先生这才发现,这扇门前后蒙着两张铁皮,中间塞满纸壳等填充物。随后,闫先生找到负责安装此门的房地产开发公司,得到的答复是让闫先生自己与厂家联系。闫先生说,他和厂家取得联系后,对方告诉他:他们销售的不是防盗门,而是钢质门。这一结果,让闫先生气恼不已。闫先生说,按协议,房地产开发商所安装的外门必须是防盗门,可房地产开发商却糊弄他们,用所谓的钢质门代替防盗门,造成住户财物受损。自己家里被盗,房地产开发商有不可推卸的责任。

据了解,闫搬入新居后,并没有得到该门的质量检验证明和合格证书,只有一张"保险信誉卡"。对此,记者联系了该门的生产厂家。厂家工作人员称:钢质门和防盗门有明显区别,钢质门执行的是企业标准,售价便宜,能让普通消费者承受,而防盗门执行的是国家标准,价格较为昂贵。这位工作人员同时解释,门板中间填放纸壳目的是隔音,是符合规定的。

房地产开发商水城矿业(集团)公司太阳石房地产开发有限公司对此却另有说法,他们坚称向厂家订购的是防盗门,每扇700元,但无法提供相关证明,只是表示,他们将与生产厂家尽快取得联系,协商解决住户财物受损一事。

对此,闫说,他们这栋楼有70余户人家,家家安装的都是这种叫"永和×××牌"的防盗门,住户知道这门里面填充的是纸壳后,都对自家的安全心有不安。(原载于2006年12月14日《凉都晚报》)

倒卖 45 张火车票 一"黄牛"被刑拘

2月25日下午,六盘水车站派出所破获一起倒票案,犯罪嫌疑人罗某某倒卖45张火车票,从中非法获利1800元。目前,罗某某已被刑事拘留。

下午 5 时，沪昆线工作组政委李亚新接到群众举报："当天晚上有人在六盘水火车站对面'昆圣'旅社倒卖火车票。"接报后，李亚新迅速将情况向贵昆线工作组组长夏家泰进行了汇报。接到汇报后，夏家泰立即要求六盘水车站派出所抽出 10 名精干警力，参加晚上 9 点的统一行动。

晚上 9 时许，按照预定计划，李亚新带领一个行动小组，根据群众提供的嫌疑人特征在火车站对面军供站一带蹲点守候，寻机对嫌疑人进行抓捕。六盘水车站派出所所长桑辉带领一个行动小组化装秘密潜入"昆圣"旅社暗中走访调查。21 时 15 分许，犯罪嫌疑人罗某某在回旅社的途中，被在路边守候多时的民警当场抓获。通过耐心说服教育，罗某某承认了自己倒卖 45 张火车票的犯罪事实。紧接着，行动小组将罗某某带到"昆圣"旅社进行核实，住在该旅社的 45 名旅客当场指认，车票确是罗某某以 220 元 / 张的价格卖给他们的。

据罗某某交代，45 张六盘水至杭州的 L200 次车票是其以 180/ 张的价格（原价 116 元 / 张）从另一姓罗的人（在逃）手中购买的，后又以 220 元 / 张的价格将票卖给了住在"昆圣"旅社的 45 名旅客，从中非法获利 1800 元。

目前，罗某某已被刑事拘留，收缴的 45 张车票已返还旅客，罗某某非法获利部分（1800 元）被派出所依法收缴。铁路派出所民警正在对另一涉案嫌疑人抓捕中。（原载于 2008 年 3 月 1 日《凉都晚报》）

去年，他考取了武汉科技学院，因为家里经济困难没去读。今年，复读一年的他又接到了中国民航学院的录取通知书，却仍然难圆大学梦，他说——

我真的很想上大学

王猛永远也不会忘记，7 月 23 日，当他再次收到大学录取通知书时，心情沉重得几乎喘不过气来。去年，也是在这个时候，他收到了武汉科技大学的录取通知书，由于家里穷，交不起学费，他只好抱着等一等的态度，补习了一年。然而，今年的这张中国民航大学的录取通知书似乎更沉重。看着四壁空空的家，想到上大学所需的那笔高昂的学费，王猛不知该如何是好。上大学是他的梦想，这次他又只能放弃吗？王猛真的不甘心。可是他家连吃饱肚子都困难呀！上大学的学费对于这个一贫如洗的家庭来说就好比一个天文数字。好几次，他偷偷地跑出家门想去打工，可最终都被家人找到制止了。回到家，面对着那张红彤彤的录取通知书，看着关心他的家人，他只能强忍泪水。

今年 19 岁的王猛，家住钟山区荷城街道办事处官林路。8 月 7 日，记者来到王猛家，在一间大约只有 80 平方米的小屋内，见到了他的父亲王韵洲，当时王韵洲正在家里摆弄着一些水果、蔬菜，那间小屋里最值钱的东西就是那个壁炉了。据说，这个壁炉还是邻居送的。

王韵洲告诉记者，他于 1983 年从四川来到水城县杨梅乡，与妻子组建了家庭。1984 年，他们迁到水城，在场坝做起了小生意，妻子挑些蔬菜、水果到街上卖，而他靠做木工活挣钱。一天下来，两人赚的钱少说也有几十块，可是从 1985 年以后，他发现自己全身无力，干不了重活，到医院去检查，医生诊断为阑尾炎，需要做手术。他病倒后，妻子卖蔬菜、水果赚的钱只能勉强维持生计，好在邻居借了一间房子给他们住，他们哪有多余的钱治病呀！所以他的病就一直这样拖着。"现在，王猛考取大学，本应该是高兴的事，但这笔学费……"说到这里，王韵洲的眼睛湿润了。

据王猛的邻居李红称，在得知王猛的情况后，他与好心的邻居们东拼西凑。目前已为王猛筹到 5200 元学费，但王猛一进校就得交 8200 元学费，还有车旅费、购买铺盖的钱及生活费等至少得准备 15000 元。作为邻居，他们已尽最大的努力了。要想帮王猛完成他的大学梦，还需要社会这个大家庭的帮助和支持，王猛也告诉记者："我真的很想上大学！"

两度捧着大学录取通知书，却因没有钱交学费而不知何去何从的王猛，最终能否圆大学梦？本报将予以关注。（原载于 2004 年 8 月 9 日《六盘水晚报》）

7 岁儿童患上结核性脑膜炎生命垂危
市妇幼保健院展开爱心大营救

今年刚满 7 岁的蔡泽仁是水城县野钟乡锌铅村蔡芳晖的儿子，2005 年底不幸患上结核性脑膜炎，使原本贫困的家庭雪上加霜。今年 1 月到 4 月，蔡芳晖夫妇带着孩子四处求医，花光了借来的 4000 元钱，可是孩子的病并没有一点好转。为给孩子看病，蔡芳晖夫妇只得再去向邻居、亲戚们借钱，可他们一分钱也没借到，孩子一天天消瘦下去，蔡芳晖夫妇看在眼里痛在心里，无奈之余，他们只好从乡下将孩子背到城里来寻求帮助。

2006 年 4 月 3 日，蔡芳晖夫妇带着身上仅有的几十元钱将孩子送到六盘水市医疗（集团）妇幼保健院，向主治医生讲述了自己借钱医治孩子的过程以及家庭状况，"我现在只有几十块钱了，希望你们救救我的孩子"。看着奄奄一息的孩子，儿科主治医生二话没说，立即组织科室医护人员将孩子送到诊断科进行抽血化验检查。

经医生诊断，孩子患有结核性脑膜炎合并交通性脑积水等疾病，重度营养不良。由于孩子呼吸已十分困难，主治医生立即向保健院刘院长汇报情况，院长当场表态，马上将孩子送进病房进行治疗。主治医生带领全科室 2/3 的医护人员经过数小时的爱心大营救，使得孩子脱离了危险，接下来的日子医护人员每天给孩子固定用药、输液和补充营养……保健院领导以及儿科的全体医护人员还向蔡泽仁捐了 500 元钱以及营养品，并为其免去了 1000 多元的医疗费用。

目前，蔡泽仁已基本康复，5 月 19 日就可以出院了。（原载于 2006 年 5 月 18 日《凉都晚报》）

一封"感谢信"背后的故事

水钢炼铁厂一职工不慎将工友们的 1 万多元的工资掉进了滚烫的铁水里，

厂领导得知消息后，发动工友为这名刚工作不久的职工献爱心。5月31日，这名职工在厂办公楼前张贴感谢信，表达自己感激的心情。

5月16日下午，水钢炼铁厂职工谢宏宇到车间领取工友们的工资现金12500元，准备回班组发放给该班的16名工友。下午4点左右，谢经过该厂二高炉车间下液沟安全桥的时候，正值高炉出铁，滚烫的铁水在其经过的安全桥下流淌，所产生的高温将谢装钱的塑料袋灼裂，塑料袋里的现金顿时掉进渣流里并燃烧起来。工友们立即出手相助，和谢一起从火中捞钱，点清后，谢发现有4200元现金被烧坏，2300元化为灰烬。

这个结果，让谢一下愣住了。"糟了，我从哪里找这么多钱来赔偿大家啊！"谢是2003年大学毕业才分配到水钢工作的，对于独自在外上班的年轻人来说，这笔钱不是个小数目。更何况，这钱还是全班16名工友本月的工资。

班长喻泽昭了解情况后，安慰谢宏宇并悄悄给了他100元钱，其他班员也相继伸出友爱之手。当天，该班职工为谢宏宇捐款640元。车间领导得知谢宏宇的困难后，从车间借出4500元现金，将工资及时发放到职工手中。在车间领导倡议下，工友们将爱心行动进行到底，短短几天为其捐款1732元，车间还给予了他200元的困难补助。

与此同时，该厂工会组织核实情况后也及时将200元困难补助金送到他的手里。厂领导立即协调厂财务科工作人员将烧损的残币拿到银行进行兑换，除烧损比较严重的300元未能兑换外，其余全部给予兑换，减轻了谢宏宇的损失。

谢宏宇在工友的帮助下渡过了难关。为表达感恩的心情，他用自己的肺腑之言写了一封感谢信，贴在厂部办公楼及车间宣传栏上。（原载于2006年6月6日《凉都晚报》）

车祸无情　医院有情
——市医疗集团抢救一被车撞伤者小记

9月上旬的一个夜晚，一阵阵急促的警笛声打破了宁静的都市，一辆"122"

警车风驰电掣般驶入市医疗集团急救中心。民警从车上抬下一位被车撞伤的女士，她正处于深度昏迷，情况十分危急。经急诊科医护人员简单地检查、抢救，在未交任何费用的情况下，外四科负责人毫不犹豫主动接受任务，立即组织人员对伤者进行救治。

经院方诊断，这位伤者全身多处损伤，头皮裂伤、肝脏破裂、膈肌破裂、脑挫裂伤，蛛网膜下腔血肿，色素只有 35 克 / 升。尽管受害者身上没有一分钱、没有亲人在场，但集团领导高度重视，还是把病人抢救过来作为第一要务。因伤势过重，经医护人员极力抢救，伤者 4 天还没有苏醒过来，他们对病人没有失去信心，经医务处负责人协调，外四科负责人调动全科室精兵强将，继续紧张有序地抢救治疗，第 5 天病人还没有好转。在万般无奈之际，外四科负责人主持了病例讨论，统一了思想，决定在没有病人自己及其亲人签字的情况下进行肝脏修补、膈肌修补，并由外三科协助做胸腔闭式引流及其脑外伤的治疗手术。

手术后，患者仍处于昏迷状态，心跳弱、血压低、靠呼吸机维持呼吸，大小便失禁。可全体医护人员仍不放弃，依然有条不紊地进行抢救，1 小时、2 小时、3 小时……

奇迹终于出现了，昏迷了 144 个小时的伤者 9 月 11 日苏醒了，呼吸机撤了，血压也正常了，能说话了，但有关其个人的情况她还是说不清楚。由于伤者刚苏醒过来，仍需要料理、照顾，医护人员真情依然，还从家中做好饭菜送来一口一口喂给她吃，为其擦脸、端尿、端屎。

一个星期又过去了，这位伤者终于能说出自己的姓名：张碧珍，今年 30 岁，是新疆吐鲁番人。张碧珍说，她是 9 月初从新疆吐鲁番来六盘水走亲戚的，姐夫在六盘水市人民检察院工作，9 月 6 日晚约 11 时左右，她在人民路川心小区行走时，被一辆疾驰的机动车撞倒昏迷，司机当场逃逸，移动电话被人抢走。

因其身上没有电话，远在新疆的丈夫和亲戚无法与之联系，亲戚是通过寻人启事才得知她出了车祸住进了医院的。

9 月 13 日，张碧珍的丈夫卢名库得知消息后随即从新疆赶到六盘水。卢名库称，是市医疗集团医护人员这种救死扶伤的敬业精神把他的妻子从死亡线上拉了回来。卢含着眼泪对记者说，真是车病无情，医院有情。卢还称，等妻子出院后，他将向市医疗集团医护人员送上一面锦旗，以表达他们对市医疗集团的感谢和对医护人员的敬意。（原载于2006年9月14日《六盘水晚报》）

谎称孩子出车祸，急需汇1万元进行手术……
家长缝好寿衣　孩子安然到家

日前，六枝特区中寨乡陆、李两名学生的家长接到电话，称其孩子在从水城坐客车回六枝时，在水黄高速公路上发生车祸，一人重伤，已经被送至医院，一人快要死了。目前，急需汇1万元进行手术。正当亲戚、邻居准备驱车到水城拉尸体时，两家的孩子却回到了家里……

陆先生的儿子今年中考被六盘水市中心城区某中学录取，在该校读高一。当天上午10点过，陆先生接到一个电话，对方称其儿子在水黄高速公路上发生交通事故，中巴翻下20多米的高坎，儿子头部被数块玻璃插入，生命危急，现在正在市医院抢救。但因为没交钱，医生拒绝进行手术。陆先生一听着急了，说自己立即从六枝包车赶往医院，其间，对方不停打电话过来称，他是医院的医生，并强调，孩子的生命只能维持半个小时，必须立即签字进行手术，否则半小时后生命将无法挽回，叫陆马上将1万元手术费打进一个指定账号，他代替签字进行手术。陆先生听后特别着急，没来得及跟妻子商量便火速前往亲戚家借钱，同时打电话给在市中心城区上班的好友安某，请安到市医院看看孩子的情况。大约过了10分钟，陆先生来到六枝中寨农村信用社打款，水城工作人员在输入他所打款的银行账户时发现，账户是贵州凯里的，建议他暂时不要打钱。10：40，他的朋友安某打来电话称，找遍整个市医院各科室、病房，根本没有陆的孩子。

11点左右，中寨乡同村人李先生也接到电话称："我是水城县人民医院的医生，你的孩子在水黄高速公路上发生车祸，已经快死了，孩子只有半个小时的抢救时间，需要立即手术，如果你们一下子赶不到，请按照我发给你的银行账户打1万元过来（银行账户与给陆先生的相同），我代替你签字后进行手术。"正当李先生到处借钱时，又接到一个电话："我是交警队的民警，你的孩子出车祸，在抢救过程中死亡，同车有 20 多个学生，其中有 4 个学生也已经死亡，其余的正在医院进行抢救。"李先生听到此噩耗后，全家人悲痛不已，号啕大哭。李先生四处奔走，找车去水城拉孩子的尸体。

陆先生得知李先生孩子也发生此事后，更加着急，立即打电话问学校老师，老师告诉陆："高一新生昨天已经军训结束，今天上午全部放假回家了。"陆认为李的孩子和自己的孩子同在一所学校，可能两人一同乘客车回家，翻车肯定是事实了。他又打电话给朋友安某，请他到水城县人民医院急救室查看，是否有自己的孩子住院。安接电话后打车迅速赶到县人民医院，找遍整个内外科大楼均没有找到陆的孩子，当安问医院医生今天上午是否有在水黄路上翻车送来的伤员时，医生说，今天根本没有接到翻车受伤的病人。实在没办法，安只好打 122 报警平台的电话，平台工作人员告诉他，今天根本没有接到水黄高速路翻车的消息。这让陆一家人一筹莫展，不知到何处去寻找自己的孩子。而李的家人接到噩耗后则是哭成一片，周围的邻居好友前来安慰。根据主人的安排，一些邻居迅速买来白布、红布为死去的孩子缝制寿衣，经过近一小时的缝制，寿衣缝制好了。

正当亲戚、邻居们准备驱车前往水城拉尸体时，李、陆两家的孩子陆续回到了家里。全村人顿时惊呆了，根本不敢相信已经"死亡"了的人，怎么一下子站在了大家面前？父母由悲变喜，与孩子拥抱在一起。

当天 13：30，记者根据学生家长提供的电话，与行骗者取得联系。对方问找谁，记者回答："我是陆的亲戚，听说陆的孩子出了车祸在你们医院进行抢救，我们一时间赶不过来，准备打 1 万元过来……"记者还没来得及说完话，对方立即回答说陆已经死了，不用什么医疗费了……记者多次拨打另外一个所谓"交警"的号码时，无法接通。经查证两个号码均是江西上饶移动"全球通"卡。

对此陆、李称，骗子对孩子的一些私人信息非常了解，包括所在班级学习、成绩等都非常清楚，不知道是从哪个地方获取的信息。（原载于 2008 年 9 月 1 日《凉都晚报》）

列车上的禁烟"特别行动"

"各位旅客,车厢内严禁吸烟,吸烟的旅客请到车厢连接吸烟处,谢谢你的合作!"只见列车员手持小喇叭,站在悬挂着"车厢内严禁吸烟"的鲜艳标语下向旅客宣传着,这是记者 10 月 7 日在 6131 次列车 7 号车厢内看到的一幕。

10 月 7 日是六盘水车务段管内小慢车"禁烟特别行动"的第一天,每节车厢内都悬挂着"车厢内禁止吸烟"的标语,每位列车员都带着同样的小喇叭,列车在每个小站开车后,列车员都要手持喇叭面向旅客进行禁烟宣传。

六盘水车务段担任执乘任务的管内慢车 6131/2 和 7417/8 次,运行区段均在云贵高原的边远落后地区,列车被当地老百姓们亲切地称为"赶场车",其以低廉的票价深受当地老百姓的青睐。但是由于人员差异、地域生活习惯等原因,列车上吸烟旅客多,虽然列车乘务人员也尽力制止,但还是有部分"烟民"不太自觉,在车厢内抽烟现象屡禁不止,致使车厢内空气不好,安全也受到威胁,车厢内禁烟成为一个老大难问题。

为扭转旅客在车厢内吸烟的不良习惯,六盘水车务段联合公安、车辆管理部门开展了管内慢车"禁烟特别行动",在通座的 7 号车厢内,一位中年旅客刚点燃香烟就被列车员古晓蓉发现,她立即走了过去:"我们的车厢内严禁吸烟,请你到车厢连接处吸或将烟熄灭……"只见这名旅客配合地走到了车厢连接吸烟处。列车长吴慧宇也跟了过去:"你对在车厢里禁止吸烟怎么看?"该旅客腼腆一笑说:"其实我也知道在车厢里抽烟不好,我经常坐这趟车,发现也有旅客在车厢里抽烟,如果你们宣传做到了,我相信多数旅客都会理解和支持,并自觉遵守的。"列车长吴慧宇会心地笑了:"谢谢你的合作,你的一席话更增加了我们的信心,相信有你们的支持,不久的将来,我们列车车厢内的空气会更清新,我们车厢内的环境会更美好!"(原载于 2008 年 10 月 16 日《凉都晚报》)

第四章　新闻故事的特点及采写技巧

一、新闻故事的特点

（一）什么叫新闻故事

新闻故事，是西方新闻界非常普遍的一种说法，一种最基本的叙事文本。新闻是新近发生或正在发生的事实的报道，新闻报道也是一种特殊的叙事形式。

虽然讲故事并不是新闻报道的必要职责，但是出色的新闻报道往往离不开精彩的故事。因此从叙事的角度看，新闻与故事是可以相提并论的。二是指采用故事化的叙事方法来报道新闻，是一种打破新闻报道常规模式，让新闻报道更具吸引力和冲击力的叙事方式。也称为故事化新闻叙事，或者说故事化的新闻报道，是以新闻事实为主体，采用故事化的叙事方式来报道新闻。具体而言，就是用故事化的文学表现手法撰写新闻，采用对话、描写、场景设置等，生动展现新闻事件中的情节和细节，借助新闻事件中的戏剧性因素来突出主题。

一般来说，我们所关注的"新闻故事化"是指一种"讲故事"式的新闻叙述方法，但它现在也已经从新闻生产的"后台"跳到"前台"，即从新闻后期的处理环节影响到新闻采集、报道策划等环节，甚至影响到一张报纸的编辑思想。新闻故事有其独特的特点，并有一些需要注意的写作技巧。

（二）新闻故事的特点

讲故事的新闻写作方法是一种突出描述艺术的写作风格，强调文字描述对感官的刺激，有其独特的魅力。新闻故事的广泛使用，无疑给媒体注入了新鲜血液。它是新闻但又区别于传统新闻写作，为新闻提供了新的写作思路和写作方式。新闻故事的特点有：

1. 故事化新闻讲究用形象的事实说话。新闻的第一要务就是真实性，故事化新闻更是在形象的基础上真实地报道新闻事件。

新闻故事的写作中，对语气、神情、眼神等细节的描写，都会增强新闻的真实性、可读性、可信性。新闻中的故事是"生活真实"，它们确实发生过、存在过，并且是那样发生、那样存在，不仅具有本质上的真实性，而且具有客观上的实在性。真实的力量是取胜的关键。真实的报道，才能打动读者，吸引读者去欣赏、去品味。

2. 描写细致入微，深入刻画客观事实。新闻故事常常会采用对话、场景、动作等细节描写，细致入微，深入刻画客观事实和人物形象，虽然文字不能像视频那样具有视觉冲击力，但是生动的细节描写可以将读者带入具体的场景想象中，充分展现心理上的零距离。

3. 写作贴近实际、贴近受众、贴近生活。这样符合受众的阅读习惯，用受众爱听故事爱讲故事的心理习惯来吸引读者，具有亲近性，增强了新闻的可读性。新闻故事满足新闻真实性、时效性的前提条件，从事实出发，准确客观地描述事件本身。它应用受众喜闻乐见的阅读形式，体现当下新闻人性化的特征。随着传播渠道的增多，人们往往会厌倦传统宣传、说教式的新闻形式，这样的传统传播形式影响人们的认知，但人们并不真正接受，更多的只有排斥，因此只有在接受信息的同时，融入情感和意志，才可以达到平衡的心理，从而使得受众形成自己的认知。

4. 新闻故事往往具有趣味性和人情味。新闻故事化从人出发。给原本缺乏活力的新闻增添乐趣，使新闻更加生动，进而激发受众的阅读兴趣。新闻故事具有可视性，它将原本比较沉重或者比较敏感的话题，把其中最积极、生动，具有闪光的信息点用故事情节展现在受众面前，将其情节细节化，达到了纪实性和可视性，将真人真事给其他受众做示范，让受众更有认同感。

二、新闻故事的采写技巧

新闻故事化报道的目的就是把真实典型的故事写得更有情感、引人入胜，更容易让受众对新闻事实产生共鸣，接收新闻信息。笔者认为新闻故事化写作要注意以下几点写作技巧。

（一）**以人为故事主体，从人的角度写故事**。人是构成新闻事件的主体，是最活跃的因素。写人就能贴近受众，使缺乏活力的新闻事实产生故事化的效果，激起受众的阅读兴趣。"在讲故事时，应努力挖掘新闻事实中具有人性、人情的色彩因素描述人的生存境遇，捕捉生动传神的生活细节，展现人性的真善美。把情感因素融入理性思索中。"故事化的手法，可以使单调乏味的事例变成一个个充满人情味的感人故事。

真实生活中的人往往都是立体人物，人物性格呈多元化，每个人都有各自不同的生活轨迹，各自不同的生活方式和行为方式。在写作的过程中，要尽量挖掘人物性格的多面性，抓住特定环境中人物有特色的细节、语言特征，刻画人物形象，让新闻再现生活的真实。这样更能吸引读者、感动读者，使读者产生深刻印象。

（二）**用形象的事实说话，描写具有视觉冲击力的细节**。细节内容是指一切有形的东西，如一句话、一个笑脸、一个眼神、一个动作等，它往往能展露人的内心活动，折射时代特色，并能展现新闻事件的背景，读起来形象生动，有强烈的现场感。以小见大，往往能透过细节看到本质。没有细节或缺乏细节的新闻，其可读性肯定大打折扣。报纸可以通过描述具有视觉冲击力的细节，制造情景再现，使受众产生身临其境的阅读效果。

记者要善于寻找和选择最具表现力最为人关注的细节。穆青说，一个好的细节胜过千言万语。在写人和事的报道中，细节是不可替代的。对细节的刻画，往往能达到意想不到的效果，使描写具有视觉的冲击力。

（三）**设置环环相扣的情节，引人入胜的悬念**。悬念和冲突是故事的基本构成要素。曾获得普利策新闻奖的美国记者富兰克林说：一个好的故事应该蕴含一系列情节、细节，当一个令人同情的人物偶然碰到一个复杂的情景，他的遭遇和反应就是情节的展开。重描述、冲突、情节是新闻故事表达方式的体现。用故事化手法写新闻，就是要强调对事件的过程的展现，及事件内容的悬念、冲突的表现。

一篇优秀的新闻报道应该让故事慢慢展开、步步引诱，让读者不停地想要读下去。要善于运用"曲折"设置"悬念"，让情节生动起来，吸引受众眼球。把新闻故事讲得娓娓动听，扣人心弦。

（四）建立多维的、立体的叙事视角。一般的新闻报道，记者是站在公众的角度上，像一个超脱的观察者，通过隐去写作者人称、身份的方式来讲述故事，自己的个性尽可能深藏不露。但是，在新闻事件发生时，很多时候记者并不在现场，这给记者讲述故事、报道新闻事件的细节和人物心理活动带来了局限，高明的记者在讲故事时往往更多地来用故事中人物的观察和感知的视角，借他人的眼睛讲故事。多变的视角有助于再现事实本身的复杂性，使故事变得更加生动丰富。

新闻故事化的常用视角，现列举两种划分方法。一种把视角分为：第一人称的叙事视角、公众代言人的叙事视角和第三者的叙事视角。另一种把视角分为：固定视角、移动式视角和同一事件的多视角。

新闻报道叙述视角的选择必须出奇出新，讲故事的视角可以变化多样，有时在一个故事段落中，故事陈述的视角可能在记者、采访人物之间来回移动。不同的视角有不同的作用，单一的视角可使故事本身主体突出、焦点集中；多变的视角往往有助于再现事情本身的复杂性，使故事变得更加丰富生动。要根据不同的需要灵活选择不同的视角，增强新闻故事的可读性和真实性。

（五）运用生动活泼的语言，绘声绘色讲故事。运用最亲切的字眼，用故事化的语言来讲述新闻，通过语言消除与受众之间的隔阂，拉近与受众的距离，造就亲和力。写新闻故事，语言必须生动活泼，要善于运用各种各样的语言，甚至是一些方言土语、歇后语，增加感染力。

感性化的写作手法、夹叙夹议的表达方式以及直接引语的使用，都会给新闻故事增色不少。故事化的语言应该把直接引语写入新闻的重要部分。直接引语可以使受众直接聆听新闻人物"说话"，帮助记者做到客观公正，使受众直接感受到新闻事件真实可信，增强报道的感情色彩，有助于揭示新闻的本质和核心。

所以，在新闻故事的报道中，记者要充分合理地运用各种各样的写作语言技巧，使语言充满活力和感染力，增强表达效果。

总之，在一般的新闻报道基础上，新闻故事化的形式以其独特的优点给新闻报道以新的启迪，开拓了新闻报道表达方式。在工作实践过程中，要有讲故事的新闻意识，努力学会并善于运用新闻故事化的表达方法，讲好故事，做好报道。

三、新闻故事采写范例

系列新闻故事——走进社区看变化

"跨越发展 30 年——纪念改革开放暨六盘水建市 30 周年特别报道"于 2008 年 10 月下旬暂告一个段落。即日起，继续推出这个策划的另一组报道——"走进社区看变化"。我们力争每天一个专题，一直持续到 12 月 18 日改革开放 30 周年纪念日之后。让我们一同走进社区，去触摸这座城市的最基层，去倾听他们的故事，去感受改革发展的新变化……

怡人美景　幸福社区

社区档案：怡景社区

位于市中心区南面，东至龙井高架桥，南至碧云中路，西至水西南路高架桥，北至水城河，怡景社区面积 0.65 平方千米，人口 2327 户 7118 人，其中失地居民占总人数的 21%，辖区由 7 个小区院落和两个自然村寨组成。设有 6 个居民小组，个体工商户 256 户，其中办理工商营业执照 223 户，辖区单位 3 家，幼儿园 3 家，社区中老年活动室 14 个。

社区故事：当年藏宝洞　如今起高楼

蓝天如洗的初冬，我们来到凤凰办事处怡景社区。说明来意，支书陈德华说："这几年的变化确实大，我们怡景社区以前是松坪村的一部分，2004年成立社区以后才有怡景这个名称。怡景从当年的城郊农村变成今天的城市社区，很多人都想象不到。"陈支书说，如果要看变化最大的点，就去怡景小区，那里原来是一片苞谷地，现在是一片新楼，50 栋，居住着 600 多户人家。来到小区，映入眼帘的是座座高楼，楼下的院落栽种着花草，小树已经将一楼的窗户浅浅掩映。手牵孙子去小区市场买菜的何师傅是汪家寨煤矿的退休工人，他说，几年前在这里买的房子现在已经升值了，小区环境好，治安也不错，住着蛮舒心的。

搬迁户杨先生家原来就住在怡景小区这一带，他说，当时这里是一片坡地，山上几乎不长树木，庄稼收成比较低，随着市中心城市的不断扩展，这里被规划为城区建设范围，很多人家的土地被征用，农民一下子转变为居民。"你看，这片曾经种苞谷的山坡，如今'长出来'的全是高楼，这里的环境不错吧，小区内绿树成荫，各个片区还有大小不同的花园，真是安居乐业的地方啊。"杨先生家曾经主要以种地为生，住房也不是很宽，现在搬进了新居，有一部分房子还租给了别人，每月有固定的房租收入，加上做点小生意，"日子比以前好过多了。"

说到怡景小区的"前世今生"，随行的社区负责人尹先生还告诉我们这样一个故事。他说，这里原来有一个大岩洞，清末民初，有一大户人家为避兵祸，将不少金银财宝藏在岩洞里，让一个老头儿在里面看守，每天用绳子把饭菜吊下去给他吃。后来，兵祸降临，这户人家不知逃到哪里去了，没有及时吊饭菜下去，老头儿被活活饿死。这家人后来也就没再回来，洞里的金银财宝也不知被谁盗走了。"很多年以后，我们一帮小孩进洞玩耍，还发现一些人体骨骼。"尹先生补充句，以佐证故事的真实性。

当问起这个岩洞的具体位置时，尹先生连连摇头："到处是高楼，实在记不准了。"

社区人物：尹昭军历尽辛苦成家业

坐在蓝井坊门前与朋友聊天的尹昭军，是怡景社区的一名搬迁户。蓝井坊是他开的洗浴中心，坐落在绿草如茵的水城河边上。在普通人的眼里，尹昭军应该过得很风光，但是他说，最近收到一则短信，讲的就是他们这类人："表面风光，内心彷徨，容颜未老，心理沧桑。"一个30多岁的硬汉子，怎么会有这样的感慨？

尹昭军说，他们家原来就住在南环路边上，属于松树坪村。因为家里人多地少，自己种的粮食不够吃，兄弟姐妹们还要去打工帮助家用。有一年，他在黄土坡一家空心砖厂打工，一袋一袋地搬水泥，一块一块地打水泥砖，太阳又辣，活路又苦，几天下来，人累得动都不想动。"什么时候才能出头啊！"那时候，尹昭军不知道生活的曙光在哪里。

1998年修建南环路，尹昭军家大部分土地被征用后，他们就用家里的积蓄和土地赔偿金，在现在的搬迁街盖了一栋新楼，然后又筹资开了一家汽车装饰装潢店。刚开始的时候生意还可以，但夫妻俩也确实辛苦，许多事情都自己亲力亲为。"哪像现在开个店，动不动就招工哦！"尹昭军说，辛苦还不算，让他记忆犹新的是一次赤手空拳抓小偷。说着他捋起衣服让我们看手和背上的伤痕。"那时哪像现在开得起汽车？我买了辆当时比较豪华的单车锁在店门外，转过身去就被偷了。我随即打了辆的士往后追，追到官厅才把小偷追到，然后就被他甩飞刀杀伤了，但最终还是带伤把他擒住。"

如今，尹昭军不但经商，还办得有别的企业。他说，人生经历了这么多，日子是比以前好过多了。"这么多年来的经历说明，除了要靠自己勤劳的双手不停地奋斗，还要依靠改革开放、党和政府的好政策。"（原载于2008年11月22日《凉都晚报》）

老年舞蹈队　社区风景线

社区档案：广场社区

广场社区位于六盘水市中心城区人民广场旁，东起麒麟路，西至区府南路，北临钟山中路，南接水城河，道路交通2横（东西起向）6纵（南北走向）。面积0.378平方千米，共有居民2372户、共5822人，以城市居民为主，居民住宅小区是社区结构的主要构成形式，共有驻辖区机关、企事业单位36个、小区院落23个、散居楼9栋，是市中心区商业、文化、体育较为集中的活动中心。社区内有企事业单位36家（其中行政事业单位10家、国有企业6家、私营企业20家），院落24个，楼房81幢。公共娱乐场所6家、特种行业4家。

社区故事：400多人组成老年舞蹈队

走进广场社区，整洁的街面给人一种愉悦感。社区办公楼附近的人民广场成了社区居民休闲娱乐的好去处，更是社区老年大学舞蹈队员锻炼身体、展示舞姿的理想场所。每天老年大学舞蹈队练舞时都会引来行人驻足观看，成为社区一道亮丽的风景线。

谈到社区的发展变迁，社区支书苏娣琼感慨万千。她说，2002年社区刚成立之初，环境卫生状况较差，街道、小巷子、小区院落里随处可见白色垃圾。全市整脏治乱工作开展以来，社区加大了环境卫生治理，如今，整脏治乱工作取得了良好的效果。"过去八八商贸城所在地是社区整脏治乱工作的头等难事，经过社区工作人员多年的努力，如今八八商贸城变成一个专门销售电子产品的大商城，因为干净了，市民都愿意到这个地方来消费。你们看，巷子里干净了，一些路段还铺上了柏油路，有了固定的停车线，小区有了路灯。"苏娣琼指着社区的一个院落对记者说。随着物质文明不断发展，社区精神文明建设也得到前所未有的进步。每天7:30到9:00，在广场上都能看到前来排练的老年大学舞蹈队，400余位舞蹈队员伴着悠扬的乐曲，手执彩扇和彩绸，跳着欢快的舞蹈，摇头、摆手、转身、踢腿，舞姿随着舞曲的变化而变换。她们当中年龄最大的70多岁，最小的也有50多岁，是一群兴趣爱好相投的退休老人。别看他们年纪大，跳起舞来，那可是神采飞扬。

社区老年大学舞蹈队组建于 2007 年，说起"舞蹈生涯"，队友们兴奋异常。她们说，通过舞蹈，增强了体质，增进了友谊，沟通了感情，注入了生命活力。跳舞，让她们在每一个旋律、每一个舞蹈动作中寻找快乐；跳舞，让她们忘记了年龄，忘记了烦恼，让她们跳出了热情，跳出了水平，使老年的身影与舞姿在形体美感中焕发出青春的光彩。

胡雪兰今年已经 70 多岁，是社区老年大学舞蹈队的队长，舞蹈队组建至今，一直守候着这支"娘子军"。当年，她从队员们的形体和扇子、手足的基本功训练开始，拉开了舞蹈"长征"的序幕。平时在排练中，胡老师对大家要求非常严格，指导细致入微。每一个动作她都要示范几十次，每一个舞蹈都要重复训练几十遍甚至上百遍，力求做到精益求精。不仅如此，她还利用业余时间编排新节目，为每次演出设计服装、道具、制作音乐，还要亲自为每个演员化妆，忙得不可开交。

如今的社区老年舞蹈队，用舞蹈艺术展示了老年人的精神风范，用舞蹈艺术扮出不老人生，老人们舞出了健康，舞出了快乐，舞出了夕阳风采，成了社区一道亮丽的风景线，彰显出社区浓厚的文化氛围。

社区人物：袁正刚从吃低保到主动取消低保

今年 61 岁的袁正刚，是社区的个体户。去年，他主动到当地民政部门申请取消了居民低保资格，他说："国家出台了一系列税收优惠政策，给了我们一生存的拐杖，帮我走出了低保户的行列。"

袁正刚是台属（老家居住在中国台湾），30 年前来到六盘水，刚来六盘水的时候人生地不熟的，做什么事都比较困难。他先后在老城、黄土坡等地方帮人做苦力活，接着又去卖蜂窝煤，后来手边有了点余钱，便在老城开了一家手工洗烫店，每天起早贪黑苦苦干了六年的时间，没想到挣来的几万块钱被盗贼一夜间盗光。孤独无助的他又接着干起了老本行——卖蜂窝煤。无论寒冬腊月还是炎炎夏日，袁正刚都起早贪黑拉着板车走街串巷地卖蜂窝煤。每个月除去房租费和生活费，所剩无几，日子过得比较艰辛。有一次，袁正刚需要给一位住在 6 楼的住户送十趟蜂窝煤，可是送第五趟刚爬到 4 楼时，他晕倒在了楼梯上，当他醒来时却发现自己躺在医院的抢救室里。医生说，这是长时间劳累过度导致的贫血所致，希望他今后多休息，同时也要注意营养。但出院没几天，袁正刚又开始卖蜂窝煤。1994 年，袁正刚用多年卖蜂窝煤积攒起来的钱开了个干洗店。

1995 年，有一位女客户送衣服到他店里来洗，从那以后，她几乎每个月都送衣服来洗，久而久之，两人由陌生到认识，由认识再到彼此了解。1996 年春天，两人结婚了，袁正刚开始了幸福的生活。婚后，由于妻子身体不好，孩子上学，所以日子一直过得紧巴巴的，他们一家三口被当地民政部门纳入了低保范围。2006 年以来，在社区的帮助下，袁正刚对干洗店进行了重新装修，买来新设备，生意渐渐好起来，生活也好了起来。去年 10 月，袁正刚想到比自己还贫困的人还有很多，便到当地民政部门主动申请取消了居民低保资格，把名额让给更需要帮助的人。（原载于 2008 年 11 月 28 日《凉都晚报》）

都市里的"村庄"变成城市的"肺叶"

社区档案：八一社区

拥有居民 795 户，人口 3000 多人，辖有 5 个居民组。辖区内有山城啤酒六盘水分公司、华鼎印务公司、六盘水协和医院、食品厂、水城军分区及凉都花园房地产开发公司等多家企事业单位。八一社区曾属城乡接合部，随着城市化进程的不断加快，使得郊区的土地利用从农业转变为工业、商业、居住以及其他职能，并相应兴建了城市服务设施。八一社区渐渐地从城市的边缘变成"都市里的村庄"，进而成为城市的"肺叶"。

社区故事：都市里的村庄

走进八一社区，顺着一条水泥主干道，差不多把整个社区尽收眼底。远处新建的高楼，及眼前低矮的"小二层"，恰好诠释了整个社区的生命力正在这里开发，这里具有巨大的发展空间。干净的院落、整齐的商铺，以及军分区那片浓浓的绿荫，使昔日"都市里的村庄"变成了城市的"肺叶"。

社区办公室主任李慧林陪同记者顺着主干道一路走访，不时向记者讲述各个地方往昔和现在的对比和差距。李慧林说，他在八一社区工作多年了，对这里的一切都很熟悉。现在社区内有多家企事业单位，如山城啤酒六盘水分公司、华鼎印务公司、食品厂、水城军分区、凉都花园房开公司、六盘水协和医院等企事业单位。"现在这些企事业单位和我们的关系都相处得很融洽，因为我们也在积极地把社区环境不断完善，让各个单位有个好的经营和工作环境。"李慧林说。据介绍因为该社区属于城乡接合部，以前各方面的环境条件都很差，社区不仅有城市居民与农村居民的相互混杂，而且还有很多外地流动人口，存在着各种不同职业类型、不同生活方式、不同信仰、不同价值观念、不同需求以及不同心理文化素质的人群。由于其优越的区位、廉价的租屋，加上管理较薄弱，使大量外来人口在此集聚，虽然给社区带来经济发展的活力，但同时也带来了环卫、治安、计划生育等许多社会问题。"前几年，社区工作真是感觉一片凌乱。"李慧林对记者说。

几年前，在开发社区时，很多企业到该社区进行发展。据李慧林介绍，当时涉及征地问题的时候，很多当地农民因为发展意识和法律意识淡薄，有的在土地被征用后，如果认为赔付标准不如意，就肆意堵路或者干一些扰乱开发的事情，给社区开发带来了阻力。后来社区出面协调，对农民加强了教育，使农民意识得到了提高，对社区的开发起到一定的促进作用。"这里以前基本上都是农民，后来在土地被征用后，他们差不多都转成居民户口了。以前每家就种着按人口分来的几亩土地，有的种菜卖，有的种玉米，大部分家庭都很贫困。土地被征用后，他们得了一定的赔付款，都盖了房子，现在差不多都是房东老板了。"李慧林补充说。

李慧林指着脚下的水泥路，对记者说，以前这是泥巴路，后来社区组织出钱硬化成现在的模样。几年前，还是泥巴路的时候，到下雨天，全是烂泥巴浆子，旁边的居民又不自觉，经常倒脏水，让人行走非常困难。李慧林说："不过现在好了，不管怎么下雨，都一样好走。"

社区人物：颜家远从贫困农民到城市有车族

今年40岁的颜家远，老家在水城县玉舍乡木柯水库旁。"在老家的时候，家里人口多，连温饱都很难解决。"颜家远说。10年前，修玉舍木柯水库时把他家近十亩土地征用了。于是颜家远就带着赔付的几万元土地款到市中心发展。刚进城时，颜家远在明湖菜场附近租了一间房子，在明湖菜场内摆摊卖菜。"当时我们凌晨4点左右就起来，到蔬菜批发市场去发菜，发完菜还得花两个小时把菜整理好，再挑到菜场去卖，一天下来，累得腰都伸不直了。"颜家远向记者讲述着那段辛苦的卖菜经历。

卖菜攒了一点钱后，颜家远因为学过爆破。便经常在郊区给别人承包一些活干。随着城市建设力度的不断加大，颜家远揽的活越来越多，从手下只有几个工人已发展到十几个工人。颜家远说，爆破是个风险很大的工作，因为他做事比较谨慎，所以自承包工程以来，他没有出现什么伤亡事故。几年下来，颜家远便在八一社区内买了如今的房子。房子是三层小楼，总面积近400平方米。"这些都是靠自己的双手拼出来的。"颜家远伸出自己长满老茧的双手说。

前年，颜家远又买了一辆红色的吉利轿车。如今他工作也方便了，把工程承包下来后，经常开着车到各个工地去看工人们的施工情况。"有车方便了，想去哪个工地看，马上就去了。有了车，工作效率高多了。"颜家运指着自己的车笑着说。从一个贫困农民到如今的有车有房的城里一族，颜家远深有感触："要不是修建玉舍供水工程征了地，说不定我还在老家当农民种地呢。"（原载于 2008 年 11 月 30 日《凉都晚报》）

到处可见宽敞明亮的楼房

社区档案：龙井社区

龙井社区占地面积 1.26 平方千米，东抵川心路，西抵龙井高架桥，南抵碧云路，北抵水城河，辖区有市妇幼保健院、市中心血站、钟山经济开发区管委会、市地税局、市国税局、凤凰信用社等单位。辖区总户数为 810 户，其中流动户 313 户，总人口 2710 人。其中流动人口 426 人，社区分为 3 个居民小组。

社区故事：小汽车开进寻常百姓家

日前，记者来到龙井搬迁街。走进该小区，一种赏心悦目的感觉油然而生，高楼比过去多了，公路变宽了，街道更加卫生整洁了。

谈到社区的变迁，居民王小美感慨万千。她说："作为80后，我们虽然没有目睹过改革开放前的村子，但却是看着改革开放后村里发展变化的过程成长起来的，见证了村里许多事物的发展。从我记事起，爸爸就在水城矿务局上班，那时我们龙井村（现在龙井社区）穷，全村也见不到几辆自行车，爸爸上班来来回回要走十多千米的土路。每天，无论我起得多早，爸爸都已经上班了，晚上不管多晚睡，也还是等不到爸爸回来，想见爸爸一面好难！后来，村里响应国家的号召带领全村人脱贫致富，妈妈就带我们三姐弟，在院里养起了鸡。功夫不负有心人，到了产蛋的时候，每天都能拾到一大桶的鸡蛋，我家的生活也随之得到了改善。终于有一天，爸爸推了辆崭新的自行车回家。自那以后，爸爸上下班再也不用走了，逢年过节串亲戚的时候再也不用手提肩扛了，我们姐弟三人终于也不用为了捕捉爸爸的身影早起晚睡了，那时我感觉好幸福。现如今，我们已经变成了居民，社区居民的日子是越过越好，不要说自行车，就是摩托车都已经变得很普通，小汽车也开进了寻常百姓家。"

社区居民委员会主任王家荣说："随着城市的不断开发，社区内的马路由过去的土路变成了水泥路，而且宽阔平坦，随着2、3、12路公交车的开通，居民出行比过去方便快捷了。你看，到处可见一栋栋高大、宽敞、明亮的大房子，近几年，六七层小楼又成了搬迁居民的新宠，零星散落的一栋栋欧式的小洋楼显得格外抢眼，社区内还有贵业房地产开发的一个规模较大的住宅小区。街市上更是一派繁荣的景象，超市、网吧、通信营业厅、美容院、娱乐会都看好了这个巨大而潜力无穷的市场，纷纷抢占先机，争相开业。这不仅大大方便了居民的日常生活，而且丰富了业余文化生活，提高了居民的精神生活层次。谈到王大学，可能社区里的居民都知道这位靠打工、烧石灰、生产蜂窝煤起家的致富带头人。日前，记者来到王大学家走访得知，王大学致富的背后有着与他人不同的辛酸路……

社区人物：王大学历尽千辛换来幸福生活

王大学今年 49 岁。他说："从我记事以来，父母就种几亩土地维持全家人的生活，一家十口人就住在三小间木瓦结构的房屋中，长年累月以玉米、洋芋充饥，全家人过着朝不保夕的日子，生活非常艰苦。1979 年高中毕业后，由于家庭条件的限制，没有继续升入高校就读，我和村里的一部分同龄人走上了打工之路。我先后做过搬运工、开过石灰厂、搞过养殖等，在做生意的过程中，失败的经历和成功的喜悦总是让我记忆犹新。"

1979 年，当时外出打工的条件并不好，在一位亲戚的帮助下，王大学来到水城转运二巷做起了搬运工。尽管工作环境比较脏、人感觉比较累，但每月月底领到 100 元的工资着实让他感到欣慰。有了这些钱，可以给家庭减轻很多负担，弟弟、妹妹也可以继续回到学校上课了。几年下来，王大学得了胃病，曾多次在搬运过程中晕倒在地上，到小诊所检查时，医生说，要多休息，不能做太重的体力活。但是为了家庭，为了姊妹上学，身体一有好转他就继续上班。"在我心中，有班上就是幸福。"王大学每天起早贪黑，一转眼就干了十年。

王大学说："1989 年，转运二巷因各方面的原因需要裁减搬运工，从此我含泪离开十年来改变我家庭的搬运工作。1980 年，黄土坡开始开发，我跟家里人商量，用打工积蓄下来的钱在黄土坡开了一个石灰厂，刚开的前五年我赚了不少的钱。1986 年，我将赚到的钱又重新开办了另外两个分厂，生意依然红红火火。没想到才过了两个月，见我赚到了钱，很多人便加入开石灰厂的行列中来。半年的时间，黄土坡就新增了十多家石灰厂。我的生意开始走下坡路，由于竞争太激烈，厂与厂之间打价格战，最后达到折本的地步，原来赚到的钱也几乎在这场竞争中弄光。"

2002 年，在朋友的介绍下，王大学向银行贷了 30 万元投资开设了一个蜂窝煤厂，开业前几年，由于没有经验，生意不稳定，有时赚有时赔。2005 年至今，他经常到其他厂去参观学习，调整了生产思路，生意渐渐红火起来。奔波了这么多年，现在，日子比以前好过了，他总算可以松口气了，但这也只是暂时的。王大学认为生意场上不能沾沾自喜。必须谦虚谨慎，不断地学习和积

累经验，才能在竞争中取胜。（原载于 2008 年 12 月 2 日《凉都晚报》）

从村寨到城区的全新蜕变

社区档案：明湖路社区

明湖路社区，东起八一路，西至明湖村，南起龙苑社区，北至明湖路，总面积 2 平方千米，总户数 1198 户，总人口 6003 人，辖区内有六盘水师专、市党校、明湖宾馆等 19 家企事业单位。十年前，那里还是一片荒芜。如今已是高楼林立，给人以全新的面貌。以前居住在那里的村民，每家只是守着几亩薄地，经常有青黄不接的现象，现在，那里的居民有不少已成为百万富翁。

社区故事：十年变化日新月异

明湖路社区离市中心区黄土坡较近，驱车前往，几分钟便到了该社区委员会所在地。一排排高楼、一个个小区，以及整洁的街道，干净的院落，让人无法联想到这里曾是一个村寨。据汪主任介绍，该社区大部分地方都属于以前的松树坪村四组。十年前，这里的居民还属于村民，大多以种地为生，每家按照人口的多少分得一定的土地。"以前，我们种地的时候，很多人都吃不饱，经常都是陈粮吃完的时候新粮食还没收，算是青黄不接。后来，根据城市规划土地被征用，各家都得了一笔土地赔付款，村民们把这笔款盖了房子出租，然后自己到附近打点零工，日子便渐渐好起来了。"该社区的一位老同志说。

对于几年来环境卫生及治安方面的变化，汪主任说："现在我们社区各方面的建设都比以前好多了，前些年，因为这里是城乡接合部，杂、乱、脏就是这个社区的基本特征。从'整脏治乱'开展以后，社区积极响应上级的号召，环境得到了大大的改善。治安方面，过去盗窃和抢劫现象经常发生，我们在响应打击'两抢一盗'和'扫黑除恶'的号召后，自发在社区组建了一支治安巡逻队，现在社区治安好了，很少发生治安案件。并且我们对流动人口进行挂牌管理，有效维护了社区治安稳定。"

"我们社区内虽然没有什么大企业，但我们和社区内的几家单位处得很

177

融洽，我们常常出面帮他们解决一些涉及社区居民的矛盾纠纷。"汪主任说。

社区人物：王守玉算起来是城市建设的一名"元老"

在明湖路社区，有很多人以前比较贫困，而现在也跟着社区一起，发生了巨大变化，有的甚至成了百万富翁。王守玉，就是该社区内的一个典型，他家以前因为家庭人口多，就算是全家辛劳，种出的粮食也填不了全家七口人的嘴。如今，他已经有上百万元的资产，其中两栋五层高的楼房，足以证明他的实力。

在社区领导的带领下，记者走到了王守玉家，61岁的老王正和老伴在火炉边闲聊。明白记者的来意后，老王讲述了自己的人生历程。据王守玉介绍，他只上了小学一年级，用他的话来说，就是只会写自己的名字和几个洋码字。当时，因为家里穷，王守玉才进学堂不到一年，就回家帮父母干活，19岁，就早早地结婚成了家。家庭的重担过早地压在王守玉的肩上。"当时因为土地少，种出的粮食不够吃。没办法我只有在农闲季节到外面去找事做，帮人家打工。我帮人家打过石头、背过砂、挑过砖。在黄土坡刚建设的时候，我在那里烧石灰，算起来，我也算是建设黄土坡的元老嘞。"说起自己的历史，老王会心地笑起来。

打了几年工后，老王手里有了点积蓄，就开始与人合伙开砂石厂，后又承包一些小建筑工程，赚到钱后，他投资一百多万盖了两栋五层高的楼房。现在，一家人靠出租房屋就可以过日子了。老王感慨地说，现在在党和政府的关怀下，他们一家终于过上了好日子，并且也算得上是一个百万富翁，但完全是靠自己的双手撑起来的。（原载于2008年12月3日《凉都晚报》）

城市西大门越来越漂亮

社区档案：德宏社区

德宏社区东起白鹤路、西至德月路，北起凉都大道延伸段、南抵水柏铁路旁。辖区面积1.5平方千米，人口2640人，总户数364户，其中流动人口651人。辖区有康达汽车城、德坞加油站、玉宇中学等24家企事业单位。

社区故事：社区服务越来越好

来到德坞街道办事处的德宏社区，记者随该社区支部书记武建一同驱车在社区范围内转了一圈。据武建介绍，德宏社区属于城乡接合部，这里的居民前几年基本上都是农民，在城市化建设中随着土地被征用，他们便逐渐转化为居民。"但是这些居民都是从农村户口转化为居民户口的，有很多根本就不懂什么是社区文化。土地被征用后，他们除了做点小生意，或者盖点房子出租就再没有其他出路，是纯粹的'干居民'！"武建说。

每到一处，武建都向记者介绍该社区的变化。社区内到处都可以看到正在修建的高楼大厦，以及已经建设好的住宅小区。武建指着不远处正在修建的高楼说："那些地方以前都是苞谷地和小民房。"来到四季花城小区门口，武建建议记者进去看看。果然该小区环境幽雅，小区内有假山水池，绿树成荫。"2003 年以来，居民们的生活质量提高了，有的也住进了四季花城里面。"武建介绍，四季花城里面的住户都是条件比较好的，差不多每家都有车库，80% 左右的人家都有私家车。目前，整个社区变化很大，已经从以前的"干居民"区变成了城市的西大门，而且越来越漂亮。

在提到社会治安方面的变化时，武建说，以前因为这里是城乡接合部，人口的文化素质普遍都比较低，治安形势非常严峻，经常有偷、抢、盗等现象，近年来，因为成立了治安巡逻队，居民自发地组织起来维护社会治安，现在好得太多了。"只是，我们社区环境比较特殊，也只有一个社区民警，所以警力还是不足。"武建说。

"要说整个社区的变化，还有一点是感受比较深刻的，那就是社区工作的变化。以前都是老百姓来找我们办事，现在都是我们主动上门为群众服务。"据武建介绍，今年 5 月 14 日，社区内有一对老年夫妇，叫张士清和赵明珍，他们不知道老年证在哪儿办，于是社区安排工作人员上门去把两位老人的相关证件拿来，把老年证办下来后，又上门送到两位老人的手中。"以后，社区的服务肯定会越来越好。"武建表示。

社区人物：杨成贵运输车都交给聘用的驾驶员

今年 43 岁的杨成贵，从事运输业。据他介绍，目前他的运输队有五六辆双桥车和四桥车，而自己代步的是一辆"猎豹"四驱越野车。记者在和他寒暄说他年轻时，他笑着说："我已经有孙子了。"站在自家的六层小高楼前，杨成贵谈笑风生。提到往昔艰苦的岁月，他颇为感慨。

据杨成贵介绍，小时候他家里特别穷，家里的老房子在德坞西宁村，用杨成贵的话说，那是个"鸟不拉屎"的地方，家里虽然有几亩土地，但是产量特别低，每年的粮食都不够家里的七口人吃。因为家里穷，他一天学堂都没有进过，到了16岁，因为自己是家里的老大，所以不得不挑起家庭的重担，出来打工。刚开始的时候，杨成贵是在砂厂给人家打砂，打一方砂才得1块2角钱。"那时因为年纪小，没多大体力，一天下来就只能挣块把钱。"杨成贵说。

杨成贵打了两年的砂后，便给一个跑运输的人当学徒学开车，把车学会后，就给人家打工，帮人家拉东西。"跑运输由于是跑长途，所以经常熬夜，但是又比打砂轻松一些，钱又能多挣一些。"跑了几年的运输，他用自己积攒的钱和从朋友那里借的钱，买了一辆老解放。杨成贵说，自己当时没钱办驾照，所以给交警队扫了一个月的厕所，然后用所得的工钱办了驾照。有了驾照和自己的车，他开始不用给别人打工，从此，家里的日子慢慢地好起来了。从一个车到两个车，再到现在的多辆车。目前，杨成贵只负责联系业务，车都交给了聘来的司机。

杨成贵还是个孝子，在他20岁的时候，家里都是母亲在操持。有一天，母亲上山打柴的时候，不慎从山上摔下来，瘫痪了。因为家里的弟弟妹妹还小，所以照顾家庭和母亲的责任全落在他的身上。"当时要挣钱，又要照顾妈妈，她生活不能自理，大小便都是我抬。后来，弟弟妹妹大一点，我才抽开身来多做其他事情。"

从一无所有到现在，杨成贵很感慨。"社区的同志也给了我很大帮助，所以我才能顺利地发展。我是个没文化的人，遇到什么搞不明白的问题，我都会找社区的同志帮助我解决。"（原载于2008年12月8日《凉都晚报》）

华丽转身！脏乱"马路市场"建成了羊汤锅"美食街"

社区档案：德西社区

德坞街道办事处的德西社区位于市中心城区延伸段，社区辖有 4 个村民组，人口 2560 人。有分别隶属市、钟山区、水城县的行政事业单位 12 家，其中规模最大的一家单位，是六盘水职业技术学院。辖区居民院落 15 个，商业铺面 76 个，出租房屋 23 家。

社区故事：外来游客都喜欢到这吃羊肉

走进德西社区，让人眼前一亮的就是德坞羊汤锅一条街了。"这羊汤锅一条街以前只是一条马路，马路上每星期赶一次集，卖的都是农产品。以前是农贸市场的时候很乱，不规范。从农村拉来卖的牲口经常拴在马路旁，一天的场赶下来，马路上有很多牲畜粪便，到处臭烘烘的。"德西社区居民委员会主任周珍会向记者讲述着羊汤锅一条街的发展历程。

2003 年，德坞办事处职工与开发商共同入股，于 2004 年初建成了如今的羊汤锅一条街。原来的马路农贸市场在钟山区取缔后搬迁到白鹤村二组，成为一个规范和完善的综合农贸市场。市场内划行归市，告别了以前的杂乱差。

羊汤锅一条街建成后，由于味美汤鲜、风味独特，受到了外来游客和本地居民的青睐。"刚开始我家只开了一个店，后来生意红火，顾客要排队进餐，因此，我又开了两个店，现在三个店的生意都不错。"德坞孙记羊汤锅的老板孙承英高兴地说。据她介绍，她现在经营面积达 1600 多平方米，共有 40 多名员工，员工基本上是本地人。"旅游局接待外来游客都要到我们这里吃羊肉，每到旅游旺季，我们忙都忙不过来。"孙承英说。

在羊汤锅一条街的斜对面，便是六盘水职业技术学院。据周珍会介绍，职院是德西社区辖区内最大的一家单位，拥有学生及教职员工上万人。"以前职院还没搬过来的时候，那里原是农科所、苗圃场及老农校，他们加在一起远没有如今的职院大。当时周围都是玉米地，看起来比如今荒凉得多。现在职院搬过来了，又为我们社区增添了许多活力。"周珍会说。

社区人物：曹益敏小小制衣店供起两个大学生

今年 41 岁的曹益敏，十多年前，从大方县瓢井镇搬到德西社区。她靠制衣店供起两个孩子上大学，还筹钱买了三间门面。据曹益敏介绍，以前在大方老家的时候，全家七口人，种出来的粮食根本就不够吃。有一年，因为没有粮食了，而新粮食又没有熟，曹益敏一家就去麦田里把还没完全熟的小麦割来吃。回想那时的情景，曹益敏很辛酸。

1992 年来到六盘水后，曹益敏挑菜卖，丈夫在六盘水烟厂上班，每个月有 280 元的工资。当时日子过得还不错，后来丈夫得了肾炎，又不能上班，还要治疗，家里的经济再次陷入了危机。曹益敏从亲戚那借来两三千元，开了一个制衣店。曹益敏很好学，虽然自己开了店子，但她经常到别人那里去学习衣服的样式及制作。在她的苦心经营下，制衣店的生意很不错。两个儿子读书以来的学费，都是她一个人承担，还帮丈夫治病。"虽然我很辛苦，但看到两个孩子还算争气，我心里挺高兴的。"曹益敏说。如今，她的大儿子在某医学院读书，今年已经上大三了，小儿子去年被某工程院校录取。

一个面积不到 20 平方米的小制衣店，在她的经营下，生意红火。曹益敏说，她的顾客很多，多半都是老顾客，觉得她做的衣服很实惠且样式还不错，都喜欢在她那做衣服。"虽然忙了一天下来很累，但一想多做几套衣服，便可以给孩子多挣几块学费，我就很高兴。"曹益敏兴奋的神情溢于言表。在她的努力下，去年她又筹钱买下了三间门面，目前正准备装修。

提起社区，曹益敏很感激。两个孩子上大学后，虽然曹益敏能供得起，但也是捉襟见肘，社区的同志见她供两个孩子辛苦，便主动找上门来，给两个孩子办了低保。"两个孩子上学期间每个月都有点补助，这也给我减轻了不小的负担，我很感谢社区的同志。"曹益敏说。（原载于 2008 年 12 月 12 日《凉都晚报》）

"娘子军"打造出的亮丽社区

社区档案：笔架山社区

笔架山社区，总面积 2 万平方千米，总人口 4161 人，总户数 1513 户。其中流动人口 57 户共 165 人。辖区内有水钢电修厂水钢直属机关、水钢机关幼儿园、水钢体协、水钢实验学校等企事业单位，辖区内商业铺面 40 余家，无特种行业。

社区故事：率先建立居民家庭档案

来到笔架山社区，该社区居民委员会主任饶群开玩笑说："我们社区工作人员全是女同胞，就连社区民警都是女的，所以人们都称我们社区为'娘子军团'。"

记者随饶群走访该社区内的动力小区，小区楼房虽然已经很旧，干净整洁的院落让记者眼前一亮。"这个小区的卫生近年来变化很大，虽然不及中心城区的小区那么美观，但在水钢来说，这已经是很干净的了。"饶群说。

据饶群介绍，动力小区所居住的基本上都是水钢职工，以前社区还没成立的时候，因为管理过于松散，当时的小区环境很不好，经常在院子里看到垃圾。2004 年社区成立以后，社区工作人员很重视环境卫生的整治，小区的环境卫生状况渐渐得以改善。"小区的环境得到改善，不仅是因为我们很重视，主要的还是小区居民的意识有所提高。大家都希望有一个很干净的居住环境，便渐渐地形成了良好的生活习惯，至少不会在小区内乱扔垃圾。"饶群对记者说。

提到居民意识的提高，饶群讲述了社区成立以来的一些故事，据她介绍，社区刚成立的时候，社区没有家庭档案，因此，社区首先一项工作就是创建社区居民家庭档案。当时由于对每户居民情况都没有掌握，所以必须组织社区工作人员一家一户进行收集。"工作量很大，社区人手也不够。在我们去查的时候有的居民还不支持我们的工作，这给我们的工作又增加了很多困难。"饶群说。

后来，在社区的宣传下，居民开始自觉地向社区工作人员提供家庭情况，社区工作人员才得以把居民档案整理完。饶群乐观地说："现在我们都把居民档案整理好了，只要提供居民的户口本编号，我们便很快地把居民的家庭档案调出来。"饶群尤其提到居民在计划生育方面的意识发生的变化，据她介绍，以前通知育龄妇女来妇检的时候，居民们总是不愿意来。后来经过不断宣传，居民的意识得到了转变，社区育龄妇女都会主动到社区来妇检。

提到社区的变化，饶群总结说："从2004年建社区以来，变化最大的，我认为是社区居民的意识。"

社区人物：刘太琴米店老板开心叙往事

走进刘太琴的家，这是一套装修得还算精致的房子。她笑呵呵地向记者介绍："来六盘水十多年了，今年花了8万元买了这个'窝'。"这位来自毕节地区大方县的农村妇女仍然保持着那份淳朴。

据刘太琴介绍，她今年38岁，十多年前她从大方县来到水钢挑菜卖。"在大方老家的时候，家里地也比较集中，土地旁边有一个水库，到涨水的时候，大部分土地就会被水淹。这样老是靠天吃饭也不是办法，所以我们六兄妹都基本上出外打工。"刘太琴对记者说。从15岁开始，刘太琴便开始做小生意。刚开始是在家烤酒卖，最初只敢烤两百来斤，后来发展到一次烤七八百斤。因此，刘太琴从小便学会了做生意，虽然才上到小学就辍学，但是算点账，对她来说没什么问题。

挑菜卖的时候，虽然辛苦点，但每天都能赚上一点钱。据刘太琴介绍，挑了六年的菜后，除了家庭日常的开支，她手里也有了一些积蓄。于是，2000年的时候，她花了几万元转了一家米店。她主要经营大米，附带经营日杂货。"把米店开起来后，就比以前挑菜的时候好多了。至少不用一天挑着菜到处叫卖，晚上也感觉没有以前累了。"刘太琴说。

经营了八年的米店后，家里的生活条件发生了很大的变化，最大的变化就是买了房子。刘太琴说，以前刚来的时候租房子住很不便。她又是挑菜卖的，有时候放点箩筐在出租屋里，还挨房东的白眼。现在买了房子后，家里也买了洗衣机、电冰箱、彩电等家用电器。"以前在大方老家的时候，谁敢奢望现在的生活啊！"刘太琴颇为感慨。刘太琴两个乖巧的女儿，一个已上初中，一个上幼儿园中班。她表示，以前自己只上了小学，现在一定要让两个女儿上大学。（原载于 2008 年 12 月 18 日《凉都晚报》）

热情服务让居民倍感温暖

社区档案：烧结社区

烧结社区位于水城钢铁集团公司厂矿和农村的接合部位，所辖范围东起机动处，西到瑞泰道路科，南到制氧厂，北到技工学校，总面积 2.3 平方千米。社区现有住宅楼栋 51 栋，自建房 422 处，临时房 132 间，个体店铺 143 间，辖区内有九个单位（水钢赛德租赁公司、炼铁厂、制氧厂、职教中心、水钢二小、机动处、水钢工会、电修厂电讯车间、水钢技校），1 个村组（杨柳三组），工作人员 5 人，常住人口 1736 户，5166 人，流动人口 168 户，462 人。

社区故事：给贫困家庭极大的关爱

自烧结社区成立以来，社区工作人员在工作实践中，服务意识不断增强，曾多次获得上级部门的表彰，先后荣获"六盘水市创建'平安社区'先进单位""六盘水市计生协会先进单位""钟山区禁毒先进集体"和水城钢铁集团公司"维稳综治先进单位"。连年被钟山区荷城办事处评为"目标考核先进单位"。

烧结社区点多面广、人口众多、环境复杂，仅农村在社区内购买房子的就有 86 户，有近 386 名失业人员需要岗位就业，而且每年还有大批初、高中毕业生，面对这些困难，烧结社区本着"一切为社区居民服务"的宗旨，积极主动地想办法，解决他们的就业问题，从建立信息数据库，摸清辖区人员动态人口，建立了"失业人员情况、劳动就业情况、养老保险情况"等系列登记表。通过分门别类地登记，共办理失业证 365 人，劳务输出 63 人，解决就业 130 人，人员变更迁入台账 186 户，基本掌握了每个人的就业需求。

烧结社区被纳入低保对象的现有 45 户，16 人，月需低保金 10979.6 元，人均月补差为 93.2 元，应保对象人数占社区非农业人口的 0.11%。社区对申请低保的家庭逐户进行调查核实，这项工作是难度最大，也是最容易得罪人的事，但社区的同志们本着公平、公正、公开的态度，细心地对待这项工作，大家不分白天黑夜地进行调查核实工作。如烧结厂有一女职工家，丈夫去世了四五年，一个人带着一个重度残障的儿子，儿子又找了一个无职业的媳妇，生了两个小孩，小女孩两年前摔了一跤，造成盆骨脱节，花了两万多元，借了一万多元的高利贷，也没治好病，社区工作人员一调查，发现这家的情形十分凄惨，就主动想办法，为其儿子一家办理低保手续。对低保政策不清楚、没有提交申请的，社区工作人员也都亲自上门为他们做宣传，把他们都纳入了低保，以保障贫困居民的基本生活，得到了社区居民的信任和支持。

对社区的三无人员、70 岁以上的老人、重度残障人、单亲、有子女就学的特困低保家庭，在其原享受保金的基础上，增发了 10% ～ 30% 的低保金。组织有劳动能力的人员每月参加两次社区的公益活动和学习。对社区两户丧失劳动能力的家庭，组织低保人员为其帮扶，特别是对高常青家的帮扶工作，社区工作人员给予了极大的关爱。高常青在十多年前被丈夫抛弃，带着一双儿女艰难地生活，女儿生了一个儿子后，便将小孩遗弃给她，至今未回，儿子因触犯法律病死在监狱。前年冬天，在对困难居民低保进行复查时，得知她因癫痫病发作被开水烫伤后，工作人员纷纷掏出身上的钱给其捐助。第二天社区工作人员又买来了水果、营养品去看望她，将她列为帮扶对象，并动员低保人员对她进行帮扶，定期为她打扫卫生，随时观察她的病情。

社区人物：宋安刚开羊肉粉店走上致富路

宋安刚是烧结社区的新居民，1999 年从老家金沙县的农村来到六盘水，2000 年在烧结菜场租了一个门面开起一个羊肉粉馆，八年来，就是这个小小的羊肉粉馆让他致富了。目前，宋安刚的羊肉粉馆生意红火，收入可观，不仅在城里购买了商品房，而且还买了一辆的士车跑营运。全家人整天忙忙碌碌，生活过得充实且有滋有味。日前，记者走进宋安刚的家，他向记者讲述了自己致富背后的辛酸历程。

宋安刚说，从他记事以来，父母就靠种植几亩土地来养活全家九口人（爷爷、奶奶，以及他们五兄妹），他是五兄妹中最大的一个。1989 年，他刚满

18岁（高三），从那年的3月开始，父亲得了一场病，便卧床不起，由于家里没钱，母亲走遍所有的亲戚家借钱，每次都是空手而归，没钱不能送去医院治疗。面对父亲病情的加重，全家人束手无策。他一边上学，一边找"土医生"给父亲看病，找了很多医生都没有将父亲的病治好。时间一晃就到了1989年的高考，考虑到多方面的原因，他跟父亲说："我不去考了，我好好照顾你。"但是，在父亲的劝导下，他带着父亲的嘱托走进了高考考场。高考过后十多天，父亲离开了他们，全家人沉浸在无尽的悲痛中，转眼高考过去一个多月，班主任老师带信给他，说他已经被西南政法大学录取，让他尽快到学校领取录取通知书。得到梦寐以求的录取通知书，他特别感动，他说："尽管我没钱去上大学，但已经实现了父亲的嘱托。"

为了给母亲减轻家庭负担，9月，宋安刚向一位亲戚借了100多块钱来广东省，开始了他的打工生涯。宋安刚说，他到深圳第二天就找到了一份生产热水器的工作。一转眼，时间过了一个月，老板发给他250块的工钱。当天上午，他来到邮电局将200元钱汇给母亲，50元留作生活费。两三年的时间一晃就过去，面对一批批新进的工友，他可算是老工人了，由于性格随和，他与工友们相处很好。工厂里一般是三班轮换的，为了能多挣点钱，上完自己的班以后，他经常加班加点给别人代班。1998年，宋安刚认识了工友小琴，他们共同做了一年的工，便结婚了。

1999年，他带着妻子回到了老家金沙县，在老家修了一栋房子，在街上买了一块150平方米的土地。2000年，带着妻子、孩子来到水钢烧结菜场开了一家金沙羊肉粉馆，由于没有经验，做出的粉味道没有其他馆子的好。刚开始的一两年几乎只能维持房租费和生活费，后来他经常到其他馆子参观学习，学到一套独特的烹制羊肉的方法，他家的羊肉粉味道渐渐鲜美起来。顾客日渐增多，生意开始红火起来。六年来，就是这个小小的羊肉粉店让他们一家致富了。如今，宋安刚不仅在城里购买了商品房，而且还买了一辆的士车跑营运。（原载于2008年12月20日《凉都晚报》）

泥巴路变水泥路　菜农变身做房东

社区档案：马鞍社区

马鞍社区东起老供电局，西至原水城县人民医院，南接城南路、水俣路、荷泉路、新生南路，北抵凉都大道。社区面积约 3.5 平方千米，辖区单位有七个企事业单位，社区居委会共有 11 个居民小组，辖区有 2298 户人家，人口有 7794 人，其中流动人口 735 户，2437 人。

社区故事：道路越走越宽阔　菜农变身做房东

走进马鞍社区，首先映入眼帘的是一幢幢新建的高楼，过去凸凹不平的烂路如今已经变成了宽敞的水泥路，居民门前干净的院落、整齐的商铺，幽雅的校园环境，所有这些都已经表明，马鞍社区这个"都市里的村庄"已经融入了城市的文明。

在马鞍社区工作多年的支书罗启民向记者聊起了社区几年来的发展和变化。罗支书介绍说，现在社区内有多家企事业单位，分别是供电局耐火材料厂、市一中、钟山区一小、市一看、市中心戒毒所、华源加油站等等。这些企事业单位和社区的关系都相处得很融洽，尤其在社区环境治理，整脏治乱上配合较好。过去，市一中与钟山区一小之间有一条泥泞不堪的小巷道，学生路过比较困难。后来，社区与学校领导协商，联合打报告到上级部门申请，得到资金支持后很快得到整治，现在这条巷道不仅被填平整而且还修了排水沟。社区位于城乡接合部，过去几年，社区内的环境卫生以及治安状况较差。这里不仅居住着城市居民与农村居民，而且还有较多外地流动人口。现在，通过社区居民的共同努力，社区街道、居民的院落环境卫生有了很大的改善。

"以前，每家就种着按人口分来的几亩土地，有的种菜卖，有的种玉米，大部分家庭都很贫困。五年来，社区建设发生了很大的变化，村民的土地被征用后，这里的村民变成了居民，他们得了一定的赔付款，也得到了政府划定的地基，很多开发商前来与他们联合，居民出地，开发商出资，联合建成了很多高楼。有了房子，现在很多居民都成了房东老板了。"罗启民说。

指着脚下的水泥路，罗自民对记者说，以前这是泥巴路，而且不平，到下雨天，全是烂泥巴浆子，旁边的居民又不自觉经常倒脏水，让人行走非常困难。后来社区向上级部门争取资金，组织居民出力硬化成现在的模样。现在好了，不管怎么下雨，都一样好走。

社区人物：赵笙鸣孩子能上大学是我最大的幸福

马鞍社区的居民赵笙鸣，今年47岁，他身有残疾，家境贫苦，但在培养、教育孩子方面他却是社区的典型代表人物。赵笙鸣的四个孩子有两个已经大学毕业，一个正在念大二，最小的孩子读高三。赵笙鸣说，为了让孩子们能上好学，他欠下八万元的贷款，他和老婆通过辛勤劳动偿还贷款，再苦再累也无怨无悔。在赵笙鸣的人生历程以及抚养孩子上学的过程中，有许许多多难以言表的酸楚，但赵笙鸣说："孩子能上大学就是我最大的幸福。"

赵笙鸣家共有八姊妹，过去，父母就是靠种几亩微薄的土地维持全家人的生计，过着朝不保夕的日子。两个哥哥相继成家之后，赵笙鸣也组成了自己的小家，从此开始经营自己的生活，同时还要照顾五个弟弟妹妹。1983年年底，他跟邻居借了350元的高利贷，到水城县蟠龙乡租了一辆马车跑运输，上货、下货运输都是自己一个人承担，虽然苦一点，但每天还可以挣几块钱，一年到头，除了生活费之外，还可以拿几百元帮助家里。但好景不长，1987年在盐业公司上货的过程中，数吨重的袋装食盐突然滑下，将赵笙鸣身体掩埋，他的面部大面积受伤，头部颅骨骨折，右腿粉碎性骨折。由于没太多的钱医治，他住了十多天的院便被迫出院回家吃中药。从此，赵笙鸣失去了劳动力，这时已经有了三个孩子的他，生活上更是雪上加霜。在家疗养的两年时间里。整个家庭的重担全都压在老婆身上，老婆每天起早贪黑挑菜到市场上去。1990年，赵笙鸣身体有所好转，看着妻子每天这么辛苦，他想买一辆马车来跑运输，为妻子分担家庭的重任。他跟过去要好的朋友四处借钱，但看到他现在的处境，朋友们都拒绝借钱给他。后来，在村委会的帮助下，他从一位村民手里买来一辆马鞍车，从此以后，他每天早出晚归，想尽可能多挣点钱给孩子上学，但因身体原因，他没有足够的体力，一天挣回的钱勉强可以解决全家人的生活。

随着时间的不断推移，渐渐地，孩子们陆续上学了，家庭负担日渐加重。1995 年，赵笙鸣家的土地被征用了。1996 年，市中心城区南环路修建完毕，上级部门规定，不允许马车上路，最终，和其他同行一样，赵笙鸣的马车被取缔了。不拉马车，相当于已经失业，没有了经济来源，无疑令这个原本困难的家庭雪上加霜，每年开学需要交几个孩子的学杂费，让赵笙鸣一筹莫展。不过，在他的心中，再苦再累也不能苦孩子，一定要让他们念好书，不要再过像他们这一辈人一样的苦日子。人穷志坚，为了让孩子读书，赵笙鸣夫妻俩到邻村租了几亩地种植蔬菜，还喂了两头母猪。通过几年的努力，现在赵笙鸣解决了全家人的吃饭问题，还解决了两个孩子的生活费，不过另外两个孩子的学费、生活费还是得借。值得欣慰的是，大女儿、二女儿分别毕业于四川大学、贵州大学，一个已经找到了工作，另一个正在水矿一中见习，大儿子前年考取同济大学，小儿子在市一中上高三，学习成绩比较好。

为让孩子们读书，赵笙鸣所欠的八万多元中有两万多是高利贷。赵笙鸣说，只要今后孩子过得好，无论现在多么艰苦，他和妻子也感觉值得。（原载于2008 年 12 月 29 日《凉都晚报》）

第五章　新闻专访的特点及采写技巧

一、新闻专访的特点

（一）什么叫新闻专访

新闻专访，是指专门采访或专门访问，是作者对事先选定的采访对象进行专题性访问所做的报道。专访是在通讯体裁中的人物通讯、人物访问和消息体裁中的人物消息的基础上衍变发展而来的一种相对独立的体裁，是就某个人物或某个问题进行的专门访问。与人物通讯相比，它的构思更富特色，内容上也要比人物通讯更富有吸引力，被称为"独家通讯"。与一般访问记相比，它更精巧、灵活、有文采、可读性强，与人物消息相比，它更翔实、深刻、描绘更强，与其他体裁的新闻作品相比，它具有三特定：特定的问题、特定的对象，常常还包括特定的场合。那么，专访有何特点呢？作为新闻记者，又如何做专访？

（二）新闻专访的特点

专访，即新闻专访，又称访问记。是就特定的采访对象进行专门访问的纪实性报道。根据其报道的内容，专访可分为人物专访、事件专访、问题专访和风物专访。专访作为一种独立的新闻样式，既区别于消息，又区别于通讯，还与特写不同。

它比消息更具体、翔实、细致，而且富有现场感。与通讯相比，更强调一个"专"字，内容更集中，更富有吸引力；它比一般通讯的新闻性、针对性更强，在写作上，比一般通讯更自由、灵活。专访有以下几个特点：

其一，新闻专访的采访对象、内容具有专一性，特别是人物专访，每次一般只访问一到两人。专访的特点在于一个"专"字，即专门的内容、专门的采访对象和专一的表现形式。在内容和选材上，是就一个事件或人物而进行的专题报道，突出专题性，回答"特定的问题"。无论写人、记事还是记言，都不面面俱到，而是突出某一侧面，这些侧面是记者根据报道的需要，专门选择的，目的性很明确，找谁谈，谈什么，事先都要胸中有数。

其二，新闻专访现场感强，采访内容往往是对话式的，有针对性和代表性。相对而言，专访比其他体裁更有针对性，选择的人和事及问题应具有明确的新闻背景、强烈的现实性，或者具有特定的新闻价值。访问什么人、提及什么事，要求具有代表性和典型性。一般选择有代表性的人物，主题往往是回答和解决社会上人们近期关注的某些事物或问题。

其三，新闻专访还有较强的新闻性、时间性、专题性和特殊性。专访至少要有三个要素：人物、记者、现场。"人物"，即被访问者，是个特定的概念，不是指专访中的人物，而是专指被采访的人，是构成专访内容的主角。"现场"，即采访现场，也是特指的概念，不是指再现新闻事实的现场。专访"现场"是构成专访内容的重要陪衬，使专访增辉添色、生动真实。

其四，表现手法上具有自由性和灵活性。在表现手法上，专访既重视现场描绘，又强调氛围临摹，谈话纪实比一般新闻通讯更自由、灵活。可以像写消息那样简洁明快地表达，也可以借用散文的手法，将叙事、议论、描写、抒情融为一体，尽情表现，营造一种记者、被访者、读者三方同在的时空效果和浓厚的现场氛围。

二、新闻专访的采写技巧

（一）新闻专访的采写技巧

相对于其他的文体，专访的特点主要集中在一个"专"字上，而这个"专"字所体现出来的途径就是"访"，重点在"访"。专访的写作是以成功的采访为前提的，没有成功的采访就不可能有成功的专访。那么，如何成功采访呢？

1. 未雨绸缪，有备而来。选准专题。一般来讲，可以成为新闻专访选题的内容有以下几点：一个时期内群众普遍关心的问题；群众普遍感兴趣的新闻事件；关于某一有意义的纪念活动。选准采访对象。选择采访对象的原则有三点：一是新闻性；二是权威性；三是典型性。

做专访，需要做充分的准备。可以这么说，专访是否成功，关键就在于采访。在采访前至少要做如下准备：

首先是被访问者的情况、背景材料。要尽可能了解被访问者的基本情况，如：年龄、爱好、性格、家庭等基本情况。其次是与采访有关的知识准备。做专访由于是特定的人物和特定的话题，被访问者所回答的内容或问题也必然会有一定的专业或职业特点，特别是一些专业技术、观点、学术专访，会涉及到不同领域、多种专业、技术性较强的内容。所以，记者在访问前必须具备一定的知识，掌握、了解、熟悉与采访有关的知识、资料，才能使访问顺利、成功。三是拟写采访提纲与设计所提问题。确立了专访访问对象后，首先要围绕主题，拟定一份采访提纲，以免在和采访对象谈话时，泛泛而谈。平时，我们所说的"不打无把握之仗"，记者"有备"而来，就是指记者要带着事先准备好的问题，有准备、有目标、有计划地采访。这就需要采访者事先设计访问的问题、提问的顺序、问题的分类和性质等。

2. 采访中如何提问。人物专访的提问大体上有三种类型：漫谈式、直指式和商量式提问。一般以直指式为主，结合其他两种提问方式，提高访问效率。访问时要注意方法和技巧提问。采访提问应注意的事项：

一是注重采访的第一个问题。现场采访中，采访提问的第一个问题往往很重要，它是打开采访对象心扉的第一把钥匙，关系到采访能否顺利进行下去。

所以，必须对采访对象的身份、背景、情况等进行了解、熟悉，使设计的第一个问题能问到点子上。

二是提问要语言通俗，简洁明了。记者在采访提问时，多用朴实自然、生动活泼、通俗易懂的语言，使采访对象可以准确理解，以便回答。另外，提的问题要简洁明了，不要拖泥带水。

三是提问要具体，有内容。提问要有分量，提出核心问题，抓住要害。提的问题不要浮在面上，要提问得有分量、有深度、有内容，才能采访到有重大新闻价值的素材。

3. 找准采访时机和场合。采访时一定要注意与采访对象商定适当的采访时机和适宜的场合。根据采访的内容选择与问题、事件、人物有关的访问场所。选择的场所应使采访对象感到亲切、有助于记者和读者理解新闻事实的环境。

（二）新闻专访的写作技巧

专访将访问记、通讯、特写三者融为一体，要求具备人物、现场、记者三个基本要素，需要采访者不拘形式和手法，灵活写作。

1. 借环境写"活"现场。专访的记者，是受广大读者委托的调查人员、代言人，也是新闻事件的见证人、旁证人，要善于带领读者进入现场，进入事件发生发展的典型环境，把访问的环境烘托出来。当记者用"我"的眼睛、耳朵、鼻子把读者带进人物活动的特定环境之中时，便可把谈话和环境联系起来呈现"活"现场，增加作品的可信性和可读性。

2. 借外貌表现主题。在人物专访中，经常要有人物外貌的描写，给人以具体的感受和深刻的印象，更好地表现人物的思想风貌、性格特征及报道主题。人各有其貌，写人物外貌首先要抓住特点，把人物的身份、性格衬托出来，才能给读者留下深刻印象。

3. 抓特点突出细节。写人物专访最重要的是要抓住人物的特点，突出人物的个性，写谁像谁，如闻其声，如见其人，使人物活起来，才能给读者留下深刻的印象。在专访中写出人物的个性首先要着力刻画人物的典型形象，使其具备具体、可感的特点，能让读者感觉到栩栩如生的人物，从而以其鲜明的个性，将读者紧紧吸引，并和读者进行思想感情的交流。

三、新闻专访常见类型

从新闻专访的内容来分，可以分为人物专访、事件专访和问题专访。

（一）人物专访

1. 人物专访的含义

人物专访是就某个问题进行的专门访问，以散文笔触写下的报道。

2. 人物专访采写的基本要求

其一，选准访问对象：重要的新闻人物，新闻知情人，新闻问题关涉专家。学者、领导、权威。

其二，选准访问场所、时机：与事件有关的现场访问，与问题有关的典型场合，读者最关心、人物感受最新鲜强烈的时机。

其三，注重谈话纪实：提尖锐、要害问题（提问方式有漫谈式、直指式、商量式），摘录个性、风貌话语，插第三者谈话，记者本身参与事件。

其四，定好现场与人物：气氛的渲染、实物引发、环境的烘托。

其五，专访中人物外貌描写：符合人物身份特色，简洁有力，有助于表现主题，有深度，有情感。

3. 人物专访的写作要领

第一，熟悉对象。这是人物专访第一步，一般情况下，记者与采访对象之间存在接触少的因素，记者在介入采访之前，对采访对象的基本情况就应该做到胸中有数（如个人经历、性格兴趣、成就建树等），如果记者对采访对象情况不了解，只凭与采访对象的简单谈话，甚至一些不着边际的问题，不仅耽误时间，漏重点，有时还可能使对方反感，从而造成采访渠道的阻滞。

采访前的准备还包括制定切实可行的访问提纲，明确专访的主题，以及对采访中可能出现的问题的对策等。总之，采访的准备越充分，访谈中记者越能够掌握主动权。

第二，表现个性。个性，是人物的心理与精神特质。个性，表现在人物的言谈、举止、气质、观点等方面。人物的内在精神,正是通过其个性化的言语和行动表现出来的。抓不住人物的个性,就会千人一面,万人一腔。抓住了个性化的言语、动作,就会形象凸显,使人物活起来。个性,是人物形象的生命所在。

第三,掌握分寸。掌握分寸,就是实事求是地分析、评价。表现专访人物,不要人为拔高。优秀人物是社会的中坚力量,他们的成长离不开他所依赖的社会大背景,包括改革的机遇、氛围以及政策和舆论的支持等。人物专访要正确反映人物成长或生活的土壤和"氛围"。优秀人物的成功与失败是正常的,所以我们的人物专访必须要掌握分寸,褒抑得当。

第四,展示风格。展示风格有两层含义,一是表现采访对象的风格,二是表现记者的风格。专访的主要方式是访问交谈,采访对象身份各异,谈话风格,思维方式,性格特征各具特色。

(二)事件专访

1. 事件专访的含义

事件专访,访的是人,谈的是事。所谈的事,是有特殊意义的历史事件或者现实事件;所访的人,是与事件有特殊关系的特定人物。事件专访的取材也有别于事件通讯,前者多是叙述基本事实,历史的现实的都写,后者的取材则较详尽,且都是现实题材。

2. 事件专访采写的基本要求

与人物专访不一样,事件专访的着力点在事件本身上,作品中的人是用来反映事件这个主题的。通过介绍事件发生的原因、过程以及影响来揭示事件本身的价值和意义。

(三)问题专访

1. 问题专访的含义

问题专访是一种比较常见的专访类型,专访目的是回答社会上人们普遍关心的问题,通过被访问者的回答、解释,给读者以启迪,或者引起人们的思考。

这类专访，新闻性、政策性都比较强，对社会的针对性、指导性也比较强。

问题专访，还经常采取系列报道的形式，即把一个庞大的复杂问题，分成若干侧面、若干个小问题，以连续报道的形式发表，这样既有"专"的特色，又有广度和深度。

2. 问题专访采写的基本要求

问题专访的核心在于向读者呈现该社会问题或者社会现象的来龙去脉，以及真相的深度解读。所以，在问题专访的写作中，一是需要对该社会问题有相关的了解，以便在采访中能提出针对性的问题，二是在具体的采访中，需要围绕问题的核心找到合适的契合点来展开采访。

四、人物专访采写范例

舞好"龙头"加快发展
——访贵州省委常委、副省长×××

编者按：6月7日至9日，贵州省委常委、副省长×××率领省直有关部门负责同志莅临我市调研，督查六盘水1月至5月经济社会发展情况。督查指导工作结束后，副省长×××接受了本刊记者的专访。他就六盘水如何发挥好资源型工业城市的优势；如何抓好"十二五"开局之年的各项工作；如何切实贯彻落实省委、省政府提出的"加速发展、加快转型、推动跨越"主基调；如何在工业化和城镇化两大战略中发挥龙头作用等问题谈了看法。

记　者：黄省长，您好！您这次率队到六盘水调研、督查、指导工作，通过两天半的实地考察和督导，并听取水城县、钟山区以及市委书记代表市委、市政府所做的工作汇报后，您对六盘水今年1月至5月经济社会发展运行情况有何点评？全市干部群众给您留下一个什么样的印象？

×××：通过对上半年各项目标任务完成情况，项目实施、招商引资、园区建设、社会治安综合治理等方面的工作的实地考察、督导和听取汇报，我认为今年1月至5月，六盘水市经济发展运行良好；六盘水干部群众给我的印象是精神振奋，"干"字当头，有思路、有措施，全市上下呈现出一派激情创业的景象。具体表现在以下四个方面：

第一，经济增长快。今年以来，六盘水市紧紧围绕"十二五"规划纲要和年初确定的目标任务，坚持"加速发展、加快转型、推动跨越"的主基调和重点实施"工业强省、城镇化带动"主战略，深入开展创先争优、"四帮四促"以及"三个建设年"活动，全市经济社会保持了持续健康发展的良好势头，实现了"开门红"。这当中有两项指标比较喜人：一是一季度，完成全市生产总值99.51亿元，同比增长15.1%。二是1月至5月，全市50万元以上固定资产投资完成140亿元，同比增长125.8%。这两项指标都高于全省平均水平。

第二，发展势头好。目前，全市共规划建设3个省级产业园区、11个市级产业园区。现已启动了305平方千米的园区基础设施建设。另外还加大了征地拆迁、安置小区的建设和基础设施建设的投入力度，市、县（区）政府已经为园区建设配套投入28亿元，各类园区现已入驻和拟入驻企业近90家，计划全年完成投资500亿元以上，发展的势头非常好。这两天，我们督查组到董地工业园区和红桥新区实地考察发现，很多项目的规划比较科学、科技含量比较高。

第三，招商有成效。今年以来，由市四大班子主要领导分别带队，先后到央企、珠三角、长三角和香港等地开展了招商引资活动。截至目前，全市共签约产业项目120多个，意向协议投资1300多亿元。我认为，像这样下如此大的招商力度，取得如此良好的效果，在六盘水以往的发展历程中是没有的。

第四，精神状态好。全省"项目建设年"观摩会召开后，六盘水市委、市政府组织全市县、区（特区）、市直部门主要领导同志进行了三天的封闭式集中学习，以鼓干劲、找差距、谋发展为目的，做法很好。通过两天半的考察感觉到，六盘水干部群众精神状态好，在发展上有思路、有信心、有措施。

记　者：就今年1月至5月六盘水市经济社会发展运行情况看，在今后的工作中，您认为哪些方面还需要市委、市政府引起进一步重视？

×××：听了市委书记代表六盘水市委、市政府所做的汇报后，我认为有三个方面需要进一步重视：一是1月至5月，完成规模以上工业增加值94亿元，同比增长13%，低于全省平均水平。当然，这与首钢水钢公司检修、煤矿的关闭整合等因素有关，但要引起重视，希望二季度赶上来。二是1月至5月，全市安全生产死亡人数上升了23.1%，这要引起高度重视，尽最大的力量将死亡率降下来。三是，六盘水连续四年安全感满意度全省挂末，这也要引起重视，要进一步抓好社会治安综合治理，提升人民群众的安全感。

记　者：六盘水历届领导都很重视党的基层组织建设。去年4月，六盘水市委、市政府结合抗旱救灾工作实际，围绕推进新农村建设、夯实基础建设、培养锻炼干部这三个目标，从市、县、乡三级选派1031名优秀机关干部到村担任"第一支书"或主任助理，任期两年。您对此做法是否赞同？有何评价？

×××：我非常赞同、赞赏。这是一个很有远见的做法，这是六盘水加强党的基层组织建设的一大创新。我认为，这在全省都是一个突破。

感情决定思想、感情决定行动、感情决定人的价值取向。在这次调研督查期间，我在水城县蟠龙乡法那村得知该村第一村支书付金刚来自市委办，到村任职后和群众、村干部打成一片，我感到很高兴，对市委、市政府"千名干部到村任职"的做法非常赞同和支持。人是有感情的，通过到村任职，使这些村干部树立正确的政绩观和价值观，使他们心中随时都装着老百姓，我们党的事业就需要这些和群众有深厚感情的年轻干部。我们的干部就是要从基层一步一个脚印，一级一级磨炼成熟后再提拔起来，这样的干部才会真正了解基层，理解百姓，才能施政有方。

记　者：这两天，省委督查组一行先后来到六盘水双元铝业公司、首钢水钢集团公司、水矿集团采煤沉陷区治理工程项目——钟山区明景居住小区进行督查指导。这些企业的发展为六盘水经济社会的发展作出了巨大贡献，同时企业在发展的过程中也存在一些困难和问题，作为省委、省政府领导，请您对地方党委、政府如何为企业做好服务谈谈您的观点和看法？对企业的发展寄予什么厚望？

×××：我们通过督查了解到，首钢水钢公司四号高炉热设给国家和企业节约了60多亿元的资金，仅用了一年多的时间就建成了国内一流的精品棒材生产线，使首钢水钢的综合生产能力从300万吨迈向500万吨；而且职工收入逐年增长，思想稳定，这些都充分说明了水钢公司管理层管理有方，措施得力，也与大家的辛勤工作分不开。我希望首钢水钢公司不断加快发展，做贵州钢铁行业的"龙头"企业。2001年，湖南曾氏集团看中了六盘水丰富的煤炭资源和电力资源，在六盘水成立了双牌铝业公司。2006年，公司扩大规模，投资13亿元进行二期工程建设。目前，公司生产经营状况喜人，企业在创造经济效益的同时，累计上缴税金上亿元，解决附近村民就业1300余人。这些企业的发展壮大，为六盘水经济社会发展作出了自己应有的贡献。如何才能使更多的客商留得住、能发展，为他们解决企业在发展过程中存在的困难。我认为，六盘水各级党委、政府要为企业发展营造良好的软环境，主动搞好服务，同时要全力推进民生工程建设，确保民生工程利民惠民，让群众共享经济社会发展的成果。

记　者：工业园区建设是此次督查的重点。这两天，督查组一行实地走访察看了水城县董地工业园区和红桥新区，您对两个园区的规划、基础设施建设有何评价和要求？

×××：在水城县董地工业园区和红桥新区，我们督查组一行详细了解了园区的规划、基础设施建设、企业入驻等方面情况。我认为，两个园区的建设起步好、建设速度快。下一步，六盘水要紧紧抓好园区建设这个实施工业化战略的有效载体，每个园区都要组建一套领导班子，全面负责招商和基础设施建设工作，要统一规划，做到分区建设、适时整合，加快推进。

记　者：自从2010年底，省委、省政府提出"工业强省、城镇化带动"的主战略后，对六盘水提出在工业强省战略中"走前列，做表率"的要求。六盘水市作为贵州省的工业大市，在"十二五"期间，六盘水应该将哪些方面作为突破口来发挥"龙头"作用？

×××："十二五"期间，六盘水要发挥资源型城市的优势，大力调整产业结构，大力推进经济发展方式转变，在三个方面起"龙头"作用。一是在煤炭开采及煤炭深加工上起"龙头"作用。要抓紧对煤层气、粉煤灰的开发和再加工方面的研究，加大对二氧化碳、二氧化硫、煤焦化、燃料汽油、燃气等气体的回收利用工作力度，形成新的经济增长点；二是在工业化进程中起"龙头"作用。扎实推进煤电产业、煤化工产业、冶金产业、装备制造、新型建材产业、新兴产业等六大支柱产业，使六盘水的工业增加值在三产中的比重超过全省发展水平；三是在提高城镇化率上起"龙头"作用。要坚持城镇规划与产业规划同步推进，加大基础设施和公共服务设施建设力度，提升城市综合承载能力，破解城乡二元结构难题，到"十二五"末，使全市城镇化率达50%。

记　者： 当前，全省的经济发展呈现出千帆竞发、百舸争流的态势，六盘水也坚定地提出2013年实现经济总量翻一番的目标。作为省委、省政府领导，就六盘水如何开展下一步工作，请您对此提一些指导性意见和要求。

×××： 要提高对五个方面工作重视力度：一是重视环境建设，要着力打造创业干事的工作环境和优良政务服务环境，核心是做好社会治安综合治理工作，营造和谐发展的良好氛围；二是重视干部作风建设，利用换届契机，打造一支团结、廉洁、务实、心中装着老百姓的领导队伍；三是重视民生改善，对用于民生方面的资金要做到专款专用，加大审计监察力度，坚决杜绝截留挪用资金的行为；四是重视安全生产，要时刻把安全生产当成大事、要事来抓，做到一手抓安全一手抓生产；五是重视干部的理念更新和改造，进一步解放思想，增强干事创业的能力，进一步振奋精神，狠抓工业增速和项目落地建设工作，加大招商引资力度，推进民生工程，努力提高群众安全感和满意度，使"十二五"开局之年经济社会更好更快发展，为实现"2013年经济总量翻番"的工作目标奠定坚实的基础。（原载于2011年6月《当代六盘水》第六期）

用歌声演绎和传承箐苗文化

——访"箐林之声歌队"《笃谷笃杉》《果山果者》编导徐美陵

编者按： 随着合唱表现形式、原生态唱法、流行唱法、美声唱法以及民族唱法决赛的完美谢幕。三年一届的以"热爱贵州、唱响贵州、建设贵州"为主题的2011多彩贵州歌唱大赛正式落下帷幕。

8月28日晚，2011多彩贵州歌唱大赛颁奖晚会在贵州国际会议中心进行，各组别的金黔奖、银瀑奖在评委、监审组以及观众的监督和见证下一一揭晓，六盘水代表队菁林之声歌队喜捧原生态唱法银瀑奖。晚会结束后，"菁林之声歌队"《笃谷笃杉》《果山果者》的编导徐美陵老师接受了记者的专访。

记　者：徐老师，您好！作为2011年"多彩贵州"歌唱大赛六枝特区组委会指导组组长和"菁林之声歌队"《笃谷笃杉》《果山果者》的编导，您能否给我们介绍一下"菁林之声歌队"所演唱的《果山果者》《笃谷笃杉》这两首歌曲的内容及特点？以及歌曲表达的意思是什么？

徐美陵：《笃谷笃杉》《果山果者》都是六枝特区梭戛菁苗（俗称"长角苗"）民歌，"笃谷笃杉"翻译为汉语，就是"晒月亮"，意为"找意中人"。歌词大意：（女）唱一首情哥哥，唱一首来给妹听。情哥哥！（男）唱一首来给妹听，不知是否合妹心。（女）真的吗？哥唱情歌妹记心，你唱在前我来跟，情哥哥！……这首歌曲的旋律优美，演唱深情、自由。是一首反映菁苗青年男女谈情说爱，寻找爱情真实情节的歌曲；"果山果者"翻译为汉语是"我爱我家"的意思。歌词大意：这里是我们祖祖辈辈生活的地方，山青鸟鸣牛羊壮；大山深处，歌声回荡，唱出我们心中的梦想，我爱我家。歌曲以回旋的旋律为主线，有委婉、悠扬、含蓄、内秀、强调倾诉性的特点；表达了菁苗同胞尊崇自然、崇尚真情、勤劳善良的质朴品格和赞美家乡、热爱生活、追求和谐、憧憬美好未来的高尚情操。

记　者：据说，在六枝特区菁苗村寨，过去没有《笃谷笃杉》《果山果者》这两首歌的名字，你们是通过什么样的方式创作出这两首具有本民族特色的歌曲的？"菁林之声歌队"是什么时候组建的？"菁林之声"有何含义？

徐美陵：2011年"多彩贵州"歌唱大赛海选开始前，我们按照市委有关领导的指示："要尽力推介六盘水市六枝特区的菁苗（长角苗）民族民间文化。"接着，六枝特区相关领导在六枝特区2011年"多彩贵州"歌唱大赛海选前，就安排人员采集提炼和创作，提升具有民族特点的菁苗（长角苗）歌曲。此后，特区宣传部有关领导及相关人员到六枝特区梭戛生态博物馆社区陇嘎寨等地收集整理菁苗歌曲，收集整理了菁苗妇女、儿童、老人、青年男女山歌、儿歌、情歌等各类不同唱法的歌曲 30 余首，整理后组合成《笃谷笃杉》《果山果者》。

"箐林之声歌队"于 2011 年 6 月 1 日组成，共 15 人。取名"箐林之声"，它不仅有韵味，而且能真实反映箐苗的生活现状。"箐林"一词，指箐苗同胞的居住环境——生活在大山箐林之中，"声"是指居住在这里的男女青年还能演唱和展示美妙和声。有神秘、委婉、含蓄之意，同时也能体现箐苗与自然和谐相处。

记　者：作为"箐林之声歌队"《果山果者》《笃谷笃杉》的编导老师，从海选到市里面比赛，乃至省里的半决赛、决赛，给您的最大感受是什么？在宣传六盘水民族文化，发掘本土人才，培养年轻人才方面，您有什么样的意见和建议？

徐美陵：只有领导重视，才能打造我们六盘水的文化品牌，才能发掘更多的本土人才，更好地宣传六盘水民族民间文化。六枝特区财政比较困难，但有关领导多方想办法，政府大力支持，并鼓励我们只管排练好节目，只要能达到宣传六枝的效果，其他事情他们会想办法，确保我们排练工作的顺利进行。

我们六盘水的民族众多，均有西部民族地区的特点，只有加大人力、物力和财力，更多更好地挖掘和培养民族艺术人才，特别是年轻一代的艺术人才、创作人才，才能更好地推出和宣传六盘水。

记　者：在这次"多彩贵州"歌唱大赛决赛中，"箐林之声歌队"演唱的《笃谷笃杉》《果山果者》喜捧银瀑奖，表演者们都感到高兴。请您谈一谈自己的内心感受，对《笃谷笃杉》《果山果者》的艺术表现形式有何点评？

徐美陵：虽然我们在这次大赛中夺得银瀑奖，得到了评委老师和观众的肯定，但我认为还是不够的，在歌曲的演绎技巧方面还需再提升，原生态的表现形式还不够完美，曲目旋律较平。我们将认真总结本次大赛中有关专家的点评和观众提出的建议，加紧改进、排练，在未来的征程中更好地演绎和传承箐苗文化。

记　者：最后，请您谈一谈，举办"多彩贵州"歌唱大赛对六盘水民族民间文化有何积极意义？给您的启示是什么？

徐美陵：连续三届"多彩贵州"歌唱大赛的举办，对进一步推动六盘水市的民族民间音乐保护和发展，对民族民间文化资源繁荣和激发艺术创作、打造民族文化品牌具有积极意义。这次编导节目参加比赛，最大的启示是："'多彩贵州'歌唱大赛不仅能选拔出一大批优秀人才，同时还能提振民族的自尊心、自信心和自豪感。就拿'菁林之声歌队'为例，从'多彩贵州'歌唱大赛原生态决赛成绩揭晓，我们以第四名的成绩跻身银瀑奖排行榜的那一刻起，梭戛12个菁苗（长角苗）村寨的家家户户、老老小小都沸腾起来，全体菁苗同胞为本民族选手能在省城大舞台上取得如此优异的成绩而感到骄傲。决赛当晚，一位菁苗老大妈激动得泣不成声，她打电话告诉我：'真没想到我们的节目能上这么漂亮的舞台，更没想到我们能取得这么好的成绩。我们菁苗同胞人口少，而且居住环境和生活条件差，从来就很少被人知道。这次大赛给了我和村寨菁苗同胞生活的勇气和做人的信心，希望同胞们继续加油，为我们民族争光……'"（原载于2011年9月《当代六盘水》第九期，此文获2011多彩贵州"好新闻"奖）

变废为宝　利国利民
—— 访"GXH2001型废旧沥青改性剂"发明者桂希衡

编者按：近年来，贵州省水城公路管理局认真贯彻落实科学发展观，积极响应市委、市政府的号召，大力推广新技术，自2005年起研发推广应用桂希衡发明的"GXH2001型废旧沥青改性剂"专利技术以来，在降低公路养护成本、提升公路服务水平、减少废料堆积占用土地和污染环境、节约砂石资源、减少开山采石、保护自然生态环境等方面取得了显著效果。六年多来，为国家、为社会作出了积极贡献。同时，这项技术获中华全国总工会、科学技术部、劳动和社会保障部联合表彰的"全国职工技术创新成果三等奖"；于2006年3月获国家发明专利。日前，记者就推广废旧沥青再生技术的现状、研发这项技术和推广过程中所遇到的困难等话题，对水城公路管理局局长桂希衡进行了采访。

记　　者：桂局长，您好！大家都知道，废旧沥青再回收和利用已经在全国很多地方得到推广，而废旧沥青再生技术最关键的是"改性剂"，能否介绍一下您所研发的"GXH2001 型废旧沥青改性剂"，该项技术曾经获得什么奖项和专利？它有何特点和作用？

桂希衡："GXH2001 型废旧沥青改性剂"技术，能将公路和市政道路沥青路面养护维修施工开挖废弃的旧沥青路面材料全部回收，加温拌和并加入适量的"GXH2001 型废旧沥青改性剂"，通过物理化学作用对其进行改性，使旧沥青路面材料还原恢复路用性能指标，再将其用来铺筑沥青路面面层，真正实现变废为宝、资源再生利用的目的。我研发的这项技术于 2004 年获中华全国总工会、科学技术部、劳动和社会保障部联合表彰的"全国职工技术创新成果三等奖"，2006 年 2 月 15 日，获黔西南州"科学技术进步"一等奖；于 2006 年 3 月获国家发明专利，该发明专利名称为"一种废旧沥青改性剂"，技术名称为"GXH2001 型废旧沥青改性剂"。

"GXH2001 型废旧沥青改性剂"的主要特点和作用如下：

节约工程成本。每千米（三级公路）可节省沥青 20 吨以上，以沥青价格为 5000 元 / 吨计算，每公里即可节约成本 100000 元；每公里高速公路（四车道，沥青面层厚 10 厘米）可节省沥青 150 吨，即每千米高速公路可节约成本750000 元。综合计算，平均至少可为国家节约公路养护成本 30% 以上。若在全省推广应用该技术，至少每年可节约沥青 40000 吨，可节约成本 2 亿元，可大量弥补全省公路养护资金缺口。

节省沥青、砂石等自然资源，有利环境保护。一是减少砂石开采，以每公里（三级公路）沥青路面需要砂石 200 立方米、每千米高速公路沥青路面需要砂石 1500 立方米计算，全省每年至少可减少山体开挖 50 万立方米，要少挖掘数十座山头。对打造贵州旅游省、保护贵州自然景观意义十分重大；二是减少占用土地资源，传统公路养护方法是把旧沥青路面材料开挖远运废弃、堆积或掩埋，全省每年将产生几十万立方米的旧沥青路面废弃物堆积，要占用数百亩土地资源。若普及推广应用该技术,减少占用数百亩的土地资源；三是减少环境污染，由于沥青难于自然消解的特性，大量被废弃的旧沥青堆积将会污染环境、水源，该技术把废弃的旧沥青路面材料通过改性达到90%以上的再利用，真正实现变废为宝，减少环境污染，可谓利国利民。

总之，该技术有利于环保，节约工程成本，节省砂石、沥青、土地等自然资源，施工工艺简单（现行沥青路面施工设备均能使用）等特点。

记　者：据说废旧沥青再生技术是在废弃的旧沥青路面材料中添加您发明的"GXH2001型废旧沥青改性剂"，通过物理化学反应才能恢复旧沥青路用性能，请问这项技术指标能否达到国家（行业）现行技术标准？近年来，水城公路管理局的管辖范围内的公路使用效果如何？

桂希衡：该技术的技术指标不仅能达到国家（行业）现行技术标准，有的指标比新沥青还要好。自2001年以来已先后在省外广西百色、桂林，湖南邵阳，重庆万州，浙江临海，云南（省公路局行文全省强制推广）使用，贵州省已先后在兴义、六盘水、毕节、遵义、凯里、贵阳、安顺等地使用。

实践证明，该项技术不仅质量可靠，而且使用效果显著。2008年，在水城公路管理局管辖的国省干线共计95千米油路大、中修施工中全部使用了该沥青再生技术，节约成本830万元；节约砂石近30000立方米；质量经上级验收全部合格。对经历雪凝灾害的路段，因撒盐除冰导致新沥青铺筑的上表面层受损后，旧沥青铺筑的下面层均完好无损。

自2008年起，市中心城区凤池园、广场附近、黄土坡一带市政道路、城区出口线双水、梅花山、窑上等路段以及2010年末对水西路（红华家电至火车站路口路段）建设和改造也都使用了该技术，累计减少砂石开采量近30000立方米，保护了市区自然生态环境；为施工企业增加利润近300万元。

不仅如此，2009年，在水城公路管理局管辖的国省干线共计80.85千米油路大、中修施工中全部使用了该沥青再生技术，节约成本680万元；节约砂石近14000立方米；质量经上级验收全部合格。2010年，在水城公路管理局管辖的国省干线共计165千米油路大、中修施工中全部使用了该沥青再生技术，节约成本890万元；节约砂石近20000立方米；质量经上级验收全部合格。2011年，在水城公路管理局管辖的省道S212线黄花岭、老鹰山、玉舍至鹅脚等干线公路共计68千米油路大、中修工程施工中全部使用了该废旧沥青再生技术，节约成本 260 万元；节约砂石近 12000 立方米；质量经上级验收全部合格，路况服务水平大幅度提高。

综上所述，水城公路管理局自使用该技术以来，累计施工 534 千米，共节约成本 3540 万元；节约砂石开采近 150000 立方米；在节约成本、节约资源、保护自然生态环境、节约土地资源、提高公路服务水平等方面，都取得了显著的成效；也对废旧资源再生综合利用、节能减排、把科学技术转化为生产力作出了较大的贡献。

记　者：是什么原因促使您当初产生研究废旧沥青材料再利用这项技术的想法？您在研发该项技术的过程中经历了哪些艰辛、挫折和困惑？

桂希衡：我自 1980 年参加工作以来，在工作实际中亲眼看到沥青路面养护施工中，多是把破损路面面层开挖后沿公路两侧废弃，导致污染环境（水源、农作物和耕地）、占用土地、不利农民耕种；也有的用来作为路面底（基）层填料，高温下被压实后可呈现出坚实的板体。多年所见的观察和思考，产生了能否对废旧沥青材料再利用的想法。

1989 年，我走上公路养护生产管理岗位后，自己就一直关注此问题，利用业余时间经常查阅资料（主要是筑路材料书籍中关于路用沥青材料的相关内容和科技信息），通过参阅相关资料后，更加坚定了自己对废旧沥青可再利用的想法和信心。

为慎重起见，我于 2000 年初开始借鉴试用类似技术，证明的确可行。不巧的是，在试用类似技术中因原料断货，导致已回收堆积如山的大量废旧沥青路面材料无法继续正常试用下去。

出于对所学专业技术的酷爱和对公路养护成本管理充分控制的目的，就自发实质性地开始了这项研究工作，经历了：幻想→查阅资料→借鉴试用→实质性研究→测试→取得成果→实用验证→获得成功后总结整理的过程。断续历时三年之久，不知耗费了多少休息时间，熬过多少冥思苦想的不眠之夜，也曾遭到个别人的讽刺挖苦，历经了不少辛酸苦辣。可谓"功夫不负有心人"，通过多年的不懈努力，"GXH2001 型废旧沥青改性剂"技术最终研究成功。

记　者：您通过多年的不懈努力和不断探索，研发出"GXH2001 型废旧沥青改性剂"技术并投入使用。在近年来的推广过程中，您有什么体会和愿望？

桂希衡：通过对水城公路管理局使用"GXH2001型废旧沥青改性剂"技术的实地运用并验证，"GXH2001型废旧沥青改性剂"技术是一个变废为宝、利国利民，十分值得推广的适用技术，具有普遍推广利用的可行性和必要性！

我深刻体会到，国家之所以高度重视科技成果转化、节能减排、资源综合利用工作，并出台了一系列鼓励创新、支持、优惠的方针政策，这是党和国家的高瞻远瞩，是落实科学发展观的充分体现！

人人都知晓，地球虽大，但自然资源毕竟是有限的。本着对历史、对社会负责，为子孙后代负责的态度，大力推广适用技术是全社会的共同责任，尤其是推广像"GXH2001型废旧沥青改性剂"这样有利于环保、节省资源、节约成本、质量可靠、施工简单的适用技术，完全符合党和国家的方针政策！希望各级领导及相关部门予以高度重视，积极鼓励、支持并号召大力推广！（原载于2011年10月《当代六盘水》第十期）

水城农民画：小产业　大市场
——访水城县夜郎风民族民间艺术开发有限公司徐承贵、徐源父子

编者按：2010年4月，六盘水市从机关选派1031名干部到村任职。两年来，他们带着党委政府的重托，带着对党和人民的无限忠诚，带着为民谋利、真谋发展的诚心，不辞辛劳，扎根基层，争做创先争优的"排头兵"、农村致富的"领头羊"、跨越发展的"急先锋"，真心诚意解民忧，凝心聚力促发展，用实际行动谱写出一曲曲感人的乐章！日前，六盘水市对"十佳选派干部"和优秀选派干部进行了表彰。

广阔天地，大有作为。当前，六盘水市正奋力开展"联乡驻村"工作，继续引导驻村干部施展才华，帮扶基层，致富群众，促进发展……

努力将"夜郎风"打造成区域性品牌符号

2014年5月15日至20日，在深圳会展中心举行的第十届中国（深圳）国际文化产业博览交易会上，水城农民画及其文化创意衍生产品被销售一空，

并与香港 GOOD 时尚文化传播公司、大连招商引资单位、浙江五福文化传媒有限公司 3 家企业达成合作意向，真正尝到了文化产业致富的甜头。"水城农民画是一个小产业，却拥有这么广阔的市场，这是我们始料不及的……"日前，徐承贵、徐源父子在接受笔者采访时兴奋地说。

徐承贵是一位土生土长的农民画家，其作品《秋收》《摘石榴》《六月番茄红》曾获全国现代民间绘画画乡作品邀请展一等奖、第二届中国重庆綦江农民版画艺术节中国画乡绘画精品展一等奖、中国西南艺术（贵阳）现代民间绘画艺术展一等奖等。多年来，徐承贵始终坚持"白天劳动、晚上作画，农忙劳动、农闲作画"的路子，走上了致富道路。2009 年，徐承贵用多年销售农民画的收入在双水新区修建了一幢价值300万元的四层楼别墅，建立了"山艺斋"农民画坊，成功地将手工作坊发展成小企业，小规模生产农民画。

而在徐承贵的儿子徐源心中，父亲开的"山艺斋"农民画坊只是一个开始，将水城农民画的元素融入动漫及时尚产品设计中，打造品牌，将水城农民画作为一门艺术推广出去，才是徐源自己真正的艺术创业梦想。2012 年，当时的徐源还是贵州师范大学美术系大四的一名学生，他开始将水城农民画元素融入生活用品设计中的实践。同年，徐源设计了一款水城农民画的衍生产品——U 盘。这个产品在当年的"多彩贵州"两赛一会上拿到了"最佳新品奖"。从那时开始，徐源和他的创意团队便开始不断地设计水城农民画的衍生产品，设计的产品多次在国内外获奖。

"打虎亲兄弟，上阵父子兵。"2012 年 7 月，徐承贵、徐源父子共同创办了水城县夜郎风民族民间艺术开发有限公司。这个以水城县本土苗族、彝族、布依族为主要素材，以水城农民画为重要基石迅速发展起来的年轻品牌，迅速成为了水城县乃至六盘水市对外宣传的一个着力点。

2014 年 5 月 15 日至 20 日，第十届中国（深圳）国际文化产业博览交易会在深圳会展中心拉开帷幕。水城县夜郎风民族民间艺术开发有限公司作为代表六盘水市唯一一家企业参加会展活动。

中国（深圳）国际文化产业博览交易会是国家重点支持的文化会展活动，是我国唯一一个国家级、国际化、综合性文化产业博览交易平台，是我国文化产业领域规格最高、规模最大、最具实效和影响力的国际品牌展会。同时也是我国文化产业界沟通、交易的纽带，是集中展示、交易中国优秀文化产品，促使文化产品及服务走向国际市场的重要平台。

在第十届中国（深圳）国际文化产业博览会上，水城县夜郎风民族民间艺术开发有限公司参加宣传展示产品分为两块：一块是水城农民画元素提炼，把水城农民画赋予符号化、故事化进行系列产品衍生；另一块是把中国凉都六盘水的苗族、彝族、布依族等三种民族的民族文化图腾进行创意设计再生，开发 DIY 首饰产品。徐承贵、徐源父子俩独具民族特色的水城农民画及其衍生产品琳琅满目、十分抢眼，鲜明强烈的民族特征和艺术魅力吸引了参展客商和市民的眼球，为世界各地的参展者架起了一座了解贵州本土文化的桥梁。

在展区前，徐承贵、徐源父子俩身着印有"有黔真好"字样的白色 T 恤，不停地为参观者介绍各色产品。水城县夜郎风民族民间艺术开发有限公司参加宣传展示的 235 套产品在短时间内销售一空。徐承贵介绍说："此次携带的产品不多，因为省里面给每家企业都建立了二维码网上下单，产品主要用于展示宣传，但是都销售完了，这是我意想不到的。"

会展期间，香港 GOOD 时尚文化传播公司、大连招商引资单位、浙江五福文化传媒有限公司等三家企业与水城县夜郎风民族民间艺术开发有限公司达成了合作意向。此外，贵州省著名旅游商品企业——黔艺宝还准备在黔艺宝连锁特产店设置"夜郎风"品牌专柜，销售水城县夜郎风民族民间艺术开发有限公司饰品产品。

"我的梦想是把'夜郎风'打造成黔西北区域性品牌符号，设计出更多以'特色、创意、原生态'为价值内核的精品文化产品，将水城农民画作为一门艺术推广出去。"在谈到品牌的设计和创新时，徐源一直在强调一点，"传承传统文化的同时要一改老一辈以卖画为生的模式。当今社会，文化产业的发展必须与时尚创意设计相结合，才能可持续发展。当然，不管怎么创意，民族的文化不能丢，它是我们的根，是我们品牌的灵魂。"

追溯水城农民画的历史渊源

"水城农民画，与刺绣、蜡染、剪纸、雕刻等民间艺术一样，根植于雄浑、厚重、广袤的云贵高原土壤之中，是生活在水城这片土地上的苗族人民生活的积淀。她们融会贯通，相互媲美！其内容和思想，或表达本民族的历史，或表达本民族的宗教信仰，或表达自己的喜怒哀乐等等。水城农民画的创作者，目前主要是苗族，准确地说，是苗族妇女，作者群体以农民为主，所创作的作品主要反映农村的生产、生活和民俗风情，它与学院式的美术作品有很大的区别，有着农民淳朴、直率、豪放、粗犷的个性；同时和本民族的宗教信仰有着极大的关联。"在水城县夜郎风民族民间艺术开发有限公司，徐承贵、徐源父子向笔者讲述了水城农民画的创作特点及历史渊源。

"喜欢哪样画哪样，怎样好看怎样画"是水城农民画的一大特点。民间画师们在表现这些内容和思想时，无意识地把当地的民风民俗、生产生活、自然风光等，无拘无束地融汇进去，大胆地发挥想象，表现出一种淳朴、自然、率真、坦诚的风格，在他们所创作的作品中，不失夸张和错位，这些都表现出水城农民画固有的民族特色和乡土气息。如：陡箐乡猴儿关、坪箐苗族农民画作者，他们把自身的民族特色充分表现在自己的衣物上，或周围生存的物质空间里（如满足自己精神生活的纸上），用以发泄、倾诉等，这就是水城农民画的来源。

水城农民画以其自由、夸张、色彩艳丽的艺术形式和大胆、泼辣的艺术手法，集蜡染、刺绣、挑花、剪纸等民间艺术为一体，被誉为"中国农民特有的艺术语言"。

水城县是"全国农民画之乡"，农民画很有地域特色。1984年水城县文化局将少数民族特有的挑花、刺绣、蜡染等民间艺术形式有机地结合在一起，从而挖掘出了一种具有水城特色的现代民间绘画——"水城农民画"。中央美术学院院长杨先让教授对其做了高度评价："它们已不再仅是供别人吸收创作养分的粗原料，而是具有独特民族气派和独立艺术语言的本源艺术品。"在此期间，水城境内先后有两百多名作者在全省乃至全国获得了许多大奖，不少作品被国家级博物馆收藏，有的还远销到了国外。

2002 年，水城农民画《秋收》获全国现代民间绘画画乡作品邀请展一等奖；近几年来，其他数百件水城农民画作品也在国家、省、市的多个活动中获得金奖或铜奖。这无疑是对"水城农民"的褒奖，也是对"水城农民画"这一独特艺术的肯定！

水城农民画开启于 20 世纪 70 年代，随着时代的发展，苗民画师们把这些内容和思想也推上了民族交流的平台。经过 30 多年的发展，逐渐积累了作品的厚度与画家群体。从 20 世纪 80 年代以后，水城农民画才开始走出大山，进入现代人生活的视野。在有关部门的支持下，经过不断地扶持，水城农民的现代民间绘画以其独有的风格一次次亮相全国，得到了有关专家的好评。其中，水城县陡箐乡猴儿关、坪箐村苗族的农民画，在独特的民族意识中取得极大的成就。陡箐乡猴儿关有苗族人口 432 人，其中女性 208 人，其文化结构都是初中以下，在进行农民画的创作过程中，妇女们以平时挑花、刺绣、蜡染等手法来表现农民画的形式。

在创作的过程中，水城农民画的民间画师们，在"画自己感兴趣的东西，画自己最熟悉的东西"的理念下，进行了绘画创作经验的总结。本来，中国现代民间绘画就源于农民的原始经验和民间文化的积淀，其洋溢着浪漫或苦难的民间情调；同样，水城农民画除此之外，更吸引人们的是鲜明的地方风格和民族文化，给人以强烈的视觉效果和极佳的审美享受。经过 30 多年探索，水城农民画的民间画师们的艺术风格趋于成熟。如县文化馆、市文化局 2008 年网站有一段记载。中国民间美术学会副会长杨先让教授说水城农民画"古朴、浑厚、纯真、大胆、泼辣、新奇"。冯真教授称这些作品"自然淳厚、绚烂活泼，充满了泥土芬芳"。

1988 年，国家文化部社会文化局曾把水城县命名为"中国现代民间绘画画乡"。

水城县荣膺这样的称号并不是偶然的。首先，是这里生活着一大批从民间绘画中走出来的"画家"，另外，他们的作品这些年来不断走向全国走向海外，不少作品获奖并被有关机构收藏，作为民俗文化的一种分支，他们为水城争得了荣誉，留下了宝贵的民族民间文化资料。公开出版的《中国水城农民画》

一书，就收录了各个时期农民画代表作 80 余幅，集农民画之大成，为农民画留下了生动的画卷。

水城农民画，理当是水城苗民民俗文化中当之无愧的艺术珍珠，是云贵高原土壤之中的一朵奇葩。（原载于 2014 年 10 月《中国凉都文化产业》第二期）

一位彝家小伙传承民族文化的责任担当
——访淤泥艺胜民族民间产品设计中心创办者柳胜

编者按： 根据党的十八届三中全会以及省委十一届四次全会通过的《中共中央、省委关于全面深化改革的实施意见》，市委结合六盘水实际，出台了《关于贯彻落实党的十八届三中全会及省委十一届四次全会精神全面深化改革实施意见》，《意见》指出，要进一步深化文化体制机制改革与创新，"培育现代文化市场体系"。六盘水自启动文化改革发展工作以来取得了哪些成绩，存在什么难题，面对新的改革要求又有哪些部署和安排，读者十分关心。为此，本刊记者专访了市委宣传部常务副部长、市文改文产工作领导小组办公室主任。

彝族具有悠久的历史和古老的文化，彝族主要分布在云、贵、川三省和广西壮族自治区的西北部，自古以来就是西南地区的本地民族，民族民间文化积淀深厚、文化活动丰富多彩。盘县淤泥乡作为六盘水彝族山歌的发源地之一，多年来，"淤泥山歌"通过中央、省、市等多家媒体的传播，彝族这个古老的本地民族作为中华民族大家庭中的一根龙脉，彝族人朴素的伦理道德和多姿多彩的民族文化被渐渐传播开去……

淤泥彝族乡彝族风情街上有一家专门经营民族服装、雕刻、刺绣等彝族文化商品的小商店，每天来店里购物和参观的人络绎不绝，店里琳琅满目的民族服装、剪纸等不仅摆放有序，而且花样繁多，让人目不暇接，他就是盘县淤泥彝族乡土生土长的彝族小伙子柳胜创办的"盘县淤泥艺胜民族民间产品设计中心"，目前该中心已成为六盘水传承和弘扬彝族文化的重要窗口之一。日前，笔者走进盘县淤泥艺胜民族民间产品设计中心，对柳胜进行了专题采访。

彝人风情街上的私营民间微型企业

"盘县淤泥艺胜民族民间产品设计中心"位于盘县淤泥彝族乡中心区彝人风情街，是淤泥彝族乡唯一的一家注册的私营民间微型企业，企业成立于2012年4月，创始人柳胜是这家企业的法定代表人，注册资金为人民币10万元；从2008年以来，柳胜通过收集整理彝族民族民间文化，发现有许多是鲜为人知的，如彝族传统的服饰、剪纸、绘画、音乐文化都很有个性，于是产生了开办一家彝族文化产品继承和开发新产品的念头。他走访彝族村寨、访问前辈老人、收集现存的民族文化产品，赴云南、四川、广西等省区体验彝族文化等。在各级文化部门的支持下，经过筹建，企业有了70平方米的加工厂房，190平方米的陈列室，60平方米的门面，7名员工；企业有自己的生产设备，如织布机、缝纫机、锁边机、雕刻机以及相应的辅助生产设备。

勤奋好学多才多艺的彝家小伙子

企业法人柳胜是一位多才多艺的彝家小伙子，自幼生长在彝族群体中，生活环境使他对彝族文化、彝族历史情有独钟，长辈们做什么他都要问个明白，他对了解到的彝族历史和文化总是写写画画，记个不停，彝族这一古老的本地民族的生活风俗在他幼小的心中烙下了深深的印迹。2003年，柳胜从六盘水市农业技术学院毕业后，勤奋好学的他又参加了林学专业大专班的学习，回乡后一边劳动一边收集整理彝族文化史料，多次参加乡、县、市省等以彝族民族风情为内容的文娱演出等活动，对彝族历史文化的情有独钟以及精湛的表演赢得领导和同志们的信任。2012年荣获"彝族古歌"非物质优秀传承人荣誉称号；2012年"多彩贵州"舞蹈大赛（盘县赛区）一等奖和（六盘水赛区）三等奖；2012年在"贵州百里杜鹃国际火把节"原生态歌舞大赛中荣获优秀奖和组织奖；2012年还荣获盘县首届"旅游在盘县"文化艺术节三等奖和最佳创新奖；2011年荣获"宏立城杯"多彩贵州旅游商品设计大赛六盘水赛区三等奖、中天城投杯"多彩贵州"歌唱大赛盘县选拔赛原生态唱法一等奖、中天城投杯"多彩贵州"歌唱大赛六盘水赛区原生态唱法二等奖；

2007年荣获"黄果树"杯多彩贵州舞蹈大赛（盘县赛区）二等奖；2006年荣获"邮政杯"盘县首届青少年文化艺术节舞蹈大赛二等奖；2006年荣获"邮政杯"盘县首届青少年文化艺术节器乐大赛优秀奖；2009年被命名为盘县县级非物质文化遗产传承人；2009年六盘水市第四届少数民族文艺会演优秀演员奖。这一张张鲜红的奖状，展示了他的才艺技能，同时也展现了他热爱彝家文化，传承彝家文化的肩负担当。

"产品设计中心"由设想变为现实

淤泥彝族乡中心幼儿园是2008年成立的乡镇中心幼儿园，园里的孩子彝族的占95%以上，乡里首先把他请进了幼儿园教孩子学习彝族语言和文化，时值淤泥乡正在申报淤泥山歌为国家非物质文化遗产，然而，在幼儿园工作不到一年的柳胜就被乡里选入科技教育文化服务中心工作，承担了新的工作任务——挖掘整理民族民间非物质文化。在此期间，弘扬民族文化，挖掘民族文化，保护民族文化，展示彝族服饰风采等工作量加大，一些服装要到外面采购，而且采购的东西不理想，特别是达不到预期效果。爱好多样的柳胜产生了建立自己本民族特色的"盘县淤泥艺胜民族民间产品设计中心"的设想。他把自己的想法告诉了乡里的几名彝族文化传承者，得到了他们的积极支持和响应。在当地政府、工商等部门的支持帮助下，2012年4月"盘县淤泥艺胜民族民间产品设计中心"正式挂牌成立，工商淤泥分局在淤泥街上柳胜仅有的两间共32平方米住房处实地勘察，为他出点子、想办法，暂时将住房改为厂房使用，前面一间为展示厅，后面一间为加工车间，自己出去租房屋住。后来通过工商部门的努力，又和麻郎垤村委会协商，为了打造麻郎垤村民族民间文化，麻郎垤村委会同意柳胜无偿将自己设计制作的民族服装、剪纸、雕刻、灯笼、织布、刺绣等产品拿到村委会展览室展览，从而缓解了厂房拥挤、拓展业务难的矛盾，同时也提高了柳胜设计制作的产品的知名度。生产工艺也从手工操作向机械操作改进，从高档服饰向中、低档服饰延伸，增加销售量。为了扩大规模，摆在柳胜面前的困难又出现了，就是没有资金。工商部门和柳胜共同努力，将柳胜的房屋及设计的产品向农村信用联社进行评级贷款，从而解决了资金上的燃眉之急。同时，淤泥乡"四在农家建设"又给柳胜带来了机遇，使他的第二层房屋升起来了，现已作为展示厅使用，并且，统一的房屋装修设计和柳胜申办盘县淤泥艺胜民族民间旅游产品设计中心配合协调，更展示了产品的民族特色。通过柳胜的努力和单位部门的指导和帮助，柳胜创办的"盘县淤泥艺胜民族民间产品设计中心"正常运作。走进淤泥艺胜民族民间产品设计中心，几名如花似玉的少数民族姑娘身着艳丽的民族服饰，飞针走线制作民族服装的现场吸引了广大游客和消费者的眼球。80平方米的展示厅挂满了一件件光彩夺目的彝族服饰，柜台摆满了一幅幅精妙绝伦的剪纸、刺绣工艺品，这些彝族服饰、剪纸、刺绣都是她们的杰作，展示了彝家人民族文化、民族风情、民族风貌，令人目不暇接、流连忘返。

希望将祖先留下的文化遗产传承下去

2012年4月企业成立以来，柳胜带领企业员工在不断加强员工培训、提高文化技能素质的同时，加强民族文化的传承，注重新产品开发和产品质量提升，以"服务社会，传承民族民间文化，经济效益、社会效益并进，争创物质、精神文明双丰收"为企业宗旨，积极投身建设一流企业，公司注册商标"艺胜"被盘县工商局评为中小型企业商标，公司产品被选送参加"多彩贵州"旅游产品设计大赛，并荣获六盘水赛区二等奖、贵阳赛区优秀奖。2014年初至2015年6月，中心共销售各类盛装18000套，彝族传统剪纸、雕刻画2500余幅，塑泥、灯笼1000个，彝族器、旅游产品35000件，实现销售收入220万元。

从2012年6月起，公司产品已进入昆明、贵阳等地区以及东南亚国家的旅游景区、景点批发市场，目前，中心已经发展成为县属轻纺重点骨干企业，所生产的绝大多数产品供不应求。

兴办民族文化微型企业，挖掘彝族优秀传统文化，推广民族工艺品，不仅有利于弘扬民族文化，传承民族精神，也有利于解决彝族群众的再就业问题。"这些都是我们彝族优秀的传统文化，现在的年轻人都出去打工了，已经很少有人会制作这些传统的服饰、剪纸。也正由于这样，我才用这种方式传承了传统的彝族文化，并在其中努力发掘和打造新的资源。我就是希望通过大家的共同努力，召集热爱彝家文化的青年男女，共同把我们祖先遗留下来的文化遗产传承下来，让所有人了解我们的彝家文化。"柳胜指着各种精美的彝族服饰、剪纸对客人介绍。

新的希望必将带来新的增长点，时下，六盘水旅游文化产业进入快速发展期，全市上下正在积极贯彻落实国发〔2012〕2号文件精神以及中央、省市有关文件精神，相信在市委、市政府以及各级各部门高度重视和帮扶指导下，全市民族文化和文化遗产将会进一步得到传承和弘扬，新时代新起点将给全市类似柳胜创办的小微文化企业带来良好的发展机遇和发展空间。（原载于2015年8月《中国凉都文化产业》第四期）

民族文化守望者、甘当平凡"古籍人"
—— 访六盘水市古籍办主任柳远胜

初识六盘水市少数民族古籍整理办公室主任柳远胜，是在一次民族民间文化调研的路上，柳主任对凉都民族文化尤其是彝族文化如数家珍，给我留下了深刻印象，进一步了解他，是在阳光和煦的春日，柳主任平易近人的态度，更是深深打动了我。

柳远胜，男，彝族，1964年10月生，贵州盘县人。1996年1月加入中国共产党，1988年8月参加工作，中央民族大学民族古籍研究方向研究生学历，中国少数民族古文字研究会理事、中国少数民族双语教学研究会理事、中国彝学研究会理事、滇川黔桂彝文古籍协作会理事、贵州省民族学会理事、贵州省少数民族语言学会理事、贵州省彝学研究会理事、六盘水市彝学研究会副秘书长等一系列学术或社会头衔，令我对他肃然起敬。

1986年，已执教六年的柳远胜同志，怀着对知识的渴求和对"大学梦"的向往，告别"山歌出在淤泥河"的彝乡山寨，来到中国少数民族最高学府——中央民族大学，在杨成志、马学良等学界大家的谆谆教诲下，确立了把研究民族古籍当作终生事业的信心。毕业后，他谢辞了母校的挽留，来到刚成立3个月的"六盘水市少数民族古籍整理办公室"，踏上了"救人、救书、救学科"的民族文化苦旅。

1986 年至今，他在民族古籍征程上奋进了 30 年。30 年来，他始终把"民族文化守望者、甘当平凡"古籍人"作为精神的"压舱石"，成长的"航向灯"，行动的"指南针"，任劳任怨工作，兢兢业业奉献。

秉持赶超精神、"弯道超车"，耕好民族古籍"责任田"

建机构、打基础。作为工业城市的六盘水市，是全省乃至全国市县两级都有民族古籍工作机构的地区。柳远胜将国家民委建立民族古籍工作机构的相关文件印发各县、特区、区民族工作部门，多方协调编委、人事等部门，使各县特区、区均成立了"少数民族古籍整理办公室"。

重业务、善合作。柳远胜以"救人、救书、救学科"为己任，100 多次深入民族村寨实施田野作业。收集彝文古籍 300 余册，口碑古籍 200 余首（篇）；苗族古籍 164 册，口碑古籍 200 余首（篇）；布依族"摩经"200 余册，口碑古籍 200 余首（篇）；仡佬族口碑古籍 100 多首（篇）；拓印阿文碑 48 通，满文碑 1 通。翻译了 80 余万字的《远古回声——乌蒙彝族古歌》，60 余万字的《草木根源见太初——彝族创世史诗》等彝文古籍；刊印了 100 余万字的《六盘水民族古籍》1 ~ 3 册；彝文古籍《金玉解结开路经》列入第四批国家珍贵古籍名录。协同文化部门开展民族非物质文化遗产保护。国家公布的六盘水市 5 项非物质文化遗产名录，均为少数民族非物质文化遗产。省公布的六盘水 13 项非物质文化遗产名录，均为少数民族非物质文化遗产。市公布的 90 多项非物质文化遗产名录，98% 为少数民族非物质文化遗产。

勇于开拓创新、"弯道取直"，种好民族文化"自留地"

强学术、填空白。柳远胜主编了 30 多万字的《六盘水市志·民族志》，个人撰写 27 万字，贵州人民出版社出版，获贵州省第六次哲学社会科学优秀成果著作类三等奖，填补了六盘水市民族史志空白；主编了 30 多万字的《贵州六盘水彝族词典》，个人撰写 26 万字，国家民族出版社出版，填补了六盘水市民族工具书空白；主编了 20 多万字的《六盘水民族风情》，个人撰写 17 万字，贵州民族出版社出版，填补了六盘水市活态文化出版物空白。撰写了《六盘水彝族风情》电影和 12 集《民族魂——凉都民族古籍与民族非物质文化遗产》电视纪录片脚本和解说词，峨眉电影制片厂和云南采光影视中心摄制，填补了六盘水市影视民族学空白。

抢机遇，呈亮点。抢抓"民族团结进步示范区"建设机遇，率先在全省将民族古籍整理列入发改项目，挤进财政盘子。六盘水市委同意"增设少数民族古籍和非物质文化遗产专项保护经费，每年100万元"。率先在全省建立"民族古籍传承人之家"并给予授牌认定和经费扶持。抢抓城镇化建设机遇，实现民族古籍工作跨越发展。把古籍中提炼的文化元素注入民族风情小镇建设之中，使六盘水市淤泥河彝族风情小镇、坪地彝族风情小镇、玉舍彝族风情小镇成为看得见故乡、留得住乡愁的典范。抢抓文化大繁荣大发展机遇，实现民族古籍工作提速发展。编制《海坪彝族文化园建设总体思路》报市政府，投入400多万元建成一期工程，在该园举办了"凉都消夏文化节暨中国贵州彝族民间文化艺术节""凉都大型火把节"。撰写《海坪彝族文化园二期工程建设述要》和《关于启动海坪彝族文化园二期工程建设的请示》报市政府，市政府第57次常务会议同意启动二期工程。二期工程将野鸡坪、玉舍、海坪三地形成"野玉海国际旅游休闲度假目的地"。完成2.7亿元建设资金，将投入18亿元重点打造。园内举办的火把节，年均节日人数达10万余人，资金流量达800多万元，成为参与人数多、资金流量大、惠及民生好的民族文化活动。

经过30年的耕耘，六盘水民族古籍工作实现了从"弯道超车"跨越发展到"弯道取直"提速发展的转变。六盘水古籍工作获"全省民族工作创新奖"，民族古籍成为"贵州屋脊·中国凉都"亮丽的文化风景。在荣获"六盘水市先进工作者（劳模）"称号时，他平淡地说："我只不过是'压倒骆驼的最后一根稻草'，功成不必在我。"谈及未来古籍工作时，他深情地说，习近平总书记考察陕西时说："建立'三个自信'，还要加上'文化自信'，对五千年的中华文化要有自信。"古籍工作就是做"文化自信"工作。"如有来生，愿伴孤灯黄卷，侍奉古籍左右，甘当平凡古籍人。"他如此坚定地表示。（原载于2016年2月《中国凉都文化产业》第一期）

第六章　深度报道的特点及采写技巧

一、深度报道的特点

（一）什么叫深度报道

深度报道是一种系统地反映重大新闻事件和社会问题，深入挖掘和阐明事件的因果关系以揭示其实质和意义，追踪和探索其发展趋向的报道方式。

深度报道突破了一人一地一事的报道模式。一面剖析事实内部，一面展示事实宏观背景，把握真实性。要着重揭示原因"why"和怎么样"how"两个新闻要素。电视深度报道难度大只是相对而言。

深度报道概念诞生于 20 世纪 40 年代，是报纸为应对电子传媒竞争发展而来的。在西方有解释性调查性报道体裁，基本属于深度报道范畴，如电视中的焦点新闻，新闻透视。所谓深度报道是运用解释分析预测等方法，从历史渊源、因果关系、矛盾演变、影响作用和发展趋势等方面报道新闻的形式。

深度报道，《新闻学大词典》中这样解释："运用解释、分析预测的方法，从历史渊源、因果关系、矛盾演变、影响作用、发展趋势等方面报道新闻的形式。"

"通过系统的科学材料和客观的解释、分析，全面深入地展开新闻内涵的报道形式。"

结论：

第一，深度报道不是一种新闻文体，而是一种报道追求深刻性的理念，思想方法和立体的思维方式和旨趣。

第二，一篇深度报道包含的主要内容：新闻事件、新闻背景、新闻前景、新闻过程、新闻分析、主观感性、新闻预测、图片说明以及对策建议等。

第三，深度报道从调查走向研究，从知性走向理性，记者通过调查研究社会问题，从调查型记者走向研究型记者。

（二）深度报道的特点

深刻性。充分延伸和拓展"6W"的要素，注重"6W"中 why、how 的要素：when：立足此时，追溯既往，推测未来；Where：立足现场，左右延伸，纵横兼顾。who：立足事实，追踪采访，涉及相关；what：立足此事，搜集情况，报道细节。why：立足直接，分析横向，追究纵深；how：分析意义，注重结果，预测未来。

科学性。多维思考，不孤立报道单个事件，围绕一个中心（事件或观点）立体地组织新闻要素。

事件：第一，准备报道的事实读者是否关心，事实在多大程度上关系到多少读者的利益。第二，新闻性强，事实包含多项新闻价值。新闻性较弱的一般不宜做深度报道。第三，事实内部是否包含复杂的关系。内容比较单一的事实也不适合做深度报道。

社会性。深度报道担负着发现社会热点和难点问题，并可以提出和回答这些问题的重任。要完成这一使命，就要求记者深入生活、深入实际，准确把握时代脉搏。有许多传媒在这方面做出了成功的尝试，如：中央电视台的《焦点访谈》紧紧抓住群众普遍关注的社会热点，通过深入现场周密细致地采访，融新闻调查与新闻评论为一体，发挥了深度报道特有的舆论导向作用。

二、深度报道采写技巧

做一名新时代新闻从业者，最重要的素质是什么？如何做好深度报道？主要的报道方向在哪里？通过十多年的工作经验和思考，我认为：一个记者，最重要的素质是敏锐，党报传统纸媒的新闻，报道的主要方向应该是深度报道。

（一）时刻保持对新闻事件的敏锐

有学者说："一个不善于辨别色彩的人，不能成为一个画家，一个不懂得和谐的人，不能成为音乐家。同样，对于一个没有新闻敏锐性的人，也不能成为一个新闻记者。"因此，作为新闻记者，时刻保持对新闻事件的敏锐至关重要，采写内容的多少，一定程度上与记者接触新闻的迟早有很大关系。

敏锐是记者迅速对新闻事件做出判断与思考的重要基础。这当中包含以下两层含义：一是记者能凭直觉迅速判断哪些事件是新闻事件，或者哪些材料具有新闻价值；二是在一大堆随手可取的材料中，或者采访对象介绍、讲述的一大堆观念与事实中，记者能敏感地捕捉具有新闻意义、启发读者共同思考的新的信息与观念，并将其通过自己的思考加以深化，而后再表述出来。如果一个从事经济新闻报道的专业报记者，不能培养、训练出自己敏锐的判断与思考能力，那么他就会永远流于事务性报道中，要么坐等领导给自己"出题目"，做做"命题作文"；要么被一大堆普通的会议或动态性活动所左右，抓不到真正的有价值的新闻。这就是为什么在同样一件事面前，有的人觉得司空见惯、无新闻可抓，而有的人却能从中挖掘出新的东西，引发大家共同的关注与思考。

但是，相比于抵达现场的媒体而言，组稿或修改新闻通稿往往难以对事发现场进行真实、生动的描述。著名的新闻学家麦尔·曼切尔说过："记者必须学会用孩童般的眼睛观察世界，他把每一件事都看作是新鲜的、各具特点的，同时，他必须用聪明长者的眼光洞察世界，能够区分出有意义的东西和无意义的东西。"记者只有具备"慧眼"，才能有"神来之笔"。我们的一些新闻报道不够深刻、没有深度，只能揭露一些流于表象的内容，其根本原因就在于记者没有对该事件进行较为深入的采访，缺少全面细致的现场观察，没有找到令人印象深刻，容易记忆的典型场景和细节，只能描述出该事件大致的轮廓，叙述一些空洞、一般化的概念。

（二）善于现场观察采访和思考

采访是一个相互启发思维的过程，要善于现场观察采访和思考。采访是新闻写作的重要过程，是整个新闻报道的基础。特别是从事深度新闻报道，记者采访之前，就必须掌握和了解与报道主题相关的一定知识，有的对采访对象本身的业务动态还要进行一定的了解，只有在此基础上，记者在采访过程中才会掌握主动权，才能提出在行的、能引发采访对象思考的问题来，并在听取采访对象的回答中迅速思考，迅速做出新的判断，提出新的问题，引发采访对象的再思考。这样看来，深度报道的采访，就是一个记者与采访对象之间相互启发思维的过程。尤其是对一些探索性问题的采访与报道，任何事先的设定都可能发生变化。记者采访之前固然要准备一些问题，有时候采访对象还要求记者先提供一个提纲，但在采访的进行中，内容往往会发生变化，这就是记者与被采访者之间互相启发，产生了新的话题。

（三）注重线索的挖掘和新闻材料提炼

深度报道有一个创作过程。它从捕捉新闻线索、确定采访主题，到深入采访、认真思考，最后对所掌握的事件、材料等进行取舍等"再创作"，直到写成深度报道稿，这是一个全方位的创作，忽视哪一个过程都是不准确的。

提炼是深度报道写作的灵魂。通过思考，记者要从一大堆新闻事实（包括信息、采访资料等）中挖掘出最能反映本质问题的事实，要从采访对象陈述的一大堆零散的观点和事实中，找出最能反映这个采访对象的认识、最能代表这个采访对象特点的观点来。这个"挖掘"和"寻找"的过程就是记者对新闻材料进行提炼的过程。不仅如此，在相当多的时候，由于是即兴采访，或者是当场探讨，采访对象事先并没有准备，他的语言表述往往是重复的、零碎的，也有不少表述甚至与采访主题关系不大，这个时候，更需要记者的思考与提炼，并替采访对象归纳，甚至寻找合适的语言替他把他想表达却尚未表述清楚的意思，清晰地表现出来。

也许有人会说，这样做，是违背新闻的真实性原则了。我认为，新闻的真实性有两层含义：一是现象的真实，二是本质的真实。如果在做深度报道时，原封不动地把采访对象没有经过认真准备的语言表述照搬到报道中，实现的是"现象的真实"，却往往有可能达不到"本质的真实"。因为这种完全的"照搬"可能会导致以下几种后果：一是表述太"全"，冲淡了采访对象所真正要表述的具有新闻价值的代表性东西；二是表述太复杂，容易让读者摸不着头脑，反而弄不清这个采访对象表述的思想价值在哪里；三是在针对同一个主题，对同一领域、同一层次的不同对象采访时，由于很多问题是共性的问题，不同的采访对象可能都会重点谈到同样的问题，这种情况下，尤其需要记者理解、思考与提炼。

采写深度新闻报道，还有一个很重要的条件，就是记者一旦选定主题，要随时注意积累，不要轻言放弃。因为值得做深度报道的题材，往往是现实针对性较强、含义深刻，甚至在实际中还在探讨、尚未解决的问题。有些问题的解决，往往将决定整个经济管理工作的重大改变。对这样重大的题材进行深度报道，有时候也要取决于形势的发展，取决于报道时机的成熟度。在这个过程中，记者切不可因一篇报道不能马上见诸文字，就轻易放弃，而完全可以把这个过程转化为一种长期的积累，为将来时机成熟后的报道做充分的准备。

三、深度报道常见的类型及采写范例

（一）深度报道常见的类型

深度报道是新闻报道方式中的一种，其形式有独立文体、系列报道和连续报道类型。其一，独立文体分为解释性报道、调查性报道、预测性报道、精确报道和典型报道五类。其二，系列报道和连续报道类型分为深入型（解释、调查、精确）、快速型（连续式、追踪式、现场式）、客观型（报道事实式、人物自述、对话式和组合式）。按照全国好新闻评委会的分法，现在作为深度报道参加评奖的，是系列性报道、组合性报道和连续性报道这三种报道类型。现在重点介绍系列性报道。本节重点讲述系列性报道：

深度报道中，系列性报道的含义及特点。第一，系列性报道的含义。系列性报道是最常见的一种新闻报道样式，通常是三篇以上，少的时候分为上、下两篇。这些报道都是围绕某一重大事件，每一篇都有特定的报道角度或报道方面，整体上形成一组，在报纸上连续发出。第二，系列性报道的特点。集中性：围绕同一主题来进行，主题集中不分散。系列性报道的稿件有规模效应，将受众目光一下集中起来，具有很强的震撼力。策划在前，有的放矢。一般是对于已经发生的事实进行报道，在报道前进行策划，具有很强的目的性。化整为零，集零为整。将新闻事件的各个部分分解开来，逐篇报道。每篇报道所反映的方面不一定相同，但是其有内在的逻辑联系，最终聚零为整，形成一个完整的系列性报道。

（二）深度报道采写范例

1. 独立性报道

桑拿洗浴用水达不达标？
——六盘水市中心城区桑拿洗浴业用水调查

新闻提示：近日，记者接到一些市民反映，六盘水市中心城区一些大型桑拿洗浴中心用水不规范，怀疑一些桑拿洗浴中心用的是循环水、地表水，可能存在卫生安全隐患。

记者调查：桑拿中心自认为完全达标

接到市民反映后，记者对市中心城区部分桑拿洗浴中心进行走访。在钟山中路旁的一洗浴中心，该洗浴中心经理接受了记者采访，经理告诉记者，他们洗浴中心用水是自来水和用车到双水某地拖来的泉水，他们每天都对大池的水进行更换，不存在使用循环水的情况。而且为了保证用水更换，他们每天都要用洒水车托十多车水，将水托来后还要经过过滤、高温等手段处理，水质是肯定达到相关标准的。

该洗浴中心经理还向记者介绍了一个简易分辨水质是否合格的方法，洗浴完毕后，看看白毛巾是否有变黄的现象，如果变黄，说明水肯定有问题，而他们洗浴中心是不会出现这种现象的。经理还说，卫生、质监等部门还不定期地对洗浴中心卫生情况进行检查。随后，经理还带记者参观了该洗浴中心，在该中心一墙上记者看到了关于成立卫生组织的通知及任命卫生管理员的通知，经理告诉记者他们的卫生管理是有相关规定和制度的。

在位于凉都大道的泰龙府洗浴中心，记者看到该洗浴中心正在装修，但仍然在正常营业。经理告诉记者，因为装修，他们的生意受到了一定影响，用水量大大减小，但他们仍然是天天换水。他们使用的是自来水，每天用水量是 15 ~ 100 吨，每个月仅水费就达 1 万多元。他们可以向顾客承诺水质是肯定达到标准的，而且有关部门多次对他们进行检查都是合格的。

在金色海岸洗浴中心，经理向记者介绍了他们的洗浴中心及游泳池的换水及处理流程。据介绍，金色海岸洗浴中心用的全是自来水，自来水还要经过自动循环过滤器及恒温器等设备处理后才让顾客使用，大池子则是采取分时段补水，即根据顾客多少，采取放掉最底层的部分水，补充经处理后的自来水，每天至少补充三次。肯定不存在使用循环水的现象。只有游泳池使用的是循环水，由于游泳池用水量太大，每天换水成本太高，水浪费也太大，所以每天都经过循环、消毒后再投入使用。

随后，记者采访了作为洗浴业示范企业的南海云天洗浴中心，南海云天经理向记者出示了钟山区疾控中心对其水质进行检查后出具的检验报告、大池子换水记录以及给排水公司交纳水费的发票，从检验报告上记者看到细菌总数、大肠杆菌等指标低于规定指标；从换水记录上可以看出每天大池进行三次换水，且每次换水量都进行了记录；从交纳水费发票上可以看出该洗浴中心平均每月水费为 3 万元左右，平均每月用水近 3000 吨。该洗浴中心经理介绍，作为钟山区洗浴业的示范企业，企业十分重视顾客的健康，同时也得到了有关部门的支持，有关部门多次对其进行检查，帮助企业完善相关制度。在调查采访中，有些洗浴中心得知记者采访的内容后，以经理不在等理由婉言拒绝采访。

洗浴业用水主要有四种。一位不愿透露姓名的业内人士告诉记者，目前洗浴企业用水主要有四种，第一种是完全用自来水，这类企业比较规范；第二种是用洒水车在附近拉地下水或者地表水，只有不够用时才使用自来水；第三种是偷采地下水，这类主要集中在一些小的浴室；还有就是使用循环水，这也集中在一些小浴室，他们往往建有蓄水池，把用过的水收集，经过简单过滤处理后循环使用。据介绍，造成洗浴企业用水混乱的主要原因是一些企业为了获得更大的利益，认为洗浴用水不像饮用水一样，一些指标不合格也不会造成大的危害，顾客也无法分辨出来。

有关部门回应给排水公司：只有少数洗浴企业完全使用自来水

为了求证一些洗浴中心所说的自家洗浴中心是使用自来水的说法，记者来到给排水公司，该公司负责人介绍，从用水数据来看，只有少数洗浴企业完全使用自来水，有的企业是自来水与其他水混用，还有的洗浴企业已经在给排水公司进行了报停，水表都已经拆除，所以不可能使用自来水。

给排水公司负责人介绍，由于大型桑拿洗浴中心是按商业用水的桑拿用水标准来收取水费，按照标准是 10.4 元一吨（含排污费），按照大中型洗浴中心规模，一般来说，夏天用水相对较少，每月应为 2000 ~ 3500 吨，冬天用水相对较多，应为 3000 ~ 4000 吨，而从洗浴企业用水的数据来看，只有少数企业是完全使用自来水；有些企业则每月只有几百吨用水量，这类企业要么就是没有正常营业，如果正常营业，就只有一种解释，那就是有使用自来水与地下水、地表水或者是循环水混用的情况。对于还有一些洗浴企业每月只用数十吨水和已经报停的企业则只可能是使用地下水、地表水。

该负责人介绍，对于市中心城区桑拿中心用水的情况，给排水公司曾做过调查，发现一些洗浴企业是租用或者购买洒水车到市中心城区附近一些地下水源或者地表水源进行采水，给排水公司曾对这些水源点的水质进行抽样检验，发现这些水源点水质很不稳定，有大肠杆菌、金属粒子、氨、氮等含量超标的情况，对此，给排水公司也曾向有关部门反映过。

据介绍，市中心城区桑拿中心 2004 年以前基本使用自来水，2004 年至 2005 年，由于窑上水库库容减少，玉舍双龙水厂还未建成投入使用，市中心城区供水出现困难，经常停水，洗浴中心不能正常经营，不少企业就想到了用洒水车到附近水源点拉水，以解燃眉之急，不少企业因此尝到"甜头"——

拉水比用自来水便宜，一些企业就一直采用拉水的方法维持企业运行。

卫生监督部门：正在对洗浴业抽样检查

日前，市卫生监督所联合市疾病控制中心按照省卫生厅、市卫生局的文件要求，对市中心城区十余家桑拿、洗浴中心进行浴水抽样检查。

10月23日上午，执法人员对"大浪淘沙""南海云天""新华门""东来樱花"以及"金色海岸"进行了抽样检查。本次检查主要是看大池沐浴水水质是否达到相关标准，毛巾、垫巾、浴巾、浴衣裤、公共茶具等是否消毒，这些产品是否有生产厂家等。沐浴场是否根据循环净化消毒装置、客流量等状况定期对浴池进行清洗、消毒、换水。

浴池水另外还要检查浴池每日是否经循环净化消毒装置处理，营业期间池水应定期补充新水，水质符合卫生要求。场所内外环境是否整洁卫生，有无病媒虫害，空气有无异味，地面有无烟蒂、痰迹和积水等，墙面天花板有无霉斑脱落……

当天上午，记者跟随执法人员到"南海云天""新华门""东来楼花"等大型浴池采访，检查结束后，市卫生监督所执法人员称，在所检查的这几家浴池中，所有的浴池里给客人使用的一次性内裤都没有厂家厂名和生产日期。另外几项水质指标是否合格？目前，市卫生监督所、市疾病控制中心正在进行检测。预计，近日检查报告将出炉。

据卫生部门工作人员介绍，桑拿洗浴中心不仅是清洁身体的场所，而且有消除疲劳、减轻某些疾病症状、治疗疾病及健美的综合作用。如桑拿洗浴中心用水不合格，不仅影响洗浴效果，而且会造成疾病的传播（如皮肤病、性病、肠道传染病等）。

水利部门：仍存在偷采地下水现象

在采访过程中，记者带着疑问咨询了水利部门，钟山区水利局水资站站长田实秀解释说："为了牟取利润，类似桑拿中心、洗浴浴池、洗车等服务性行业存在私自采取地下水用于商业活动的行为。"针对这种情况，市政府于今年7月31日前，根据《中华人民共和国水法》及其他法律法规的有关规定，向相关部门发出了关闭市中心城区自备水源井即地下水的通告。对市中心城区私自采用地下水的情况进行了专项检查。并全力落实逐步关闭可连接供水管网的所有单位、个人或组织的自备水源井，尤其是利用地下水进行营利活动的，更是被列入整治重点。据介绍，在此专项整治行动中，市中心城区关闭的自备水源共有 38 个，其中有 6 个属企业合法用水，1 个属企业非法用水，用于洗浴的有 4 个，个人用于洗车的有 27 个。但她也坦言，关闭地下水的行动收效并不佳，那些违规操作的人员，仿佛在打游击战，常常是执法人员前脚走了，后脚便重新启用封掉的自备水源井，有不愿告之姓名的知情人士透露，事实上很多洗浴行业依然是采用地下水进行该项商业活动的。（原载于 2007 年 10 月 29 日《凉都晚报》）

家庭暴力！想说管"你"不容易

核心提示：日前，国家中宣部、最高人民检察院、公安部、民政部、司法部、卫生部、全国妇联委联合出台《关于预防和制止家庭暴力的若干意见》（以下简称《意见》），明确规定将家庭暴力报警纳入"110"出警工作范围，并按照《"110"接处警规则》的有关规定对家庭暴力求助投诉及时进行处理。《意见》对"家庭暴力"概念进行了定义，即指行为人以殴打、捆绑、残害、强行限制人身自由或者其他手段，给其家庭成员的身体、精神等方面造成一定伤害后果的行为。随着《意见》的出台，家庭暴力事件将会得到遏制。近日，记者对我市相关部门及市民进行了调查、走访。

个案讲述一：夫妻俩悄无声息生活 27 年

家住六盘水钟山区老鹰山镇的张婧（化名）提及丈夫施加在她身上的家庭暴力时，没人相信。在外人的眼里，丈夫李恒（化名）知书明理，性格温和，待人接物态度和蔼，怎么可能和"暴力"一词扯上关系？可是，私底下，两人又都承认，他们之间的感情"从一开始就不好"。究其原因，张婧认为可能是丈夫工作压力所致。李恒则透露，那是因为张不经他的同意就引产了第一个孩子。

张婧坦言，结婚 27 年来，他们是将就着过来的，自从生下女儿后。1990 年，夫妻二人为了生计做起了一些小生意，也就是从那时，两人便开始分账理财，各自管理自己的私房钱。2000 年，张患上疾病，随后，两人正式分居。起初，两人之间虽然很少交流，李恒却还时不时给张带去油盐等生活必需品。可是，在随后的几年里，这对夫妻之间开始产生了暴力。

"从我生病时开始，他（李恒）的态度就变得更坏了，有时他心情不好或是喝醉了酒，回来就对我一顿大骂或拳打脚踢。"张说。为此，张曾经向钟山区妇联、老鹰山妇联、司法所、法律援助中心、派出所等单位求助过多次。更有甚者，情况危急时，张甚至于先将派出所的电话号码拨好，见丈夫要打他，她就将电话提起来按重拨键。据张介绍，自 2004 年以来，她每年都向老鹰山派出所报一次案。

如今，张已连续几次提起上诉，要求离婚，可是因为事实认定不清，张所要求的离婚并未如愿达成。

个案讲述二：丈夫饱尝妻子拳脚 13 年

新出台的《意见》让许多女性家庭暴力的受害者吃了一颗"定心丸"的同时。也让不少"妻管严"的男性家庭暴力受害者有了依靠。

"13 年了，整整 13 年后我才从家庭暴力的恐怖阴影下走了出来。"人到中年的万先生告诉记者，他是市中心城区某单位职工，他结婚 14 年，有 13 年是生活在妻子的家庭暴力下，他随时都有想与妻子离婚的念头但为了不影响孩子读书，他从来没有提起离婚的事情，最后熬到了儿子上初中，万才坚决要求离婚，并正式办理了离婚手续。

据万先生介绍，1993 年他与年轻美貌、身材矫健的张某结了婚，次年儿子出生。不知是什么原因，当了妈妈的张某脾气越来越暴躁，经常为点家庭琐事与自己争吵。由于万先生个头瘦小，性格温和，相对强壮的张某来说，他随时是夫妻动粗的受害者，一发生争执，他就会被老婆一顿拳脚打得鼻青脸肿。面对恶妻，万多次想离婚，但为了孩子一直委曲求全。2007 年 6 月，万有段时间经常被领导安排下乡，每天回家都比较晚，张某因此怀疑他有外遇，两人发生争吵，最后大打出手，令他多处受伤在家躺了两个月。这一次，万坚定了离婚念头，他拍摄了自身的伤痕并录下妻子对自己施暴的声音作为离婚证据后，向民政部门申请离婚。

妇联：家庭暴力现象有上升趋势

市中心城区家庭暴力案件时有发生，到妇联来访的案件有上升的趋势。据钟山区妇联有关负责人介绍，在妇联接到的投诉事件中，家庭暴力占60%至70%，相比较而言，近年来钟山区家庭暴力事件接案率略有上升，其中又以文化层次较低、低收入家庭发生的家庭暴力事件占多数，至于遭遇家庭冷暴力的情况，这位负责人表示没有接到，即便当事人讲述了，但非常难以取证。就妇联在家庭暴力事件中所起的作用，这位负责人称，妇联不是执法部门，本身不能强制性地判定谁是谁非，妇联只能是在第一时间里赶到事发现场，认真做好家庭矛盾纠纷的疏导和调解工作，及时预防暴力行为的发生，对正在实施的家庭暴力予以劝阻和制止。

那么，将家庭暴力纳入"110"接处警范围能不能够制止家庭暴力的发生呢？对此，她认为，公安机关有强制性及威慑力，如果严格按照110接处警规则来办事，当事人肯定知道家庭暴力可能产生怎样的后果，对制止家庭暴力事件的发生肯定有促进作用。

警方：接到的家庭暴力案件不多

9月26日下午，市公安局政治部宣传科的负责人王坤接受记者采访时称，近年来110报警指挥中心接到的家庭暴力的案件数量比较少，很多家庭发生家庭暴力事件都是去妇联求助。据了解，由于家庭暴力被普遍认为是"家务事"，涉及个人隐私，并且目前我国《婚姻法》等法律对于禁止家庭暴力的规定较为原则化，警方处理家庭暴力事件常陷入尴尬。王坤称，目前国家出台《意见》将家庭暴力报警纳入"110"出警工作范围，如果你在家庭中受虐待、暴力威胁，要学会保护自己，请迅速拨打110，办案民警将会在第一时间赶到现场帮你化解。

检察院：家庭冷暴力 "无声"胜"有声"

市检察院侦查监督公诉处负责人认为，夫妻间偶尔的吵吵闹闹不属于家庭暴力的范畴，家庭暴力产生的原因主要是心理方面的，它是由一种长期扭曲的心理作用而引起的。家庭暴力产生的主要原因有施暴者素质不高、性格不合、婚外情、工作压力大、宣泄途径不当等，虽然六盘水市家庭暴力造成刑事犯罪的案件并不多，但仍时有发生，导致了一些家庭悲剧的发生，对家庭成员的身心健康损害极大，也不利于家庭的稳定和社会的稳定。家庭暴力通常可以分为两种，最常见的一种就是夫妻之间拳脚相加、打得头破血流的情形，这可以称为"热暴力"，另外，家庭里还存在一种无声的"冷暴力"，这种冷暴力表面上看没有"热暴力"来得直接，但是它所积累的矛盾其实比前者更深，影响比前者更远。"冷暴力给人带来的压力完全是精神上的，一个人长期在一个冷漠而又压抑的家庭环境中生存，夫妻之间缺乏交流，有可能会使人的精神崩溃。"据介绍，这种暴力通常发生在夫妻双方文化层次都比较高的家庭当中，而且日益突出。

这位负责人认为，家庭暴力之所以出现，有主客观两方面的原因，客观上，经济的迅速发展及社会的进步改变人们的生存现状，人们的心理就会因来自各方面新出现的压力而发生变化甚至扭曲；主观上，某些从小在单亲家庭及缺乏父母关爱的环境中长大的人，他们的心理可能会相对偏激一些，这些人也有可能成为家庭冷暴力的实施者。

调查：20%的人坦言自己的家庭存在家庭暴力

日前，记者就市民家庭中是否存在家庭暴力做了一次问卷调查，在一周时间走访、问卷的300个家庭中，有20%的人坦言，自己的家庭存在家庭暴力。

调查发现，有10%的家长经常教训与责骂孩子，有5%的家长打孩子。虐待老人问题也不容忽视，当儿女对家中老人不满时，长期不予理睬的竟占12%。调查还显示，家庭暴力的形式呈现多样性，冷暴力精神伤害占比例较高。当记者问，一旦家里发生家庭暴力事件，在选择求助单位时，多数人表示，一般都是找妇联协调，当然也要根据事态，如果家庭暴力非常残暴，肯定要拨打110请求民警处理。（原载于2008年10月8日《凉都晚报》）

2. 系列性报道

手中有粮　心中不慌（上）
我市粮食市场稳定有序

新闻提示：近来国际市场上粮价大幅攀升，不少市民担心国际粮价飙升会对国内粮价产生一定影响。日前，记者就我市市场内粮食是否充足、价格是否稳定进行调查，并对有关部门如何保证粮食供应及市场监控进行采访，本报将分期对此进行报道。

记者调查：粮食充足　价格稳定

4月16日，记者在恒源超市看到，超市内大米品种繁多、数量充足，其价格根据米质优劣从每斤1块几到每斤3块几不等，总体上并没有出现价格上涨的现象，此外，某品牌一种10斤/袋装的米还在进行促销，其现价比原价下降了10块钱左右，超市中购粮的市民井然有序。

当天，记者在明湖菜场、百姓农贸市场内看到，十余家米店的店面内都堆满了大米，有"长粒香""苗氏香米"等不同品牌的大米。还有糯米、面粉。"老板，你这米是怎么卖的啊？"记者随机挑选了其中的一种大米问。"你要买多少？ 87块钱一包（50斤/袋）。"老板回答。

听到这个价格，记者故意问道："这么贵，又涨价了吗？""没涨价啊！'长粒香'从年前就是这个价格了，一直都没涨。你如果嫌贵，也可以看看其他的。"老板指着另外一种牌子的大米告诉记者，"这个要便宜些，80块一包。"记者在走访后发现，农贸市场里大米的价格一直维持在年前的价格。由于受产地、品质等因素的影响，大米的价格从1.2元/斤到2.3元/斤不等，糯米的价格也是1.8元/斤到2元/斤，面粉的价格还是1.5元/斤。

商家：不会出现粮食短缺

"粮价是否会上涨？"记者就此事，对六盘水市几个大型超市内负责人进行了采访。兴隆超市卖场经理听到记者这一问题时，立刻笑着说道："国际粮价飙升还未能波及六盘水。"他告诉记者，针对此事超市与粮食供应商进行过沟通，供应商的答复是，受国际粮价飙升的影响，国内粮价有上涨的趋势，但供应商目前没有接到过上级供应商任何涨价的通知，加上国家的宏观调控，相信粮价总体上应是平稳的。另一方面，该超市卖场经理很肯定地表示，超市内粮食货源供应是充足的，没有来自货源方面的压力，绝对不会出现粮食短缺的现象。"在我市，市民抢购粮食的恐慌场景是不可能出现的！"他说道。

位于钟山开发区的佳惠超市内的工作人员也同样表示，超市内还没有接到任何粮价将要上涨的通知，同时超市内粮食的货源极其充足，不存在粮食短缺的现象。

市民：不担心粮价会大幅上涨

面对日前引起各方关注的"国际粮价飙升及在一些国家引发粮食供应短缺"的现象，多数市民表示没有这一方面的切身感受。

"目前我市的粮食价格还很稳定，没有哪个超市或者农贸市场响起过'涨'声，包括和几个因为购买粮食而熟识的米店老板私底下议论的时候，也没有提到过给他们供应粮食的商家有涨价的说法，因此，我对于粮价是否会上涨，并不是十分担心。"家住公园路的张女士说道。在市一中任教的李小姐说："这两天去超市，看见大米的品种及数量与此前没有差别，就我所知，有些超市还在做促销活动，虽然粮价及粮食短缺现在在国际上引起轩然大波，但就我来说，并没有任何恐慌的感觉，因为最起码我看到的粮食市场是很稳定的，我周围的人也没有过多地讨论本地的粮价问题。"站在旁边的李小姐的朋友冯小姐点头道："的确，作为消费者来说，我们是关注这个（粮价）问题的，但现在六盘水的粮食市场看起来没有什么变化，我认为就算粮食价格有所上涨，涨幅也应该不会大的。"

而在六盘水烟草公司工作的刘先生则表示自己对国家和政府有信心："我记得在新华网上看到过这样一则新闻，称国家粮食局副局长曾丽瑛曾表示，由于种植成本提高、国际油料价格波动等因素影响，推动国内粮食价格上涨的因素仍存在，主要品种仍有上涨压力，但国家有能力保证价格的基本稳定。"

（原载于 2008 年 4 月 18 日《凉都晚报》）

手中有粮　心中不慌（中）
粮食储备充足，粮食生产丰收

新闻提示：近段时间以来，世界上一些国家和地区正闹"粮荒"，而六盘水作为一个能源城市，地理位置、气候条件等因素决定其产粮量不能自给自足，部分粮食需要从外引进。目前，"粮荒"风波对六盘水是否有影响，粮食供应部门如何保证粮食供应？农业部门如何保证今年粮食丰收？请跟随记者了解一下……

市粮食局：供应稳定库存充足

据市粮食局局长司选权介绍，目前世界上一些国家和地区的"粮荒"对六盘水乃至全国的粮食供应基本没有任何影响。我们国家的粮食生产和供应基本能够保持平衡。六盘水市因地理位置、气候条件等因素的影响，全市年产粮食最多为82万吨，而全市每年的粮食需求为140万吨，除10万吨可以直接从周边的纳雍、威宁、赫章等县引进外，另外48万吨还需向省外引进。但就目前而言，六盘水的粮食供应稳定，库存充足，价格平稳，少数粮食品种还出现了价格下降的趋势。目前，六盘水市的粮食储备量为11万吨，如果遇到粮食紧张，可以动用储备粮进行解决，六盘水市有能力保障粮食的正常供应，不会出现粮价大幅上涨的现象，更不会出现"粮荒"现象。

市粮食局局长司选权认为，六盘水作为粮食主销区，虽然目前全市人民的供粮问题不会受影响，但是一旦遇到天灾，从外地引进粮食将成为一个难题。政府一定要进一步高度重视六盘水市的粮食问题，各级各部门应加大粮食市场的建设力度，按照国家粮食储备工作要求，千方百计保证前期的粮食储备量，相关部门大力加强对粮食市场的流通管理，为粮食收购以及引进外地新粮、经营粮食营造良好的市场环境。

市农业局：今年粮食生产要再夺丰收

据农业局有关负责人介绍，2007年，六盘水市粮食总产量达到82.16万吨，农民人均纯收入2348元。粮食生产连续五年增产，获得国家农业部的表彰。

2008 年我市农业生产目标是粮食总产量增长 2%，农民人均纯收入增长 8%。为争取小季损失大季补、夏粮损失秋粮补、面积损失单产补，确保大灾之年粮食增收、农民增收。目前，各级农业部门积极采取有效措施，深入生产线开展指导工作，在尽量恢复小麦、油菜等越冬农作物长势的同时，做好当前的春耕生产，确保全年任务完成。

据最新农情调度统计，截至 4 月 14 日，全市已经扩补种蔬菜、马铃薯等作物近 11.52 万亩，对小麦、油菜、蔬菜等农作物进行施肥、清沟、排水、清洁田园和实施病虫害防治等田间管理，面积累计 116.15 万亩，投入救灾农资种子 508 万余斤，化肥 3050 吨，农膜 21.5 吨，市县乡三级农业部门培训农民 401 期，25140 人次，各级农技人员深入一线开展农业生产技术指导的 6000 余人次。全市重建大棚 2000 余平方米，茶园 7200 亩，完成速成蔬菜 14490 亩。

马铃薯重点产业进展迅速，全市已完成马铃薯种植 151.08 万亩，为计划 150 万亩的 100.72%，其中脱毒马铃薯 103.2 万亩，为计划 100 万亩的 103.2%，各县、特区、区均全额或超额完成任务。

全市已种玉米 31.073 万亩，其中杂交玉米 25.55 万亩。水稻秧育可种大田 15.93 万亩，种黄瓜 4.52 万亩，杂粮 1.361 万亩，蔬菜 13.58 万亩，全市商品蔬菜基地建设完成 1.8251 万亩，全市春耕生产整体进展顺利。（原载于 2008 年 4 月 20 日《凉都晚报》）

手中有粮　心中不慌（下）
多部门加强市场监管　确保粮油价格稳定

新闻提示：为了应对粮食价格上涨的情况，目前，工商、粮食物价部门出台措施，加强市场监管，保粮油价格稳定。从记者了解的情况来看，我市的粮食、食用油供应比较充足，价格比较平稳，未出现粮价上涨和粮荒。

粮食部门：采取措施

六盘水市近日明确了今年粮食的最低收购价格：六枝稻谷 0.97 元 / 斤、盘县玉米 0.85 元 / 斤，市中心城区大众粳稻米 1.5 元 / 斤、籼稻 1.4 元 / 斤、面粉 1.2 元 / 斤、普通一级粉 1.1 元 / 斤。此价格目前处于全省中等水平。

粮食价格指数是反映粮农出售粮食价格总水平变动程度的相对数,是粮农种植收入增减的晴雨表。党中央、国务院、省委、省政府、市委、市政府十分重视粮食收购工作。全国农业和粮食生产工作电视电话会议明确:进一步提高粮食最低收购价。每斤稻谷最低收购价比上年提高 7 分钱,早籼稻达到每斤 0.77 元,中晚稻 0.79 元,粳稻 0.82 元。每斤白小麦最低收购价比上年提高 5 分钱,达到 0.77 元;红小麦和混合麦最低收购价比上年提高 3 分钱,达到 0.72 元。

据市粮食局局长司选权介绍,我市不是粮食生产的主要地区和主要销售处,精品粮不到 10%。所以,今年粮食收购价格上涨,不会给市民的生活造成过大影响,但会对粮食市场带来一定的影响,粮食价格会呈现上涨趋势。

为此,粮食部门积极采取措施对粮食价格进行调控,使粮食市场价格稳定在一个合理的水平。同时,为确保农民手中的粮食能及时地流通到市场上,粮食部门的工作人员一定做到不压积压价,按质论价,为农民提供方便,为我市争取到更多的粮源。

物价部门:建立相关机制确保价格稳定

记者从钟山区物价局了解到,根据国家发展和改革委员会有关规定,结合实际,钟山区物价局将雪凝天气期间制定的价格干预措施延续使用,稳定粮油及其他食品的价格。

为维护正常的市场价格秩序,根据《价格法》的规定,在全区范围内对部分重要商品及服务实施临时价格干预措施,对达到一定规模的批发、零售企业(如六盘水广汇超市、万马超市、艳丽粮油批发部等)实行调价备案。

据介绍,钟山区物价局对两类经营者有需要其向物价部履行调价备案程序的要求。一是零售企业(零售商),指在当地市场销售量较大,市场占有率较高或者有一定影响的大中型超市各连锁商店,大中型超市内具体商品价格变动情况由超市法人负责向物价部门备案;连锁经营的加盟商,自行进货自行制定价格的,由加盟店法人负责人向物价部门备案,统一配送、统一制定价格的,由制定价格的连锁店经营者统一向物价部门备案。二是批发企业(批发商），指在当地市场交易量较大或者具有一定影响的批发企业。批发市场内商品价格变动由批发市场法人负责向物价部门备案。

钟山区物价局还对企业调高价格也做出规定：一次调高价格4%及以上的，十日内连续调高价格累计6%及以上的，三十日内连续调高价格累计10%及以上的。符合以上情形之一的，调整价格经营者应当在调价后24小时内将调价书面报告送达钟山区物价局进行备案。

对经营者的调价理由和调价幅度进行合理性审核。如对经营者的调价理由和（或）调价幅度有异议的，应当在三个工作日内（自调价备案书面报告送达后的次日算起）告知经营者，并责令其恢复原价或者降低调价幅度；逾期未告知的，视为对经营者调价无异议。

经营者应当遵循公平、合法和诚实信用的原则，依据生产经营成本和市场供求关系状况合理制定价格。

同时，钟山区物价局对下列行为将依照《价格法》《价格违法行为行政处罚规定》进行处罚：未按规定履行申报或者备案程序的；未在规定的时间内申报或者备案的；经营者申报后提前提价的；不执行物价部门做出的不予提价降低提价幅度或者标准等决定的；不按照规定说明理由或者虚构理由、提供虚假资料的；不执行限价差价率的，以及违反价格干预措施的其他行为。

记者从钟山区物价局监测的数据了解到，从4月1日至14日，市中心城区机械化屠宰场日均屠宰量（头）为260头左右，毛猪价格保持在8.50～9.50元左右，没有出现上涨趋势。而大米、面粉等粮食产品的价格也比较稳定。（原载于2008年4月21日《凉都晚报》）

第七章　新闻工作者的社会责任

一、解析新时代下新闻工作者社会责任与职业道德

随着社会的不断进步，人们的生活发生了翻天覆地的变化，如今越来越多的高科技产品走入了人们的视野，这些高科技产品无不需要依托于互联网技术，许多传统的事物由于无法适应新时代群体的需求，而逐渐走下历史的舞台。传统媒体作为以往主流的信息传播平台，在当今时代也受到了巨大的冲击。为了能够使新闻媒体工作者适应新时代下互联网的需求，就需要对新闻媒体工作者的社会责任以及职业道德进行详尽的分析与改进，只有这样才能够从根源处解决问题。

（一）新媒体时代的基本概述

为了清楚了解新媒体时代与传统媒体时代下新闻媒体工作者的区别，首先需要对新媒体时代进行分析与阐述。实际上，新媒体是近年来衍生出的一个新型词汇，它主要是指在互联网上，用户快速获取知识、信息等的一个渠道。虽然很多新媒体平台中仍然存在着传统媒体的影子，例如，微博、抖音等软件只是将传统媒体的内容进行压缩、精简。但是新媒体时代下得益于互联网的传播速度，软件用户能够短时间内获得海量自己感兴趣的信息资料，无须受到时间、地点等条件的限制。由此看来，在新媒体时代，新闻媒体工作者需要对传统媒体进行大刀阔斧的改革，在这一过程中保留传统媒体的优势，

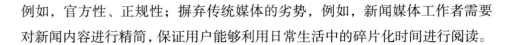

例如，官方性、正规性；摒弃传统媒体的劣势，例如，新闻媒体工作者需要对新闻内容进行精简，保证用户能够利用日常生活中的碎片化时间进行阅读。

（二）新媒体时代新闻工作者存在的问题

1. 功利心。 虽然在新媒体时代下，新闻媒体工作者的改革刻不容缓，但是，在这一过程中新闻媒体工作者不可迷失自我，为了能够获得更多的用户点击而传播错误的新闻信息。经过调查发现，在当今社会下，很多新闻工作者不可避免地拥有较强的功利心，总是使用抓人眼球的词汇希望提高用户对文章的点击量，这虽然能够在短时间使新闻媒体崛起，但是长时间的炒作、夸张会导致用户群体逐渐失去对官方媒体的信任。因此，在新时代下，新闻媒体工作者应当对此引起足够的重视。

2. 情绪急躁。 实际上，在当今社会下，很多新闻工作者都存在情绪急躁的状态，究其原因是互联网平台下新闻信息的传播速度太快，这就会导致很多普通用户还未了解清楚事情的来龙去脉就妄加揣测，胡乱引导群众的思维。新闻工作者为了保证信息的真实性，往往会比网络舆论来得晚一些，最终导致工作人员在收集信息的过程中存在情绪急躁的情况。针对这一情况，笔者建议新闻工作者静下心来，不忘初心，不能够仅仅为了短时间内写出文案而违背了新闻编辑工作的初衷。

3. 职业道德水平相对较低。 在新媒体时代下，部分新闻工作者还存在着一类问题，那就是其职业道德水平较低，很多工作人员为了追求热点话题，盲目迎合用户思维，而写出一些违心的话语。这样做虽然能够在短时间内获得群众的关注与热捧，但是却违背了一个新闻工作者的中立态度，最终对整个新闻媒体行业产生不利的影响。

（三）新媒体时代新闻工作者职业道德探究

1. 新闻职业敏感。 作为一个合格的新闻工作者，其需要拥有足够敏感的职业嗅觉，能够在海量的信息内容中获取有用的新闻素材。经过调查发现，同样一件新闻事件，如果落在不同职业敏感度的工作人员手中，其最终呈现出的新闻内容会存在较大的差距。一个专业的新闻工作者能够从大量的数据信息中了解到背后的真相，而普通的新闻工作者只是对表面现象进行陈述。在新媒体时代下，为了能够获得用户的关注，势必需要新闻工作者提高自身的职业敏感度，只有通过这样的方式才能够保证自身的新闻内容从大量相同的新闻中脱颖而出，最终得到群众的认可。

2. 工作责任感。一个新闻工作者的工作责任感能够反映出他的职业道德水准。相比于其他职业，新闻工作者更加能够接触到社会中的底层群众，其更能了解社会中的不公平现象。一般情况下，社会中的不公平现象一定能够牵扯出背后强大的利益群体。如果新闻工作者没有拥有足够的责任感，那么势必会与这种恶势力妥协，最终导致社会中的不公平现象依然存在。由此看来，新闻工作者需要始终秉持自身的道德底线，把真理和客观性摆在自己的工作第一线。新闻工作者相当于无形战场中的前线战士，只有抱着必胜的信心才能够获得最终的胜利，为社会中的底层群众赢回自身的权益。

3. 优良的道德品质。经过调查发现，任何拥有大量点击量的新闻作品都是结合用户的热点话题进行编辑的，这就要求新闻工作者在编辑这些热点新闻内容时，拥有优良的道德品质，不可为了自身利益，而对新闻中的内容进行歪曲报道，最终辜负了大众对其的期望。因此，作为一个新时代下的新闻工作者，需要拥有强烈的使命感以及责任感，即使身处利益的旋涡中，也要时刻保持头脑清醒，如果在调查真相的过程中遇到了谎报消息的情况，那么绝对不能够向恶势力低头，一定要积极配合相关部门进行审查，只有通过这样的方式才能够将新闻工作做到公平公正。

4. 信息鉴别能力。虽然在互联网的平台上，用户可以获取到海量的信息内容，但是这些信息内容却不一定是正确的、客观的。因此，新闻工作者在收集新闻真相的过程中，需要拥有强大的信息鉴别能力，防止被网络上的错误信息引导，最终导致新闻失真。因此，就要求新闻工作者从不同的角度对新闻真相进行调查分析，最终将客观的、全面的新闻内容呈现在用户面前。

（四）新媒体时代新闻记者的社会责任

1. 把握好社会舆论的方向。实际上，公众舆论是一把"双刃剑"，不论从哪方面看都有其积极的一面和消极的一面，舆论是群众社会话题的向导，如果不加以控制，后果不堪设想。因此，在新媒体时代，新闻工作者需要在工作中始终保持正确的价值观和道德观，确保社会和谐，并大力挖掘舆论当中积极向上的内容，切不可为了收视率而导致舆论内容混杂不堪。另外，在新媒体时代的互联网就是一把"双刃剑"，如果不加以控制，容易导致舆论走下坡路，且社会受众往往会在网络中表达自己的情绪，对此新闻工作者需要掌握正确的舆论方向，做好新闻报道工作。

2. 树立正确的价值观。新媒体时代下，新闻工作者需要对自身的价值观有正确的认识。在进行新闻报道时，传达正面和积极的内容，树立正确的价值观，深入挖掘社会存在的丑恶现象以及不被公众容忍的事实真相。虽然在新媒体时代下，很多新闻工作者会被网络上消极的信息所迷惑，但是，新闻媒体工作者需要始终了解自身的使命，那就是维护公民心中的正义。

3. 具备大局意识。无论处于什么时代下，新闻工作者的天职就是报道新闻。不管他以什么样的方式报道，但有些内容是不可以传播给大众的，它是不适合大众了解的，所以对新闻工作者来说有时会更加矛盾。记者在处理新闻的过程中需要随时保持大局观和明辨是非的意识。从宏观的角度出发，既不可恣意报道而泄露机密，也不可引起群众的恐慌和不适。

4. 评价的合理性。实际上，无论新闻媒体工作者接触到的新闻是什么类型，都需要在进行报道的过程中保持中立、客观的态度，不可为了追求群众效益而片面性地报道新闻内容。不仅如此，新闻工作者还需要在自行评估的过程中保持中立的态度。如果评价失之偏颇，它将会严重影响读者的思维。这是不可能提高记者的报道权威的，甚至会影响受众的判断。

二、新形势下新闻工作者如何求新求变

众所周知，在新媒体时代还未到来前，传统媒体下的新闻工作者发挥着不容忽视的作用，人们只有通过新闻工作者所整理的材料和新闻中获取信息，

从而明白党和政府相关部门的政策。由此看来，新闻编辑工作代表了新闻界的权威，其地位不言而喻。但是随着科技的不断进步，如今人们处于一个信息爆炸的时代，人们无须通过传统媒体就可以获取到海量的信息，这就使得新闻工作者的地位也岌岌可危。因此，新闻工作的改革势在必行。经过仔细对比与分析可以发现，新闻工作者在新媒体时代存在着一些不容忽视的问题，这些问题导致了人们对传统媒体失去热情。所以，新闻工作必须进行转型，从而适应新媒体时代的大潮流，但是在转型的过程中，如何能在良莠不齐的信息海洋中突出自己的特色就显得尤为重要了。

（一）新媒体环境下新闻工作者的改进方向

1. 单一化向多样化改进。与新媒体上发布的海量信息相比，传统媒体下的新闻工作不仅在内容和形式上较为单一，而且传播信息的渠道也较为单一。当然，新媒体也存在着不容忽视的缺点，例如：对于发布信息的人员没有门槛限制，因此，海量信息良莠不齐。不仅如此，还存在误报、错报的情况。由此看来，新闻工作者在学习新媒体的过程中，需要去粗取精，只有这样才能在信息的海洋中脱颖而出。因此，新闻工作者具体可以从以下两个方面来进行改进：

其一，有效改进新闻单一性的缺陷。经过调查发现，很多观众认为新闻内容和形式都较为单一、乏味。因此，新闻工作者应当重点围绕这两个方面来进行改进。例如：传统媒体的新闻内容离群众的生活较远，那么新闻工作者就可以在原先的基础上穿插一些老百姓感兴趣的热点话题。值得注意的是，新闻工作者在改进的过程中不能忘记初心，那就是为老百姓带来权威的、可信度最高的新闻内容。在新媒体软件上，很多发布者为了获得更高的点击率，就会对真实情况进行误报或者瞒报，进而导致信息失真，群众在看到片面的信息后容易被煽动起高昂的情绪来。这时候就需要新闻工作者出面进行及时澄清，由此看来，新闻工作虽然需要进行大刀阔斧的改革，但是不能忘记根本，那就是永远为群众带来真实的新闻内容。

其二，对于新闻内容的诠释要更加丰富多样。广播电视台在向老百姓传播新闻内容时，一般是采用传统的播报形式，播报的过程中所耗费的时间较长，而且新闻编辑的形式较为刻板，这让很多观众在看新闻的过程中产生视觉疲劳，在心底里有些排斥。反观新媒体下的短视频内容，只需要短短几分钟时间就可以将事情的来龙去脉通过一种轻松、愉快的方式讲解出来，因此受到人们的青睐。不仅如此，随着社会的不断发展，人们的工作压力越来越大，因此很少有空闲的时间能够坐在电视机前好整以暇地观看电视新闻，而新媒体信息正好可以满足人们的需求，只需要短短几分钟，无须占用太多工作或者休息时间就可以获取到用户想要知道的信息，而且新媒体信息多是通过轻快诙谐的语气说出，通过这样的方式可以使人们紧绷的神经得到放松。因此，新闻工作者可以借鉴新媒体信息这两个优点来进行改进、创新。

2. 传统型向创新型改革

首先，对新闻编辑的思路要加以创新。近年来由于新媒体的出现，广播电视台的新闻报道收视率受到了很大的影响。由此看来，新闻工作者的地位岌岌可危。经过调查可以发现，广播电视台的收视率之所以下降是因为新闻工作者的思路过于传统，没有新意。例如：很多新媒体信息平台会使用热点话题作为题目来吸引用户的眼球，这是因为人们对于热点话题都有一种好奇心，想要知道后续事态进展，因此，通过这样的方式能够增加用户的点击率。由此看来，新闻工作者也可以在内容中加入观众感兴趣的新闻内容，并进行详细报道，通过这样的方式就可以提高新闻节目的收视率。除此之外，新闻工作者在进行新闻内容的编排时应当对官方的语气进行改进，例如：新闻工作者可以在内容中加入观众喜欢的网络词汇，通过这样的方式就能够拉近与观众之间的距离，从而获得观众的喜爱。

其次，对新闻编辑的艺术美价值加以创新。随着时代的变化，目前传统媒体的新闻频道让很多观众出现审美疲劳，这主要是因为其一直沿用着传统的播报形式，这使得很多观众在看到新闻内容时觉得枯燥乏味。相比之下，新媒体平台内发布的短视频的编排形式一直在不断改进中，专业工作者通过大数据平台分析出观众最喜欢什么样的编排形式以及审美，从而为这一类用户推送他喜欢的短视频内容，因此，新媒体受到了很多受众的追捧。新闻工作者就需要通过新媒体的成功案例来做出相应的改变。例如，新闻工作者可以通过问卷调查的形式来调查观众对于新闻编辑艺术美的建议以及意见，最终将新闻编辑改版成受众喜欢的模式。

再次，对新闻节目的功能形态加以创新。经过调查发现，新媒体平台内的短视频内容涵盖的方面较多，因此，受众只需要利用新媒体平台就可以了解自己想要了解的所有信息，这主要是因为新媒体平台所包含的功能形态较多。但是传统媒体的新闻节目相比之下就较为死板，功能单一、形态传统，因此流失大量的观众。由此看来，新闻工作者应当对新闻内容进行创新以及改革，为观众呈现出更多种类的新闻内容。通过这样的方式，新闻工作者就可以紧跟时代的潮流，从而吸引更多观众。

（二）培养新闻工作者创新意识的途径

1. 打造过硬的基本素质。报刊、广播新闻编辑涉及面比较广泛，当面对各类新闻事件时，新闻编辑记者必须具备迅速的辨别能力和综合分析能力。所以，新闻编辑记者必须丰富自己的知识结构，读懂新闻事件背后深层次的东西，让听众的思想能够活跃起来，增加节目的趣味性和吸引力。那么，要具备过硬的基本素质，就必须保持热忱的学习能力、与时俱进的先进思想，不断补充完善自己的知识储备，加强与社会、各行业人物的联系等，增强自己的基本素质。同时，新闻编辑也应该处处留心，关注生活中的小事，关注百姓小事，虚心向群众请教，从大众的角度出发，以听众喜爱的方式吸引人们的关注。

2. 培养创造性思维模式。创新是新闻编辑记者必备的素质，那么如何培养新闻编辑记者创造性思维呢？广播相对于电视等可视媒体具有单一性，所以，创造性思维显得尤为重要，那么就要把创新改革养成一种工作思维习惯。由于各种原因，现在的年轻人已经鲜有人再听广播了。因此，培养创造性工作思维，迫在眉睫。要培养创造性思维模式，就应当多读书，各个学科均有涉猎，这样才能以幽默诙谐的浅显语言讲明白一件事，阐述一个观点，吸引一批人，增加新闻节目的趣味性。

3. 创新新闻节目的编辑形式和内容。无论是报刊新闻还是广播电视台的新闻节目，只有与时俱进，不断创新，才能够在时代的潮流中一直走下去。如今随着新媒体时代的来临，人们获得信息的方式发生了翻天覆地的变化，如果此时的报刊、广播电视台的新闻工作者依然一意孤行，不重视改革的话，那么很快就会流失大量的读者、观众，从辉煌走向没落。因此，新闻工作者必须在新媒体的大形势下，求新求变，在保持初心的情况下进行多样化改革，只有通过这样的方式才能够在新媒体背景下屹立不倒。

三、"有温度"新闻的创作要点

"有温度"一词最早诞生于 2017 年，其含义是指某一事物具有强烈的人文性，能充分彰显事物本身或者事物背后的人性化色彩。在新闻创作中，有温度的创作即是贴近民生、展现基层状况和诉求、满足大众发声需要的报道。而要达到这一目的，新闻工作者就需要沉浸到基层之中，听民众之声、采民众之诉、懂民众之思，这样创作出的报道才能有泥土味、有烟火气。

（一）创作"有温度"新闻的条件

要让新闻有温度，就需要接地气，就需要走进基层，走入基层，了解基层最真实的声音，掌握基层最想表达的诉求。新闻的温度建立在对社会现实形态的展示，新闻的内容是基于事件真实性而进行逻辑上的编辑，创作有温度的新闻，就是让新闻内容更加人性化、更具民生性、更有感染力。

在创作新闻时，创作者要重视叙事角度的转变，不能高高在上，不能居高临下，新闻要想拥有生命力，就需要创作者在视角上贴近民众，甚至融入民众，和民众站在同一角度来观察问题。例如在报道乡村振兴形势尽量减少宏观叙事，减少针对乡镇生产总值指数、人均幸福指数等宽泛化内容的报道，尽量以当事人自己的主观体验来展现乡村发展的变化，通过地区民众对工作条件转变的感受、对生活服务细节增强的看法来展现乡村振兴而取得的成绩，这种叙事角度，就更容易被民众接受，更能令民众产生代入感。

新闻工作者要与基层民众用心交流，理解民众的喜怒哀乐，知道民众想要表达什么、真正需要什么，展现百姓的幸福生活瞬间，借助民众对社会发展的感受举一反三，深层次对事件进行解读，去除糟粕，取其精华，并对事件未来发展趋势、社会影响等进行深刻的剖析，这样报道出来的新闻才能有温度和深度。

（二）"有温度"新闻的创作要点

1. 增强纪实性。新闻报道主要就是对社会中发生的具有社会意义、反映社会现实的事件进行报道，因此，有温度的新闻内容既需要反映现实情况，又要突出背后的意义与价值，予人以警醒、感悟的作用。随着新媒体的发展，现代新闻素材不仅种类繁多，还无处不在，一件很小的新闻素材，都有可能成为人们的关注焦点。因此，创作有温度的新闻，新闻工作者要时刻保持对时代进步、民生民事的敏感性，对接触的每一件新闻素材进行深入分析与整合，深入研究，突出其中的社会关系与现实逻辑。

新闻内容的"温度"来自于它的人文性，来自对社会生态的全面展现，在报道时，新闻工作者绝不能只是单纯将采访到的事件素材进行筛选、加工、润色，而是要把握事件真相、突出事件本质、把握受众心理、突出事件核心，在采访写稿时的实践中要有求实之心，从根本上加强新闻的真实可靠性，并且还要遵守职业道德，发挥职业精神。新闻工作者要着重挖掘素材的潜力，尝试用不同的视角和表述方式来确定最合适的报道方法，从而进行有思想、有温度、有品质的新闻报道，确保新闻作品有效传播、直抵人心。

2. 提高引导性。新闻要依据社会发展趋势，对某些存在或者必定发生的事情，做出准确的报道，并充分分析内在本质，要依据现存事实，以国家政策为基础，对社会现实、未来趋势做出最准确的预断，这样才能充分引发受众思考，才能切实引导人们寻找正确的发展道路。新闻事实是事件交互性和多元性发展的过程，在新时期下，新闻工作者要让报道有温度，就要改变采集形式，由单一采集走向多维采集，新闻宣传工作人员需要善于制造话题，需要主动把握舆论的引导力，营造良好的舆论氛围。

新闻报道与社会舆论有着直接关系，对民众有着极强的引导作用，新闻工作者要及时了解时事政治，加强相关理论知识的学习，提升自身政治修养，这样才能根本实现新闻播放的价值，促进新闻时效性的提升，在规范自身措辞的基础上以广大群众利益、国家立场为出发点，保持新闻媒体舆论导向的正确。没有舆论导向的正确，就谈不上新闻媒体的可信度，新闻工作者要通过绝对客观且真实的报道内容让大家感受到真理的无穷力量和新闻客观真实的无限魅力，提高新闻工作者的职业道德素质和审美情趣，杜绝出现违背新闻事实、违背自己作为一个新闻工作者的职业道德的行为，避免低级庸俗的猎奇。

新闻工作者必须意识到自己承担的社会责任，在采访和报道中注重理论知识与实践经验的积累，通过良好的知识储备提升自身的文化素养，具备强烈的敬业精神以及社会责任感，要赋予新闻报道浓厚的责任感，用历史的眼光去分析现有的问题，用正确的政治立场、世界观、纪律观、人生观等为基层民众做出引导。

3. 增加亲民性。新闻媒体最主要的属性之一就是舆论导向，其实新闻工作者在进行创作编辑时就带有一定的主观意识，因此，坚定的政治立场是新闻工作者必须具备的，他们要做到为民所想，肩负为民请命的使命，站在人民群众的立场上，以他们的利益为根本和出发点，帮助人民群众解决他们的实际问题，为群众以及政府部门搭建沟通的桥梁。且考虑社会大众的知识水平、文化水平以及审美水平都存在一定差异，在编辑新闻时要充分考虑大众的接受程度，努力让新闻能够贴近大众生活，使大众与新闻媒体之间能够建立互相信任、互相帮助的关系，提升新闻服务大众的水平。当前，我国社会正处于发展与转型的关键时期，面临的挑战与出现的新问题相对较多，新闻工作者必须坚持正面的舆论导向，以服务区域为核心，展现新闻报道的亲民性，通过对媒体的明确定位，把握好新闻主流意识导向。

新闻工作者要从新闻受众需求出发，做好大众媒体主流意识宣传。新闻工作者须将媒体制高点与本地发展深度融合。尤其是多元化背景下，新闻工作者就需要积极承担其公共媒体的职责，主动担当中国故事讲述责任。把握好基层民众最根本的需求，正面宣传和故事阐述需要结合区域文化、经济发展实际情况，以舆论宣传服务经济，在有温度的新闻创作中，讲好本地故事，需要以区域民众需求、政治经济文化发展为前提，将民众根本需求和社会主义现代化建设相结合，增强社会发展合力，促进经济发展。

4.提升客观性。新闻报道要求新闻工作者对于新闻事件进行客观的感知、采集、整理以及选择、编写，属于人类主体性行为范畴。因此，新闻报道也就要求新闻工作者对被报道者进行客观事实的评价，也就是利用人的主观意识结合自身知识涵养对发生的客观事件进行事实反馈。在进行情节的叙述时，新闻工作者需针对人物的性格与精神世界来进行描写，将整个叙事的内容融入比较贴近群众生活的方面，以此增强观众的代入感。